Controlling mit SAP®

Gunther Friedl · Burkhard Pedell

Controlling mit SAP®

Eine praxisorientierte Einführung mit
umfassender Fallstudie und beispielhaften
Anwendungen

8., aktualisierte Auflage

Gunther Friedl
Fakultät für Wirtschaftswissenschaften
Technische Universität München
München, Deutschland

Burkhard Pedell
BWI Abteilung V – Lehrstuhl Controlling
Universität Stuttgart
Stuttgart, Deutschland

ISBN 978-3-658-27718-5   ISBN 978-3-658-27719-2   (eBook)
https://doi.org/10.1007/978-3-658-27719-2

Die Deutsche Nationalbibliothek verzeichnet diese Publikation in der Deutschen Nationalbibliografie; detaillierte bibliografische Daten sind im Internet über http://dnb.d-nb.de abrufbar.

Springer Vieweg
Christian Hilz war bis zur 6. Auflage Koautor
© Springer Fachmedien Wiesbaden GmbH, ein Teil von Springer Nature 2002, 2002, 2003, 2005, 2008, 2012, 2017, 2020

Springer Vieweg ist ein Imprint der eingetragenen Gesellschaft Springer Fachmedien Wiesbaden GmbH und ist ein Teil von Springer Nature.
Die Anschrift der Gesellschaft ist: Abraham-Lincoln-Str. 46, 65189 Wiesbaden, Germany

Vorwort zur achten Auflage

Die weiterhin erfreulich hohe Nachfrage machte die mittlerweile achte Auflage des Buches notwendig. Das zeigt, dass das Buch inzwischen zu einem etablierten Standardlehrbuch im Bereich Controlling mit SAP® geworden ist. Die in dem Buch behandelte Fallstudie haben wir seit mehr als fünfzehn Jahren erfolgreich in der Lehre an mehreren Universitäten (Johannes Gutenberg-Universität Mainz, Ludwig-Maximilians-Universität München, Technische Universität München und Universität Stuttgart) eingesetzt und weiterentwickelt. Der Kurs wird an vielen anderen Universitäten und Hochschulen durchgeführt und ist inzwischen in zahlreichen betriebswirtschaftlichen Studiengängen als Standardkurs etabliert.

In der achten Auflage haben wir weitreichende Überarbeitungen und Anpassungen vorgenommen. Insbesondere wurden sämtliche Screenshots der Fallstudie aktualisiert und vereinheitlicht. Außerdem wurden Inkonsistenzen bezüglich der Nomenklatur behoben sowie die Reihenfolge der Befehle angepasst, um das Lösen der Fallstudie zu erleichtern. Zahlreiche Passagen der Fallstudie wurden ausführlicher formuliert. Auch wenn im Jahr 2015 mit SAP S/4HANA eine neue Generation der SAP Business Suite vorgestellt wurde, haben wir uns aufgrund der bislang ganz überwiegenden Verbreitung von SAP ERP entschieden, in der vorliegenden Auflage weiterhin SAP ERP zu verwenden. In den Kapiteln 1 und 6 gehen wir jedoch auch auf die aktuellen Entwicklungen ein. Allen Anwendern unserer Fallstudie, die uns wertvolle Rückmeldungen zur Verbesserung des Buches gegeben haben, sind wir sehr dankbar und freuen uns auch in Zukunft über ihre konstruktive Kritik.

Um die Verwendung des Buches im Rahmen von Lehrveranstaltungen zu erleichtern, stellen wir im Internet Foliensätze zur Verfügung, welche die wesentlichen Inhalte des Buches darstellen. Diese haben sich im mehrjährigen Einsatz an verschiedenen Einrichtungen bewährt und können bequem unter www.springer.com heruntergeladen werden.

Den beiden Teams der University Competence Center der SAP University Alliances am Lehrstuhl für Wirtschaftsinformatik der Technischen Universität München und am Institut für Technische und Betriebliche Informationssysteme der Universität Magdeburg sind wir für die mehrjährige gute und unkomplizierte Zusammenarbeit sehr dankbar, die uns die Arbeit in der Lehre sehr erleichtert. Unsere Mitarbeiter Björn Anton, Daniel Beck, Gerald Broneske, Andrea Doetsch, Carola Hammer, Cornelia Hojer, Julia Holzmann, Tim Kettenring, Andreas Limmer, Julian Ludat, David Matthäus, Sabine Pallas, Matthias Regier, Peter Schäfer, Verena Springer und Friedrich Walcher an der Technischen Universität München sowie Dennis Fehrenbacher, Daniel Fischer, Verena Gut, Alexander Hercher, Stefan Hübner, Katrin Hummel,

Andrea Kampmann, Sabine Pfeffer, Peter Rötzel, Joachim Sautter, Michael Speth, Kevin Tappe, Roy Tondock und Susanne Winkel an der Universität Stuttgart haben intensiv an der Durchführung der Kurse mitgewirkt und zu ihrer Verbesserung beigetragen. Matthias Regier danken wir darüber hinaus für seinen hervorragenden Einsatz bei der Koordination dieser Neuauflage. Mit Svatopluk Alexander, Partner bei BearingPoint, verbindet uns eine langjährige enge und inhaltlich anregende Kooperation in der SAP-gestützten Ausbildung. Dem Verlag Springer Vieweg danken wir für die gute und zuverlässige Zusammenarbeit bei der Vorbereitung der aktuellen Auflage. Besonders herzlich danken möchte wir schließlich unserem langjährigen Koautor Christian Hilz, der mit seinem unternehmerischen Engagement vor vielen Jahren der maßgebliche Treiber hinter diesem Buch war. Ohne ihn hätte es dieses Buch nicht gegeben.

München und Stuttgart, im Juli 2019

Gunther Friedl

Burkhard Pedell

Vorwort zur ersten Auflage

Aussagekräftige Informationssysteme haben eine Schlüsselfunktion für ein wirkungsvolles Controlling. Die Hauptfunktion des Controlling besteht in der Koordination der Führungsteilsysteme Planung, Kontrolle, Information, Organisation und Personalführung. Nur wenn entscheidungsrelevante Informationen rechtzeitig zur Verfügung stehen, kann das Controlling diese Aufgabe erfüllen. Entscheidungen und Handlungen werden erst angestoßen, wenn Handlungsbedarf durch messbare Größen angezeigt wird. Nur Dinge, die man misst, werden auch umgesetzt. In diesem Buch wird untersucht, inwieweit das CO-Modul von SAP R/3 und die neueren Software-Komponenten SAP BW und SAP SEM die für ein wirkungsvolles Controlling benötigten Informationen tatsächlich bereitstellen, wobei der Schwerpunkt auf dem ERP (Enterprise Resource Planning)-System SAP R/3 liegt.

Zu diesem Zweck wird nach einer Einführung in SAP R/3 in Kapitel 1 anhand einer ausführlichen Fallstudie gezeigt, über welche Funktionalitäten das CO-Modul von SAP R/3 verfügt. In Kapitel 2 wird die zugrundeliegende Kosten- und Erlösrechnungsfallstudie vorgestellt. In den Kapiteln 3, 4 und 5 werden die Kostenstellenrechnung (CO-OM-CCA), die Produktkalkulation (CO-PC) und die Ergebnisrechnung (CO-PA) mit SAP R/3 detailliert erläutert. Der Aufbau dieser Kapitel ist jeweils dreigeteilt. Als erstes werden die konzeptionellen Grundlagen der Kosten- und Erlösrechnung behandelt, dann wird ein Überblick über die Vorgehensweise zur Implementierung in SAP R/3 gegeben und abschließend wird die konkrete Umsetzung am System Schritt für Schritt am Beispiel der Fallstudie vorgenommen. Kapitel 6 gleicht die Anforderungen eines modernen Controlling mit den Funktionalitäten von SAP R/3, SAP BW und SAP SEM ab. Kapitel 7 und Anhang A ergänzen die fallstudienbasierte Untersuchung mit einem Aufgabenteil mit Lösungshinweisen und einer detaillierten Anleitung für die notwendigen vorbereitenden Arbeitsschritte im Customizing.

Das Buch richtet sich sowohl an Praktiker und Berater als auch an Dozenten und Studierende. Es kann in Schulungen eingesetzt werden, in denen die Fallstudie anhand der detaillierten Beschreibungen von den Kursteilnehmern am System Schritt für Schritt durchgeführt wird. Die notwendigen Vorbereitungen des Systems durch die Dozenten sind in Anhang A beschrieben. Aufgrund der umfangreichen Vorbereitungsarbeiten empfiehlt es sich, den vorbereiteten Schulungsmandanten vor dem Kurs zu kopieren, um einen Vorlagemandanten für spätere Kurse zu haben. In unseren Kursen an der Ludwig-Maximilians-Universität München hat es sich bewährt, mit sieben Gruppen à drei Studierenden zu arbeiten, die jeweils für einen eigenen Buchungskreis eines gemeinsamen Schulungsmandanten die Fallstudie am System durchspielen. Diese Gruppen können auch gemeinsam die Aufgaben am Ende jedes Kapitels bearbeiten und präsentieren. Die Durchführung der Fallstudie erfolgte auf einem Schulungsmandanten des Release 4.0b bzw. 4.6. Das Buch eignet sich aber auch für den Einsatz in Schulungen, in denen die Fallstudie nicht tatsächlich am System abgebildet wird, da die zugrundeliegenden Strukturen von SAP R/3 auch ohne die Lösung der Fallstudie sehr gut nachvollziehbar sind. Daher erschließen sich die Inhalte auch im Selbststudium weitgehend. Vorkenntnisse sind nicht erforderlich.

Zur Vorbereitung der Kurse haben die Kursteilnehmer im ersten Schritt Aufgaben zur Kosten- und Erlösrechnung zu lösen sowie Basisliteratur zum Controlling aufsatzartig zusammen zu fassen. Im zweiten Schritt ist die Fallstudie aus Kapitel 2 selbständig zu lösen. Die Kurse selbst wurden i.d.R. als Blockveranstaltung über vier bis fünf Tage mit jeweils ca. acht Stunden einschließlich Pausen abgehalten, wobei wir uns an folgendem Zeitplan orientiert haben:

1. Tag	
- Einführungsgespräch über die Erwartungen der Kursteilnehmer und Dozenten - Einführung in die Grundlagen von SAP R/3 - Vertrautmachen mit der Benutzeroberfläche, Menüführung und grundsätzlichen Bedienungen des SAP R/3-Systems - Durchsprache der Lösung der Fallstudie	- Kapitel 1 und 2 - Aufgaben aus Abschnitt 7.1.1
2. Tag	
- Konzeptionelle Grundlagen der Kostenstellenrechnung - Umsetzung der Kostenstellenrechnung im SAP R/3-System - Ggf. Materialstammsätze bereits anlegen, Abschnitt 4.3.1.2	- Kapitel 3 - Aufgaben aus Abschnitt 7.1.2

3. Tag	
- Konzeptionelle Grundlagen der Produktkalkulation Umsetzung der Produktkalkulation im SAP R/3-System - Praxisvortrag	- Kapitel 4 - Aufgaben aus Abschnitt 7.1.3
4. Tag	
- Konzeptionelle Grundlagen der Ergebnisrechnung - Umsetzung der Ergebnisrechnung im SAP R/3-System - Abgleich von SAP R/3, SAP BW sowie SAP SEM mit den Anforderungen eines modernen Controlling - Abschluss- und Feedback-Gespräch - Schriftliche Evaluation	- Kapitel 5 und 6 - Aufgaben aus Abschnitt 7.1.4 und 7.1.5

Bei dieser Einteilung stellen der dritte und vierte Tag nach unserer Erfahrung hohe Anforderungen an die Konzentration und das Durchhaltevermögen von Kursteilnehmern und Dozenten. Will man den Ablauf etwas entspannter gestalten, so kann man einen fünften Tag hinzunehmen und an diesem die Inhalte von Kapitel 6 behandeln sowie das Abschluss- und Feedback-Gespräch führen. Die Integration eines Praxisvortrags ist nach unserer Erfahrung vor allem ab dem Ende des dritten Kurstages sehr sinnvoll, da die Kursteilnehmer zu diesem Zeitpunkt bereits über ausreichend Einblick in das SAP R/3-System verfügen, um von der Diskussion mit einem Praxisreferenten profitieren zu können. Auch der vierte und ggf. ein fünfter Kurstag bieten sich für einen Praxisvortrag an.

Dieses Buch wäre ohne die tatkräftige Mithilfe vieler Beteiligter nicht entstanden. Unser Dank gilt zuerst Herrn Dr. Ottmar Pfänder, der wesentlich die Umsetzung der Fallstudie in SAP R/3 vorangetrieben hat. Den Teilnehmern unserer Kurse an der Ludwig-Maximilians-Universität München danken wir für viele Hinweise, durch die das Manuskript im Laufe der Zeit an Gestalt gewonnen hat. Unter den Teilnehmern danken wir besonders Herrn Matthias Notz, der uns bei der Erstellung einer ersten Version des Manuskripts unterstützt hat. Gastreferenten der Firmen BMW, KPMG, Plaut, Siemens und Wacker in unseren Kursen haben dazu beigetragen, den Praxisbezug zu verstärken. Herr Sascha Hockel hat das erste Kapitel stark überarbeitet und das gesamte Buch sehr kritisch gegengelesen. Herrn Matthias Meier danken wir für die Mitarbeit bei der Durchführung der Kurse, Herrn Mark

Wahl für die zuverlässige und hilfsbereite Betreuung des Schulungsmandanten an der Fakultät für Betriebswirtschaft. Der SAP AG in Walldorf sind unsere Studierenden und wir für die Überlassung eines Schulungssystems zu großem Dank verpflichtet. Herr Prof. Dr. Hans-Ulrich Küpper hat uns große zeitliche Freiheiten für die Konzeption und Umsetzung einer neuartigen Lehrveranstaltung eingeräumt und uns in unserem Vorhaben stets bestärkt.

Frau Nadine Vogler-Boecker und Herrn Dr. Reinald Klockenbusch vom Verlag Vieweg danken wir für die unkomplizierte und gute Zusammenarbeit in der Endphase der Erstellung des Buches.

München, im November 2001

Gunther Friedl

Christian Hilz

Burkhard Pedell

Inhaltsverzeichnis

Abkürzungsverzeichnis

AA	Anlagenbuchhaltung
ABAP	Advanced Business Application Programming
AP	Arbeitsplatz
BI	Business Intelligence
BKS	Buchungskreis
BW	Business Information Warehouse
C	Client
CFRoI	Cash Flow Return on Investment
CO	Controlling
CO-CEL	Kostenartenrechnung
CO-OM	Gemeinkosten-Controlling
CO-OM-CCA	Kostenstellenrechnung
CO-PA	Ergebnis- und Marktsegmentrechnung
CO-PC	Produktkosten-Controlling
CRM	Customer Relationship Management
DB	Deckungsbeitrag
DBR	Deckungsbeitragsrechnung
DCF	Discounted Cash Flow
EC-PCA	Profit-Center-Rechnung
EIM	Enterprise Information Management
EK	Einzelkosten
EKS	Endkostenstelle
EPM	Enterprise Performance Management
ERP	Enterprise Resource Planning
ESA	Enterprise Service Architecture
ETL	Extraction/Transformation/Loading
EVA	Economic Value Added
FEK	Fertigungseinzelkosten
FGK	Fertigungsgemeinkosten
FI	Finanzwesen
GK	Gemeinkosten
GRC	Governanec, Risikomanagement und Compliance
GUI	Graphical User Interface
GuV	Gewinn- und Verlustrechnung
HK	Herstellkosten
HR	Human Resource
IM	Investitionsmanagement
J2EE	Java Platform, Enterprise Edition
KA	Kostenart

KAR	Kostenartenrechnung
KRK	Kostenrechnungskreis
KSR	Kostenstellenrechnung
KST	Kostenstelle
KTR	Kostenträgerrechnung
LA	Leistungsart
MEK	Materialeinzelkosten
MGK	Materialgemeinkosten
MM	Materialwirtschaft
OLAP	Online Analytical Processing
OLTP	Online Transactional Processing
OS	Operating System
PLM	Product Lifecycle Management
PP	Produktionsplanung
PPD	Präsentation, Prozess und Datenhaltung
RHB	Roh-, Hilfs- und Betriebsstoffe
SAP BW	SAP Netweaver Business Warehouse
SCM	Supply Chain Management
SCOR	Supply Chain Operations Reference
SD	Sales & Delivery
SO	Sofortauftrag
SRM	Supplier Relationship Management
VB	Vertriebsbereich
VKS	Vorkostenstelle
VO	Verkaufsorganisation
Vt	Vertrieb
VW	Vertriebsweg

1 Grundlagen von SAP ERP

Dieses Kapitel erläutert die Grundlagen von SAP ERP. Es zeigt, wie die Kosten- und Erlösrechnung in SAP ERP abgebildet wird, und beschreibt die Grundstruktur des Moduls Controlling (CO). Erste Hinweise zum Arbeiten am System runden das Kapitel ab.

1.1 Überblick über die SAP SE und SAP ERP

1.1.1 Kurzporträt der SAP SE

Die SAP[1] SE ist im Bereich Unternehmensanwendungen weltweit der umsatzstärkste Anbieter von Software und Softwareservices. Mit über 96.000 Mitarbeitern, davon ca. 27.000 in Forschung und Entwicklung, ist die SAP SE einer der größten unabhängigen Softwarehersteller der Welt.[2] Das Unternehmen wurde 1972 von fünf ehemaligen IBM-Mitarbeitern gegründet und 1988 erstmals in Frankfurt an der Börse notiert. Seit dem 3. August 1998 ist SAP auch an der New York Stock Exchange gelistet, zunächst mit der Rechtsform einer Aktiengesellschaft (AG), seit Juli 2014 als Europäische Aktiengesellschaft (SE). Der Konzernumsatz stieg von 10,7 Mrd. Euro im Jahr 2009 auf 24,7 Mrd. Euro im Jahr 2018 an. Tabelle. 1-1 zeigt die Entwicklung wichtiger Kennzahlen des Konzerns.

Tabelle 1-1:   Entwicklung wichtiger Kennzahlen der SAP SE

	2009	2011	2013	2015	2017	2018
Umsatz (in Mio. €)	10.672	14.233	16.815	20.793	23.461	24.708
Betriebsergebnis (in Mio. €)	2.588	4.881	4.479	4.252	4.877	5.703
Mitarbeiter	47.584	55.765	66.572	76.986	88.543	96.498

SAP erzielt seine Umsätze im Wesentlichen mit dem Vertrieb von Cloud-Lösungen, Lizenzen für On-Premise-Softwareprodukte und -lösungen sowie aus Gebühren für Transaktionen in seinen Geschäftsnetzwerken. Zusätzlich erwirtschaftet das Unternehmen Erlöse aus Support-, Beratungs-, Entwicklungs- und sonstigen Serviceleistungen. Abb. 1-1 zeigt die Verteilung der Umsätze im Jahr 2018 auf die einzelnen Bereiche der SAP SE.

---

1   SAP steht für „Systeme, Anwendungen und Produkte in der Datenverarbeitung".

2   Vgl. hierzu und zum Folgenden: Internet-Selbstdarstellung der SAP SE unter http://go.sap.com/corporate/de/company.html, Stand: Mai 2019.

© Springer Fachmedien Wiesbaden GmbH, ein Teil von Springer Nature 2020
G. Friedl und B. Pedell, Controlling mit SAP®, https://doi.org/10.1007/978-3-658-27719-2_1

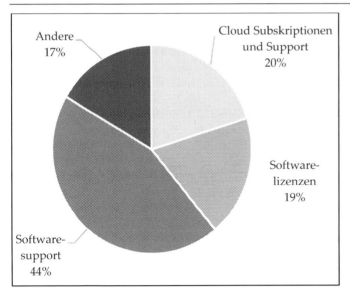

Abbildung 1-1:   **Verteilung der Umsätze auf einzelne Bereiche der SAP SE in 2018**

Erwirtschaftet wurde dieser Umsatz mit weltweit Hunderttausenden Kunden in nahezu allen Ländern. Zu den Kunden von SAP gehören viele große Unternehmen, so etwa 92% der Forbes-Global-2000-Unternehmen, aber auch kleine und mittelständische Unternehmen. Neben privatwirtschaftlichen Organisationen gehören inzwischen auch Hochschulen wie z. B. die Technische Universität München oder die Universität Stuttgart, öffentliche Verwaltungen und Krankenhäuser zu den Kunden von SAP. Für etliche Wirtschaftszweige bietet SAP spezielle Lösungspakete an, die auf die jeweilige Branche zugeschnitten sind.

Im Gegensatz zu den Hauptwettbewerbern Oracle und Microsoft konzentriert sich die SAP SE auf Unternehmenssoftware. Mit ihren ERP-Produkten erlangt sie weltweit einen Marktanteil von 20% (vgl. Abb. 1-2).[3] Betrachtet man den Markt für Deutschland, erlangt die SAP beachtliche 55% Marktanteil.[4]

---

3   Vgl. http://www.finance-magazin.de, Stand: Dezember 2016.

4   Vgl. http://www.gartner.com, Stand: Oktober 2014.

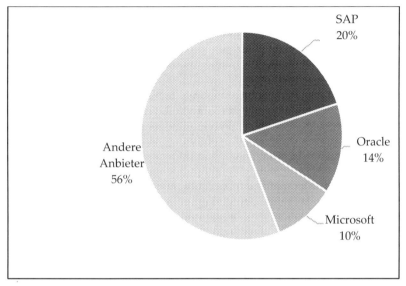

Abbildung 1-2: **Marktanteile der Softwareunternehmen bei ERP Software in 2016.**

1.1.2 Entwicklungsstufen der Produkte der SAP SE

Ein Jahr nach der Gründung hatte die SAP das System RF[5], eine Finanzbuchhaltung, fertig gestellt. Damit war der Grundstein gelegt für die Neu- und Weiterentwicklung weiterer Softwaremodule und somit für die Verfolgung der Unternehmensvision, nämlich Standard-Anwendungen für die Echtzeitverarbeitung zu entwickeln. 1979 bildet die intensive Auseinandersetzung mit dem Datenbank- und Dialogsystem von IBM den Auslöser für die Neukonzeption der SAP-Software: Das speziell für leistungsfähige Großrechner entwickelte R/2-System war auf den Weg gebracht. Nachfolger dieses R/2-Systems wurde SAP R/3[6], dessen erste Anwendungen 1991 präsentiert wurden und das 1992 nach erfolgreicher Installation bei ausgewählten Pilotkunden allgemein für den Markt freigegeben wurde. Wie auch seine Vorgänger unterliegt R/3 einer kontinuierlichen Weiterentwicklung. So wurden über die Jahre u.a. verschiedene Branchenlösungen erarbeitet und im Jahr 1996 stellte die SAP gemeinsam mit Microsoft ihre Internetstrategie vor: Mittels offener Schnittstellen können Internet-Anwendungen mit dem R/3-System gekoppelt werden.

Mit der Einführung von mySAP.com im Jahr 1999 eröffnete die SAP schließlich neue Dimensionen für die elektronische Abwicklung von Geschäftsprozessen. Die mySAP.com-Produkte ermöglichen es, alle relevanten Geschäftsprozesse über das Internet abzuwickeln und zu integrieren. So können beispielsweise die Bestellung bei

---

5 Dieses System wurde später auch als R/1 bezeichnet.

6 Das R steht für „Realtime", also „Echtzeit" und soll zum Ausdruck bringen, dass die Daten unmittelbar bei der Erfassung aktualisiert werden und ohne Zeitverzögerung den anderen Anwendungen zur Verfügung stehen (Echtzeitverarbeitung).

einem Zulieferer, der Verkauf eigener Artikel, der interne Informationsaustausch und vieles mehr mittels Internet getätigt werden. mySAP.com liefert also eine komplette Geschäftsumgebung für die elektronische Abwicklung der Geschäftsprozesse. Inzwischen wird der Begriff mySAP.com jedoch nicht mehr offiziell verwendet.

Ende des dritten Quartals 2004 war die Integrationsplattform NetWeaver als Enterprise Service Architecture (ESA) verfügbar. Damit werden Geschäftsfunktionen mit der Flexibilität von Web-Services verknüpft. Mithin erfolgt mit NetWeaver eine Koppelung von Anwendungssoftware und technologischer Infrastruktur. Netweaver bildet die technische Grundlage für alle SAP-Lösungen, arbeitet mit allen offenen Technologieplattformen zusammen und ist sowohl zu Microsoft.NET als auch zu IBM WebSphere/J2EE kompatibel.

Ferner wurde zur gleichen Zeit als Nachfolger von SAP R/3 die neue Version SAP ERP im Markt eingeführt. SAP ERP ist Bestandteil der Business Suite von SAP. Neben SAP ERP zählen zur Business Suite

- *SAP Customer Relationship Management (SAP CRM):* SAP CRM soll dazu dienen, die Kundenbeziehungen über den gesamten Kundenlebenszyklus zu optimieren. Ferner unterstützt SAP CRM CRM-Analysen, das Partnermanagement, E-Commerce und mobile Lösungen. Es ermöglicht damit durchgängige Prozesse in Marketing, Vertrieb und Service. Auf Grundlage von rollenbasierten Unternehmensportalen erhält jeder Anwender die spezifisch für ihn relevanten Informationen.[7]
- *SAP Product Lifecycle Management (SAP PLM):* SAP PLM fördert die unternehmensübergreifende Zusammenarbeit im Bereich Engineering, Produktentwicklung, Projekt-, Anlagen- und Qualitätsmanagement. Demnach erfolgen eine Integration von Prozessen und der Zugriff auf alle relevanten Daten über den gesamten Produktlebenszyklus hinweg. Durch die unternehmensübergreifende Zusammenarbeit in der Produktentwicklung zwischen Hersteller und Lieferanten sollen Entwicklungszeiten signifikant reduziert werden. [8]
- *SAP Supply Chain Management (SAP SCM):* Über SAP SCM kann die Supply Chain in ein anpassungsfähiges Wertschöpfungsnetzwerk verwandelt werden, indem Funktionen für die Planung, Ausführung, Koordination und unternehmensübergreifende Zusammenarbeit miteinander verknüpft werden. So kann z. B. das gesamte Logistiknetzwerk geplant und simuliert werden.[9]
- *SAP Supplier Relationship Management (SAP SRM):* Über SAP SRM werden die Geschäftsprozesse mit den wichtigsten Lieferanten abgestimmt. So wird z. B. eine fundierte Lieferantenbewertung oder ein Vertragsmanagement im strategischen Einkauf unterstützt. Über Lieferantenportale kann der operative Einkauf

---

7   Vgl. SAP AG (2003a).

8   Vgl. SAP AG (2002).

9   Vgl. SAP AG (2003c).

verbessert werden. Ferner führt SAP SRM die Stammdaten aus verschiedenen Systemen zusammen und verbindet sie zu einer einzigen Stammdatei. Damit sollen Aufgaben des strategischen und operativen Einkaufs, der Lieferantenanbindung und des Contentmanagement professionalisiert werden.[10]

Die SAP Business Suite ist vielseitig integrierbar, branchenspezifisch zugeschnitten, skalierbar und für die Zusammenarbeit über das Internet geeignet. Je nach Unternehmensentwicklung und Anforderungsprofil des Unternehmens lassen sich die einzelnen Bestandteile der Business Suite flexibel und bei einem Stufenkonzept zeitlich versetzt kombinieren. Während die Business Suite auf die Abbildung der Geschäftsprozesse ausgerichtet ist, steht bei SAP BusinessObjects die Geschäftsanalyse im Vordergrund (vgl. hierzu ausführlich Abschnitt 6.3).

Als nächste Generation der SAP Business Suite wurde im Februar 2015 Business Suite 4 SAP HANA (SAP S/4HANA) vorgestellt. Diese Plattform wurde auf Basis von SAP ERP entwickelt und bedient sich der technischen Fähigkeiten der In-Memory Datenbank SAP HANA.[11] SAP S/4HANA soll als digitaler Kern alle Bestandteile der bisherigen SAP Business Suite in einem System vereinen. Hierzu wurden schrittweise Module für die verschiedenen funktionalen Geschäftsbereiche wie Finanz- oder Personalwesen sowie branchenspezifische Lösungen eingeführt.[12] Leistungsverbesserungen sollen durch die Nutzung der Datenbank SAP HANA realisiert werden. Zum einen ist diese als In-Memory Datenbank auf den Hauptspeicher als Primärmedium ausgerichtet, wodurch sich Vorteile bei der Verarbeitung von Daten gegenüber Disk-basierten Datenbanksystemen ergeben. Zum anderen wird durch die Spaltenorientierung von SAP HANA eine redundazfreie Datenhaltung erreicht und die bewegten Datenmengen pro Abfrage werden reduziert, was eine schnellere Verarbeitung von Datenbankabfragen als bei relational angelegten Systemen ermöglicht.[13] Die Durchführung sowohl von transaktionalen als auch von analytische Aufgaben erfolgt auf Einzelbelegbasis.[14] Die Daten für Finanzen und Controlling befinden sich in einer einzigen Tabelle, die als Universal Journal bezeichnet wird und auf die Analysen und Berichte von internem und externem Rechnungswesen zugreifen. Neben einer deutlich schnelleren Datenverarbeitung bietet SAP S/4HANA damit auch den Vorteil einer verbesserten Datenkonsistenz (Single Source of Truth). Dem stehen hohe Kosten einer Einführung gegenüber, die von den

---

10 Vgl. SAP AG (2003b).

11 Vgl. SAP SE (2015).

12 Vgl. SAP SE (2016).

13 Vgl. Sinzig (2015); Prassol (2015), S.363ff. Vgl. weiterführend Abschnitt 6.4.

14 Vgl. zu den technologischen Merkmalen Sinzig (2015), S. 236f.

meisten Unternehmen, die sich bislang gegen eine Einführung entschieden haben, als Hauptgrund für ihre Zurückhaltung angegeben werden.[15]

1.1.3 Einordnung und Struktur des SAP ERP-Systems

1.1.3.1 SAP ERP als integrierte funktionsorientierte betriebswirtschaftliche Standardsoftware

Die verschiedenen Arten von Software lassen sich in System- und Anwendungssoftware unterteilen. Anwendungssoftware wiederum kann in Standard- und Individualsoftware eingeteilt werden. Gemäß dieser Klassifizierung lässt sich SAP ERP entsprechend Abb. 1-3 als integrierte funktionsorientierte betriebswirtschaftliche Standardsoftware einordnen.

Der Begriff **Standardsoftware** bezeichnet Software, die für den anonymen Markt, also nicht für die individuellen Belange einzelner Organisationen, entwickelt wurde und somit von verschiedenen Unternehmen eingesetzt werden kann. Die Begriffe Basissoftware, funktionsorientierte Standardsoftware und Standardbürosoftware charakterisieren folgende Eigenschaften einer Standardsoftware:[16]

- *Basissoftware*: diese Software ist losgelöst von spezifischen Aufgaben nutzbar und bietet Basisfunktionalitäten wie E-Mail und Internetbrowser.
- *Funktionsorientierte Software*: die Software unterstützt die Abwicklung spezifischer Aufgaben in einem bestimmten betrieblichen Funktionsbereich (z. B. Produktion oder Vertrieb). Andere Funktionsbereiche können die Software nicht zur Bearbeitung ihrer spezifischen Aufgaben einsetzen.
- *Standardbürosoftware*: die Software kann in mehreren Funktionen/Bereichen zur Unterstützung bzw. Abwicklung unspezifischer Aufgaben, hauptsächlich in Büroumgebungen, eingesetzt werden (z. B. Textverarbeitung oder Tabellenkalkulation).

Objekte der Integration der Informationsverarbeitung können u.a. Daten und Funktionen sein.[17] In diesem Zusammenhang spricht man einerseits von Datenintegration und andererseits von Funktionsintegration. Bei der **Datenintegration** werden Daten logisch zusammengeführt. Dies geschieht in der einfachsten Form dadurch, dass Teilsysteme automatisch Daten an andere Teilsysteme übergeben (automatische Datenweitergabe). In einer ausgeprägteren Form bedeutet Datenintegration, dass die Daten in Datenbanken gehalten werden, auf welche mehrere oder alle Programme gemeinsam zugreifen (gemeinsame Datenbanken).

---

15 Vgl. Pedell et al. (2017), S. 60.

16 Gadatsch (2001), S. 403, wählt eine Einteilung in Büro-Applikationen, Business-Applikationen und Kommunikations-Applikationen.

17 Vgl. Mertens (2009), S. 1ff.

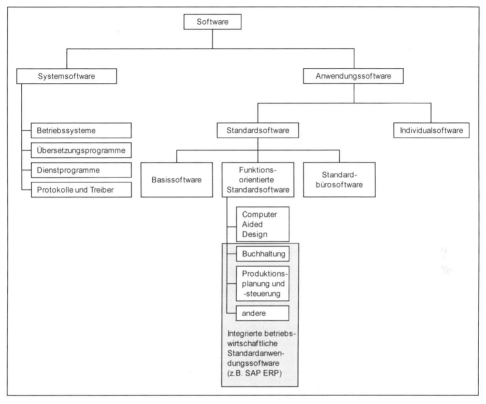

Abbildung 1-3:   Einordnung von SAP ERP[18]

Von **Funktionsintegration** spricht man, wenn verschiedene Funktionen informationstechnisch miteinander verknüpft werden (im betriebswirtschaftlichen Sektor beispielsweise Einkauf, Lagerhaltung, Produktion, Rechnungswesen, Verkauf).

Ist eine Software integriert, müssen Daten nur einmalig gespeichert werden. Damit wird die Gefahr nicht aktueller Datenbestände oder nicht aufeinander abgestimmter Daten deutlich reduziert. Schnittstellenprobleme, die sich vor allem bei einer Parallelanwendung mehrerer Softwarelösungen ergeben, können dadurch verringert werden. Softwaresysteme, bei denen mehrere betriebswirtschaftliche Anwendungen integriert sind, werden als Enterprise Resource Planning-Systeme (ERP-Systeme) bezeichnet.[19]

Die Integration von Daten und Funktionen durch SAP ERP erfolgt über die gesamte Wertschöpfungskette eines Unternehmens, wie Abb. 1-4 verdeutlicht. Auf der Beschaffungsseite spricht man hierbei von Supply Chain Management bzw. Supplier Relationship Management, während die Integration auf der Absatzseite unter dem

---

18 In Anlehnung an Mertens et al. (1996), S. 10 und Mertens et al. (2012), S. 17f.

19 Vgl. auch Gadatsch (2001), S. 402.

Schlagwort Customer Relationship Management behandelt wird. Neben der Integration des Informations- und Kommunikationsflusses innerhalb eines Unternehmens hat auch der Datenaustausch zwischen Unternehmen eine hohe Bedeutung. Den zwischenbetrieblichen Datenaustausch berücksichtigte die SAP SE insbesondere mit der Entwicklung von „mySAP.com" bzw. mit den in Abschnitt 1.1.2 beschriebenen Bestandteilen der Business Suite.

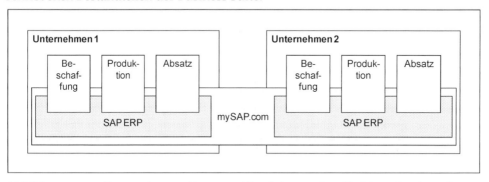

Abbildung 1-4:   **Integration von Daten und Funktionen über die Wertschöpfungskette**

1.1.3.2   Anwendungsbereiche und modularer Aufbau von SAP ERP

SAP ERP ist der Nachfolger von SAP R/3. Genauso wie sein Vorgänger deckt SAP ERP als branchenneutrale Standardsoftware wichtige betriebswirtschaftliche Anwendungsbereiche ab und integriert sie miteinander in einem System.

SAP ERP stellt über die Anwendungsbereiche Logistik, Rechnungswesen und Personalwirtschaft von SAP R/3 hinausgehend Funktionen für Analysen und zentrale Unternehmensdienste zur Verfügung. Darüber hinaus unterstützt die Lösung Aufgaben aus dem Systemmanagement wie Benutzerverwaltung, Konfigurationsmanagement, zentrale Datenverwaltung und den unternehmensweiten Einsatz von Web-Services.[20]

Im Einzelnen werden demnach folgende Anwendungsbereiche durch SAP ERP abgebildet. Graphisch werden diese Funktionen von SAP über sog. Solution Maps veranschaulicht (vgl. Abb 1-5).[21]

---

20 Vgl. SAP AG (2004).

21 Vgl. Krcmar (2010), S. 127.

End-User Service Delivery

Analytics	Financial Analytics		Operations Analytics		Workforce Analytics		Shared Service Delivery	SAP NetWeaver
Financials	Financial Supply Chain Management	Treasury	Financial Accounting	Management Accounting	Corporate Governance			
Human Capital Management	Talent Management		Workforce Process Management		Workforce Deployment			
Procurement and Logistics Execution	Procurement		Inventory and Warehouse Management	Inbound and Outbound Logistics	Transportation Management			
Product Development and Manufacturing	Production Planning		Manufacturing Execution	Product Development	Life-Cycle Data Management			
Sales and Service	Sales Order Management		Aftermarket Sales and Service		Professional-Service Delivery			
Corporate Services	Real Estate Management	Enterprise Asset Management	Project and Portfolio Management	Travel Management	Environment, Health, and Safety Compliance Management	Quality Management	Global Trade Services	

Abbildung 1-5: Solution Map für SAP ERP[22]

- *Unternehmensanalyse:* Evaluierung des Unternehmens durch Analyse der Unternehmensabläufe, der Personalwirtschaft sowie der Logistikkette.
- *Rechnungswesen:* SAP ERP Financials ermöglicht die Gestaltung und Verwaltung des Finanzwesens durch die Automatisierung von Financial Supply Chain Management sowie internem und externem Rechnungswesen.
- *Personalwirtschaft:* SAP ERP Human Capital Management bietet die nötigen Werkzeuge, mit denen der Mitarbeitereinsatz profitabel gesteuert werden kann, insb. durch Employee Transaction Management und Employee Lifecycle Management.
- *Logistik- und Produktionssteuerung:* SAP ERP Procurement and Logistics Execution ermöglicht die Optimierung von Betriebsabläufen und die Verwaltung von Logistikprozessen. Zugleich wird die Zusammenarbeit im Unternehmen in den Bereichen Supply Chain Management, Product Lifecycle Management und Supplier Relationship Management erweitert.
- *Produktentwicklung:* Mit SAP ERP Product Development and Manufacturing ist es möglich, Produktentwicklungs- und -designprozesse zu steuern, relevante Produktdaten zu generieren sowie einzelne Entwicklungsvorgänge zu planen und auszuführen.

---

22 Vgl. www.sap.com, Stand: März 2012.

- *Vertrieb:* SAP ERP Sales and Service fokussiert sich auf den Verkauf von Produkten und Dienstleistungen. Ebenso bietet der Bereich Möglichkeiten zur Verwaltung von Ersatzteilgeschäften.

- *Konzerndienste:* Mit SAP ERP Corporate Services werden zentrale und dezentrale Konzerndienste wie die Verwaltung von Immobilien, Geschäftsreisen sowie Leistungsanreizen und Provisionen optimiert.

Die für das Controlling insbesondere relevante Funktion SAP ERP Financials bietet folgende Unterfunktionen an.[23]

- *Finanz- und internes Rechnungswesen:* Diese Unterfunktion liefert nicht nur zentrale Buchhaltungs- und Berichtsfunktionen, sondern unterstützt auch den Prozess SAP General Ledger, der für die gesamte Hauptbuchhaltung verantwortlich ist. Es werden alle Anforderungen nach IFRS und lokalen GAAP erfüllt. Außerdem werden Funktionen für das Kredit- und Forderungsmanagement, das Management von Verbindlichkeiten, für Vertragskontokorrent sowie für den Finanzabschluss unterstützt.

- *Financial Supply Chain Management:* Das SAP FSCM umfasst die Anwendungen SAP Credit Management, SAP Biller Direct, SAP Dispute Management und SAP Collections Management. Es ermöglicht ein effektives Management des Credit-to-Cash-Zyklus und unterstützt die Bereiche Support, Debitorenbuchhaltung, Kreditwesen und Inkasso.

- *Treasury Management:* Diese Funktion gliedert sich in die weiteren Unterfunktionen Cash- und Liquiditätsmanagement, In-House Cash/Banking, Treasury- und Risikomanagement und Bankenkommunikation. Durch die vollständige Integration des Treasury-Management in SAP General Ledger werden zudem alle Vorgänge und Positionen zuverlässig erfasst und Compliance-konform verbucht.

Im Folgenden wird der Fokus auf den Bereich „Finanz- und internes Rechnungswesen" gelegt. Beziehungen zu anderen Funktionen werden nur bei Auftreten von Schnittstellen näher berücksichtigt. Den Aufbau dieser Unterfunktion gibt Abb. 1-6 wieder.

---

23 Vgl. die dazugehörige Business Map zu SAP ERP.

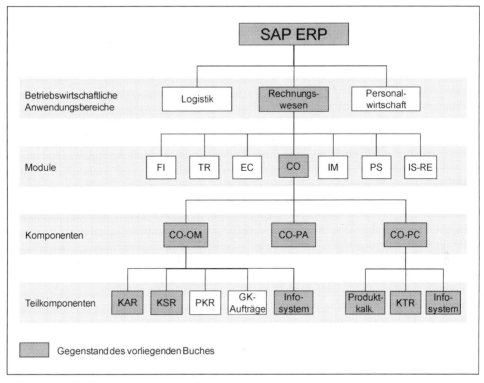

Abbildung 1-6:   **Struktureller Aufbau von SAP ERP (Ausschnitt)**

1.1.3.3 Leistungsmerkmale des SAP ERP-Systems

Die besonderen Leistungsmerkmale des SAP ERP-Systems können durch folgende fünf Eigenschaften näher charakterisiert werden.

- *Integration:* Alle Anwendungen von SAP ERP greifen auf eine gemeinsame Datenbasis zurück. So nutzt beispielsweise das Controlling-Modul (CO) Daten aus dem Finanzwesen (FI), dem Einkauf (MM) oder der Produktionsplanung und Produktionssteuerung (PP). Neben dieser Datenintegration zeichnet sich SAP ERP auch durch eine Funktionsintegration aus. So werden durch das Ausführen von Transaktionen in einem Modul Aktivitäten in einem anderen Modul automatisch in Bewegung gesetzt. Beispielsweise werden bei einer Fakturabuchung automatisch Rechnungswesenbelege gebucht.

- *Internationalität:* Von SAP ERP können länderspezifische Versionen aufgebaut werden. So können neben unterschiedlichen Sprachen (24 Sprachversionen) auch länderspezifische Besonderheiten in einzelnen Modulen und Komponenten (z. B. hinsichtlich des Zahlungsverkehrs, der Umsatzsteuervoranmeldung, des Jahresabschlusses u.ä.) berücksichtigt werden. Außerdem ist für international tätige Unternehmen und multinationale Konzerne die Abwicklung der betrieblichen Abläufe verschiedener Landesgesellschaften sowie länderübergreifender Vorgänge auf einem gemeinsamen Rechner möglich.

- *Branchenneutralität:* Das SAP ERP-System ist grundsätzlich branchenneutral und deswegen in unterschiedlichsten Branchen (Industrie, Handel und Banken) eingeführt. Es wird sowohl von großen Konzernen als auch von mittelständischen Unternehmen genutzt. Seit 1996 entwickelt die SAP jedoch verstärkt branchenspezifische Lösungen und bietet derzeit 24 verschiedene Branchenlösungen an.
- *Customizing:* SAP ERP kann an branchen- und firmenspezifische Besonderheiten angepasst werden. Customizing bezeichnet das Verfahren, mit welchem unternehmensneutral ausgelieferte Funktionalitäten des ERP-Systems an unternehmensspezifische betriebswirtschaftliche Erfordernisse angepasst werden.[24] Im SAP-System selbst können diese Anpassungen innerhalb des Implementation Management Guides (IMG) vollzogen werden.
- *Benutzeroberfläche:* Um dem Anwender die Nutzung des ERP-Systems komfortabel zu gestalten, wurde das sog. SAP-Graphical User Interface (SAP-GUI) als Benutzerschnittstelle entwickelt. Da diese Benutzeroberfläche in erster Linie nach den Regeln des Windows-Style-Guide entwickelt wurde, ähnelt sie den Benutzeroberflächen bekannter Windows-Applikationen.[25]

1.1.3.4 Technischer Aufbau des SAP ERP-Systems

SAP ERP wurde unter anderem deswegen so erfolgreich, weil es als plattformunabhängiges System nach dem Client-Server-Konzept angelegt wurde. Die **Plattformunabhängigkeit** ist dadurch gewährleistet, dass ERP auf verschiedenen Betriebssystemen und Rechnern unterschiedlicher Hersteller betrieben werden kann. Das **Client-Server-Konzept** als allgemeinstes Konzept der verteilten Verarbeitung besagt, dass einzelne Rechner innerhalb eines Rechnernetzes als Server (Lieferanten) anderen Rechnern, den sog. Clients (Kunden), Dienstleistungen zum Abruf zur Verfügung stellen.[26] Die Arbeitsaufteilung der drei Funktionen P̲räsentation (Benutzerschnittstelle), P̲rozess (Verarbeitung) und D̲atenhaltung (PPD-Modell) zwischen Server und Client kann auf verschiedene Weisen erfolgen. Beispielhaft gibt Abbildung 1-7 den Fall wieder, bei welchem die Datenhaltung und Verarbeitung auf dem Server und die Präsentation auf einem bzw. mehreren räumlich vom Server getrennten und über ein Netz mit ihm verbundenen Client(s) erfolgt.

---

24 Durch das Customizing werden nicht die ERP-Standardprogramme modifiziert, sondern es wird die Möglichkeit gegeben, in entsprechenden Tabellen die Rahmenbedingungen für den ERP-Benutzer vorzugeben (z. B. Vorgabe eines bestimmten Kalkulationsschemas). Zu Funktionen des Customizing vgl. Baumeister (1999), S. 8f. Vgl. auch Brehm/Heinzl/Markus (2001).

25 Die Funktionalität von SAP-GUI ist im Prinzip plattformunabhängig und kann nicht nur auf PCs mit MS-Windows-Benutzeroberfläche, sondern bspw. auch auf Macintosh-Plattformen aufsetzen.

26 Vgl. hierzu und zum Folgenden: Stahlknecht/Hasenkamp (2005), S. 124f.

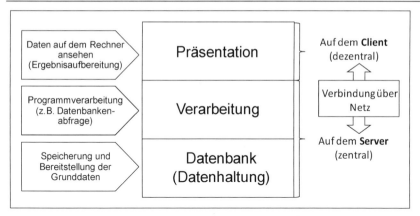

Abbildung 1-7: **Arbeitsteilung beim Client-Server-Konzept**

Die Möglichkeiten, welche das Client-Server-Konzept eröffnet, nämlich z. B. die Pflege und den Zugriff auf eine gemeinsame zentrale Datenbasis von verschiedenen Orten sowie den Wechsel von teuren Großrechnern auf u.a. kostengünstigere und benutzerfreundlichere mittlere Systeme (Downsizing) machen das ERP-System insbesondere für mittelständische Unternehmen und Konzerne mit unterschiedlichen Niederlassungen, Tochter- und Landesgesellschaften attraktiv. Eines der Grundprinzipien von SAP ERP, nämlich die Nutzung eines gemeinsamen Datenpools von verschiedenen Anwendern, verdeutlicht Abbildung 1-8.

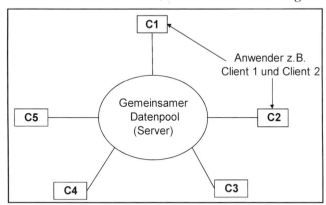

Abbildung 1-8: **Verteilter Zugriff auf gemeinsame Datenbanken**

Eine Integration von SAP Software mit Nicht-SAP-Lösungen ermöglicht der SAP NetWeaver. Damit öffnet sich SAP der Integration von Komponenten anderer Hersteller und individueller Lösungen. Mit einem Baukasten von Infrastrukturkomponenten können Anwendungen auf der Basis von serviceorientierten Architekturen entwickelt werden. Um auch Nicht-SAP-Lösungen bequem einbinden zu können,

werden weit verbreitete Standards eingesetzt. Über NetWeaver können Unternehmen zunächst eine grundlegende Business Intelligence-Lösung implementieren,
welche anschließend Schritt für Schritt erweitert wird.[27]

Wie Abb. 1-9 aufzeigt, verbindet NetWeaver Menschen, Informationen und Prozesse über Technologie- und Unternehmensgrenzen hinweg. Es besteht aus drei Integrationsebenen und einer Applikationsplattform.[28]

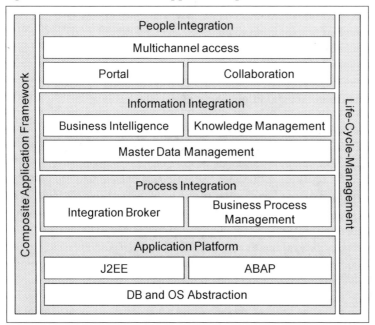

Abbildung 1-9:   **Überblick über die Funktionen von SAP NetWeaver[29]**

–   *People Integration:* Über den Multi-Channel-Zugriff lassen sich beliebige Mobil-,
    Funk- und Sprachgeräte in die Unternehmenssysteme einbinden. Das Portal
    stellt vordefinierte Inhalte umfassend zur Verfügung. Mit Collaboration wird die
    unternehmensübergreifende Zusammenarbeit gefördert.
–   *Information Integration:* Die Business Intelligence verfügt über eine offene auf
    Standards basierende Architektur. Mithin können alle für die Entscheidung rele-
    vanten Informationen unabhängig von der konkreten Unternehmensebene bzw.
    Detaillierungstiefe verknüpft, analysiert und verteilt werden. Über Knowledge
    Management werden Instrumente für integrierte Prozesse wie z. B. Content oder
    Workflowmanagement zur Verfügung gestellt. Das Stammdatenmanagement
    sorgt unternehmensweit und unternehmensübergreifend für eine konsistente
    Datenbasis.

27 Vgl. SAP AG (2005).

28 Vgl. hierzu und zum Folgenden SAP AG (2005).

29 Vgl. www.sap.com, Stand: März 2012.

- *Process Integration:* Der Integration Broker beschreibt Softwarekomponenten, Schnittstellen und Routing-Regeln und führt die Integration aus. Das Business Process Management ermöglicht die Modellierung und Ausführung durchgängiger Prozesse in einer dynamischen Umwelt.
- *Application Platform:* Die Applikationsplattform regelt die drei Integrationsebenen innerhalb des NetWeaver. Sie unterstützt auch plattformunabhängige Webservices, geschäftliche Web-Anwendungen und alle offenen Standards, welche auf J2EE und ABAP aufgebaut sind.
- *Life-Cycle Management:* Bietet umfangreiche Möglichkeiten zum Management der einzelnen Phasen eines Softwarelebenszyklusses (Design, Entwicklung, Implementierung etc.).
- *Composite Application Framework:* Dieses Framework bietet die Tools, Methoden, Regeln und Muster, die für die Entwicklung von SAP xApps erforderlich sind. SAP xApps ermöglichen es, bestehende Daten und Funktionen von SAP-Systemen mit Nicht-SAP-Systemen zu verbinden und zu neuen Geschäftsprozessen zusammenzusetzen.

Mit NetWeaver stellt SAP ein Instrument bereit, mit dessen Hilfe rasch und flexibel neue Geschäftsstrategien und –prozesse unterstützt und realisiert werden können.

1.1.3.5 Verarbeitungslogische Datentypisierung im ERP-Referenzmodell

Die in ERP verarbeiteten Daten können in Stamm- und Bewegungsdaten eingeteilt werden. Stammdaten sind Daten, die für mehrere Geschäftsvorfälle Gültigkeit haben. In SAP werden u.a. folgende Stammdaten unterschieden:[30]

- *Kostenarten:* beschreiben die Herkunft der Kosten und können als primär oder sekundär definiert werden.
- *Kostenstellen:* definieren Verantwortungsbereiche, die Kosten verursachen und beeinflussen.
- *Leistungsarten:* werden zur internen Leistungsverrechnung verwendet und klassifizieren Dienst- und Fertigungsleistungen, die von Kostenstellen angeboten werden.
- *Innenaufträge:* dienen der Überwachung von Kosten und Erlösen des Unternehmens.
- *Statistische Kennzahlen:* können für Kennzahlenanalysen und für Verrechnungen, wie beispielsweise Umlagen oder Verteilungen, verwendet werden.
- *Geschäftsprozesse:* sind betriebswirtschaftliche Abläufe innerhalb eines Unternehmens, die einen Verbrauch an Ressourcen zur Folge haben und abteilungsübergreifend sein können.

---

30 Vgl. www.sap.com, Stand: März 2012.

Im Gegensatz zu den Stammdaten sind Bewegungsdaten geschäftsvorfallspezifisch. In Abbildung 1-10 ist der Zusammenhang zwischen Stamm- und Bewegungsdaten im Hinblick auf einen beispielhaften Unternehmensprozess dargestellt.

Als Ausgangspunkt dient ein Kundenauftrag, nämlich die Bestellung eines neuen Produktes, welches das Unternehmen bislang noch nicht im Sortiment hat. Daher ist für dieses Produkt zunächst ein Materialstammsatz anzulegen, der die wichtigsten Merkmale des neuen Produktes enthält. Dieser Stammsatz hat für weitere Lieferungen dieses Materials und damit weitere Geschäftsvorfälle dieser Art ebenfalls Gültigkeit. Bewegungsdaten sind in diesem Fall beispielsweise Datum des Auftrags und Bestellmenge. Der Auftrag des Kunden kann nur bedient werden, wenn die entsprechende Ware auf Lager ist. Wenn dies nicht der Fall ist, muss die Ware zuerst bestellt, geliefert und in den Bestand gebucht werden. Jetzt erst kann der Auftrag zur Auslieferung der Ware in das System eingegeben werden. Dieser Auftrag ist die Basis für die Kommissionierung, bei der die Ware zusammengestellt und aus dem Lager entnommen wird. Den Abschluss des Geschäftsvorfalls bildet die Rechnungsstellung.

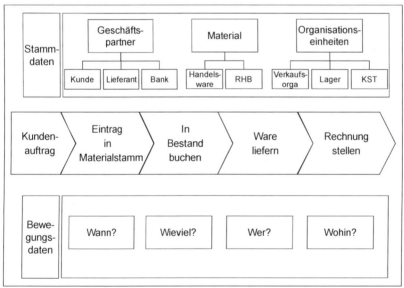

Abbildung 1-10:   Zusammenhang zwischen Stamm- und Bewegungsdaten

1.2 Abbildung der Kosten- und Erlösrechnung in SAP ERP

1.2.1 Kennzeichnung der grundlegenden Struktur einer Kosten- und Erlösrechnung

Grundlegende Elemente einer Kostenrechnung sind die Kostenartenrechnung (KAR), die Kostenstellenrechnung (KSR) und die Kostenträgerrechnung (KTR).[31] Innerhalb der Kostenartenrechnung werden Kosten nach verschiedenen Kriterien (z. B. Güterart oder Verbrauchscharakter) gegliedert erfasst. Hierbei wird vorrangig die Frage gestellt: Was für Kosten sind entstanden? In der Kostenstellenrechnung werden die Gemeinkosten einzelnen Abrechnungsbezirken (Kostenstellen) zugeordnet. Die Frage, die hierbei im Vordergrund steht, lautet: Wo sind welche Kosten entstanden? Anhand von Schlüsselgrößen werden in der Kostenstellenrechnung im Rahmen der innerbetrieblichen Leistungsverrechnung die Kosten von den Vor- auf die Endkostenstellen verrechnet. In Rechnungssystemen, die eine Verteilung aller Kosten auf den Kostenträger anstreben, ist die Bildung von Kostenstellen außerdem ein Instrument für die Zurechnung der Kostenträgergemeinkosten auf den Kostenträger.[32] Der Kostenträgerrechnung liegt die Frage zugrunde: Wofür sind die Kosten entstanden? Man kann hierbei zwischen der **Kostenträgerstückrechnung** und der **Kostenträgerzeitrechnung** unterscheiden. Während in der Kostenträgerstückrechnung die Zurechnung von Kosten auf die einzelnen Kostenträger erfolgt und als ein wichtiges Rechnungsziel die Ermittlung der Kosten je Produkt(-einheit) und Periode verfolgt wird, zielt die Kostenträgerzeitrechnung auf die Bestimmung der gesamten Kosten einer Rechnungsperiode und ihre Verteilung auf die Kostenträger ab.[33]

Analog der Kostenarten-, der Kostenstellen- und der Kostenträgerrechnung können entsprechend eine Erlösarten-, eine Erlösstellen- und eine Erlösträgerrechnung aufgebaut werden. Stellt man die Kosten den Erlösen gegenüber, so gelangt man zu einer **Erfolgs- oder Ergebnisrechnung.** Auf Seite der Kosten können anhand unterschiedlicher Kriterien verschiedene Begriffspaare abgegrenzt werden.

– **Einzelkosten (EK)** versus **Gemeinkosten (GK)** (Kriterium der Zurechenbarkeit): Einzelkosten lassen sich dem Produkt (Kostenträger) **direkt** zuordnen, während Gemeinkosten nur im Rahmen der innerbetriebliche Leistungsverrechnung (ibLV) über die Kostenstellenrechnung dem Kostenträger zugeordnet werden können.

– **Variable** versus **fixe Kosten** (Kriterium der Abhängigkeit von der Änderung einer Kosteneinflussgröße (z. B. Beschäftigung)): Variable und fixe Kosten unterscheiden sich hinsichtlich ihrer Abhängigkeit von **Beschäftigungsänderungen.**

---

31 Vgl. z. B. Schweitzer et al. (2016), S. 67ff.

32 Vgl. Schweitzer et al. (2016), S. 70ff.

33 Vgl. Schweitzer et al. (2016), S. 174f.

Fixe Kosten sind von einer Beschäftigungsänderung unabhängig, im Gegensatz zu variablen Kosten, deren Höhe sich mit der Beschäftigung verändert.

– **Primäre** versus **sekundäre Kosten** (Kriterium der Herkunft der Einsatzgüter): Primäre Kosten entstehen für die Güter, die von außen in einen Abrechnungsbezirk einfließen. Demgegenüber handelt es sich bei Kosten, die durch den Wiedereinsatz selbsterstellter Güter eines Abrechnungsbezirks entstehen, um sekundäre Kosten.[34]

Abb. 1-11 zeigt Kombinationsmöglichkeiten der Ausprägungen variable und fixe Kosten sowie Einzel- und Gemeinkosten für den Fall, dass die Gesamtheit der Produkte eines Bereichs als Zurechnungsobjekt herangezogen wird. Der Materialeinsatz ist einzeln zurechenbar und variabel. Die Stromkosten sind variabel, werden aber annahmegemäß nur für das gesamte Unternehmen gemessen und abgerechnet. Durch die Installation von Stromzählern in den einzelnen Bereichen ließe sich dies ändern. Das Gehalt des Bereichsleiters lässt sich der Gesamtheit der Produkte seines Bereichs einzeln zuordnen und ist fix. Das Gehalt des Geschäftsführers ist ebenfalls fix und lässt sich einem einzelnen Geschäftsbereich nicht direkt zurechnen. Zieht man nicht die Gesamtheit der Produkte des Bereichs, sondern die einzelnen Produkte als Zurechnungsobjekt heran, so gibt es keine fixen Einzelkosten.

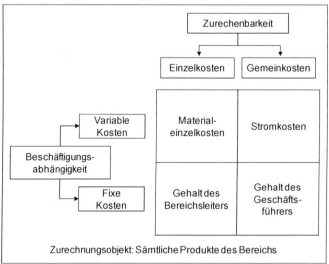

Abbildung 1-11:   **Übersicht über die Einteilung von Kosten in Einzel- und Gemeinkosten sowie in variable und fixe Kosten[35]**

Je nach Berücksichtigung bzw. Verrechnung der variablen und fixen Kosten gelangt man zu Rechnungssystemen auf Vollkostenbasis oder Teilkostenbasis. In einem

34 Vgl. Friedl/Hofmann/Pedell (2017), S. 43ff.; Schweitzer et al. (2016), S. 97ff.

35 In Anlehnung an Friedl/Hofmann/Pedell (2017), S. 55.

Rechnungssystem auf Vollkostenbasis werden alle Kosten (variable und fixe) bei der Verrechnung auf den Kostenträger verrechnet (Abb. 1-12 oben).

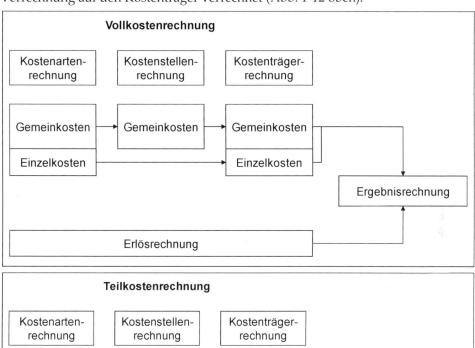

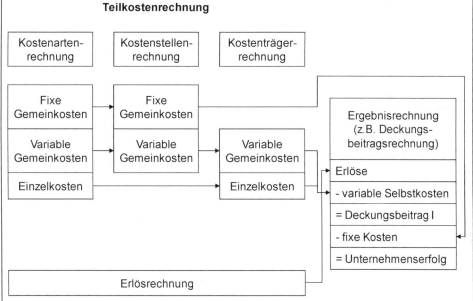

Abbildung 1-12:   **Verrechnung von Kosten und Erlösen in Voll- und Teilkostenrechnungen**

Dagegen werden in einem Rechnungssystem auf Teilkostenbasis nur die variablen Kosten dem Kostenträger zugerechnet. Nach Abschluss der Kostenstellenrechnung und der Produktkalkulation liegen die fixen (Gemein-)Kosten noch auf den Kostenstellen. Die variablen Gemeinkosten werden über die Kostenstellen, die Einzelkosten dagegen direkt aus der Kostenartenrechnung auf die Kostenträger weiterverrechnet. In die Ergebnisrechnung gehen nun die Erlöse, die variablen Selbstkosten aus der Produktkalkulation für sämtliche abgesetzten Produkte sowie die Fixkosten von den Kostenstellen ein. Einen schematischen Überblick über die Verrechnung der Kosten und Erlöse in einer Teilkostenrechnung, wie z. B. der Grenzplankostenrechnung gibt Abbildung 1-12 (unten).

1.2.2 Werteflüsse der Kosten- und Erlösrechnung in SAP ERP

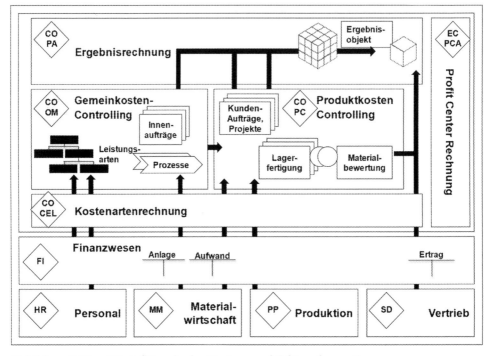

Abbildung 1-13:   Werteflüsse in der Kosten- und Erlösrechnung[36]

Die Zusammenhänge zwischen den einzelnen Teilkomponenten des Moduls Controlling (CO) und den anderen ERP-Modulen sind in Abbildung 1-13 dargestellt.

Es wird veranschaulicht, wie aus vorgelagerten Funktionen die relevanten Daten in die Komponenten des Controllings gelangen. Ein Teil der Kostendaten wird vom Finanzwesen bereitgestellt.[37] Aus dem Personalwesen kommen die Löhne und aus der Anlagenbuchhaltung die Abschreibungen. Diese Daten gehen in die Kostenarten- bzw. Kostenstellenrechnung ein. Die Funktion Produktion aus der Schlüsselfunktion Operations stellt Stücklisten und Arbeitspläne bereit, die für das Produktkosten-Controlling notwendig sind. Die Erlöse schließlich werden dem Vertriebsmodul entnommen.

---

36 Vgl. www.sap.com, Stand: März 2012.

37 Vgl. hierzu die Durchführung der Primärbuchungen im Hauptbuch des Finanzwesens, Abschnitt 3.3.2.

Die Kosten werden innerhalb und zwischen den Komponenten des Controlling-Moduls weiterverrechnet und finden schließlich entweder direkt oder über Zwischenschritte Eingang in die Ergebnis- und Marktsegmentrechnung (CO-PA), wo sie den Erlösen gegenübergestellt werden.

In der Fallstudie (vgl. Kapitel 2) werden zwar alle Komponenten des CO-Moduls berücksichtigt, innerhalb der Komponente Gemeinkostencontrolling werden allerdings die Teilkomponenten Aufträge und Prozesse im Folgenden ausgeblendet.

Eine detailliertere Veranschaulichung der für die Fallstudie relevanten Struktur der Kosten- und Erlösrechnung sowie der sog. Ergebnis- und Marktsegmentrechnung in SAP ERP zeigt Abbildung 1-14.

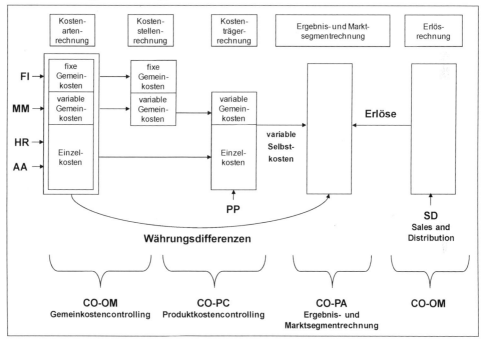

Abbildung 1-14:   **Struktur der Kosten- und Erlösrechnung in SAP ERP**

1.3   Wichtige Strukturelemente des Moduls Controlling

1.3.1   Komponenten des Moduls Controlling

Neben der Kostenartenrechnung (CO-CEL) gliedert sich das Modul CO in drei Komponenten, die in den folgenden Abschnitten erläutert werden:

- **Gemeinkosten-Controlling (CO-OM)**
- **Produktkosten-Controlling (CO-PC)**
- **Ergebnis- und Marktsegmentrechnung (CO-PA).**

1.3.1.1   Gemeinkosten-Controlling (CO-OM) und dessen Teilkomponenten

Die Controlling-Komponente CO-OM gliedert sich vor allem in die fünf Teilkomponenten:

(1) Kosten- und Erlösartenrechnung

(2) Kostenstellenrechnung

(3) Prozesskostenrechnung

(4) Gemeinkostenaufträge und -projekte

(5) Informationssystem

Die wesentlichsten Merkmale dieser Teilkomponenten lassen sich wie folgt charakterisieren:

(1) Kosten- und Erlösartenrechnung

Die Kosten- und Erlösartenrechnung stellt den Teil der Kostenrechnung dar, in welchem die während einer **Abrechnungsperiode angefallenen Kosten erfasst und gegliedert** werden. Es handelt sich also weniger um eine Rechnung als um eine geordnete Erfassung, welche die Basis einer Kostenrechnung bildet. In einem integrierten Rechnungswesen, wie es das ERP-System darstellt, ist eine **besondere Erfassung der Kosten nicht notwendig,** weil jeder kostenrechnungsrelevante Geschäftsvorfall detaillierte Informationen nicht nur über die Kostenart, sondern auch über das Kontierungsobjekt an die Kostenrechnung liefert. Jeder Verbrauchsvorgang in der Materialwirtschaft, jede Fakturierung im Vertriebssystem (= Erlös), jede Fremdrechnung in der Rechnungsprüfung fließt direkt über das Sachkonto (= Kostenart) dem jeweiligen Kontierungsobjekt zu. Die Aufgabe der Erfassung kann auf einen Teil der **Anders- und Zusatzkosten** beschränkt werden. Während z. B. die Abschreibungen für Abnutzung aus der Anlagenbuchhaltung übernommen werden können, müssen z. B. kalkulatorische Zinsen oder ein kalkulatorischer Unternehmerlohn in der Kostenrechnung separat geplant und erfasst werden.

(2) Kostenstellenrechnung

In der Kostenstellenrechnung erfolgt eine Zuordnung der Gemeinkosten auf die Kostenstellen. Im Rahmen der innerbetrieblichen Leistungsverrechnung werden die **Kosten der Vorkostenstellen auf die Endkostenstellen weiterverrechnet.** Zu diesem Zweck verwendet SAP ERP das **iterative Verfahren**,[38] wobei es in ERP „mathematisches Verfahren" heißt. Mit Hilfe der Kostenstellenrechnung kann untersucht werden, **wo im Unternehmen welche Kosten angefallen** sind. Dazu werden die Kosten entweder direkt den Teilbereichen des Unternehmens zugeordnet, in denen sie verursacht worden sind, oder sie werden über Mengen- oder Wertschlüssel zugeordnet. Durch diese Erfassung und Zuordnung wird nicht nur eine Kostenkontrolle ermöglicht, sondern auch wichtige Vorarbeiten für nachfolgende Teilbereiche der Kostenrechnung (z. B. Kostenträgerrechnung) geleistet.

(3) Prozesskostenrechnung *(keine Betrachtung in der Fallstudie)*

Die Geschäftsprozessplanung ist ein Vorgang, der in nahezu jedem Unternehmen anders gehandhabt wird. Branchenspezifische Besonderheiten, besondere organisatorische Strukturen und Verantwortlichkeiten erzwingen eine firmenindividuelle Gestaltung des Planungsprozesses. In der Prozesskostenrechnung ist der gesamte Planungsablauf im Dialog am Bildschirm durchführbar. Der Vorteil der Planung im Dialog besteht darin, dass die Planungsergebnisse „realtime" zur Verfügung stehen und mit Hilfe des Informationssystems analysiert werden können. Darüber hinaus wird die interaktive Geschäftsprozessplanung durch verschiedene Hilfsmittel systemseitig unterstützt.

(4) Gemeinkostenaufträge und -projekte *(keine Betrachtung in der Fallstudie)*

Das betriebliche Auftragswesen gliedert sich in absatzbestimmte Aufträge und unternehmensinterne Aufträge. Absatzbestimmte Aufträge dienen hauptsächlich der **logistischen Steuerung von Einsatzfaktoren und Absatzleistungen**. Das innerbetriebliche Auftragswesen stellt die feinste operationale Ebene der Kosten- und Erlösrechnung dar und dient der Kostenüberwachung, zum Beispiel dort, wo Kosten nach anderen Gesichtspunkten als in der Kostenarten- oder Kostenstellenrechnung betrachtet werden sollen. Innenaufträge dienen in der Regel der Planung, Sammlung und Abrechnung der Kosten innerbetrieblicher Maßnahmen und Aufgaben. Das SAP ERP-System ermöglicht es, Innenaufträge über deren ganze Laufzeit zu kontrollieren – von der Eröffnung über die Planung und Buchung sämtlicher Istkosten bis zur endgültigen Abrechnung.

(5) Informationssystem

Das Informationssystem stellt ein **flexibles Konzernberichtswesen** dar. Mit ihm sind differenzierte Auswertungen (Standard-, Abweichungs- sowie Bedarfsberichte) möglich, wie z. B. Plan/Ist- oder Soll/Ist-Vergleiche zur Wirtschaftlichkeitskontrolle oder die Überwachung der Kostenentwicklung durch mehrperiodigen

---

38 Der Grund hierfür besteht darin, dass es einfach programmierbar und damit effizient ist.

Kostenausweis. Die Berichte des Informationssystems können interaktiv am Bildschirm abgerufen werden. Es können sowohl standardmäßige Auswertungen als auch Berichte zu außerordentlichen Fragestellungen und Aufgaben erstellt werden.

1.3.1.2 Produktkosten-Controlling (CO-PC) und dessen Teilkomponenten

Die Controlling-Komponente CO-PC gliedert sich vor allem in die drei Teilkomponenten:

(1) Produktkalkulation
(2) Kostenträgerrechnung
(3) Informationssystem

(1) Produktkalkulation

In der Produktkalkulation wird die **auftragsneutrale Kalkulation eines Produktes** vorgenommen (Kalkulation eines Musterproduktes). Die Produktkalkulation umfasst die Funktionen der **Erzeugniskalkulation** und der **Bauteilkalkulation** (vgl. Abb. 1-15).

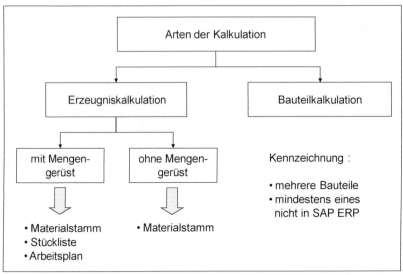

Abbildung 1-15:   **Arten der Kalkulation**

Die Erzeugniskalkulation ist ein Werkzeug zur Kostenplanung und Preisbildung für Produkte. Sie dient dazu, die Herstell- und Selbstkosten pro Erzeugniseinheit zu ermitteln. Wenn die Kalkulation automatisch auf Basis der Daten der Produktionsplanung (PP) erfolgt, handelt es sich um eine Erzeugniskalkulation mit Mengengerüst (z. B. Stückliste und Arbeitsplan). Wenn die Kalkulation anhand von Daten erfolgt, die in einer Kalkulation manuell eingegeben werden, handelt es sich um eine Erzeugniskalkulation ohne Mengengerüst. Die Bauteilkalkulation wird verwendet, wenn mindestens ein Bauteil nicht in SAP ERP angelegt ist. Über die Einzelkalkulation kann man Kosten für verschiedene Objekte planen.

(2) Kostenträgerrechnung

Die Kostenträgerrechnung ist ein Teilbereich der Kostenrechnung, welcher die Frage stellt: **Wofür sind Kosten entstanden?** Die Kostenträgerrechnung rechnet die im Unternehmen angefallenen Kosten den Leistungseinheiten des Betriebes (z. B. Erzeugnisse, Erzeugnisgruppen, Aufträge) zu.

Die Kostenträgerrechnung kann für verschiedene betriebliche Planungs- und Entscheidungsprobleme eingesetzt werden. U. a. dient sie dazu,

- festzustellen, für welche betrieblichen Leistungseinheiten **Kosten angefallen** sind,
- die **Preisuntergrenze** pro Produkt oder Auftrag zu ermitteln,
- die **Bestände** an unfertigen und fertigen Erzeugnissen zu bewerten,
- die **Produktionsabweichungen** zu ermitteln und die Herstellkosten eines Produktes zu optimieren.

Die Kostenträgerrechnung liefert somit **Basisinformationen** für folgende betriebswirtschaftliche Funktionen:

- Preisbildung und Preispolitik
- Bestandsbewertung
- Produktkosten-Controlling
- Ergebnisrechnung
- Profit Center-Rechnung

Im Gegensatz zu betriebswirtschaftlichen Lehrbüchern unterscheidet SAP ERP Produktkalkulation und Kostenträgerrechnung. Die Unterschiede sind Tabelle 1-2 zu entnehmen.

Tabelle 1-2:   **Produktkalkulation versus Kostenträgerrechnung**

Produktkalkulation	Kostenträgerrechnung
- Auftragsneutral, d. h., es liegt noch kein konkreter Kundenauftrag vor.	- Auftragsbezogen, d. h., ein Kunde und eine Bestellmenge sind notwendig.
- Es handelt sich nur um die Kalkulation eines Musterproduktes.	- Es handelt sich um einen konkreten Ist-lauf.
- Es findet keine Entlastung der Endkostenstellen statt.	- Es findet eine Entlastung der Endkostenstellen statt.
- Ergebnis der Produktkalkulation wird im Materialstamm als Standardpreis eingestellt.	- Rückgriff auf den Standardpreis aus dem Materialstamm

Die Beziehung zwischen Produktkalkulation und Kostenträgerrechnung und deren zeitliche Abfolge sind in Abbildung 1-16 veranschaulicht.

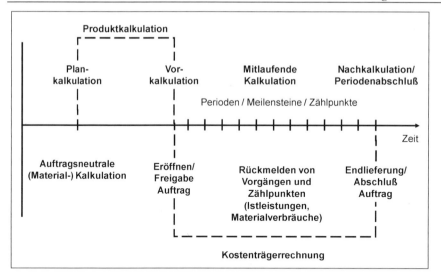

Abbildung 1-16:   Beziehung zwischen Produktkalkulation und Kostenträgerrechnung

Das Produktkosten-Controlling kann für **unterschiedliche Organisationstypen der Fertigung** angewendet werden. So bietet CO-PC z. B. weitere Teilkomponenten für die Werkstatt-, die Serien-, die Prozess- oder die Kundenauftragsfertigung an.

(3) Informationssystem

Das Informationssystem stellt ein flexibles Konzernberichtswesen dar. Mit Hilfe des Informationssystems sind differenzierte Auswertungen (Standard-, Abweichungs- sowie Bedarfsberichte) möglich, wie z. B. Berichtsauswahlmöglichkeiten zu den Themen Erzeugniskalkulation, Bauteilkalkulation, Prozess- oder Serienfertigung.

1.3.1.3 Ergebnis- und Marktsegmentrechnung (CO-PA)

Die Ergebnis- und Marktsegmentrechnung dient dem **Ergebnis-Controlling** des Unternehmens. Die Komponente CO-PA unterstützt die Beurteilung von Marktsegmenten gegliedert nach

- Produkten,
- Kunden,
- Aufträgen und
- beliebigen Verdichtungen dieser Begriffe oder
- Unternehmenseinheiten wie Buchungskreisen oder Geschäftsbereichen

im Hinblick auf ihren Ergebnis- bzw. Deckungsbeitrag. Ziel des Systems ist es, aus der Sicht des Marktes die Bereiche Vertrieb, Marketing, Produktmanagement und Unternehmensplanung mit Informationen für das Controlling und die **Entscheidungsfindung zu unterstützen.**

CO-PA kann in Unternehmen beliebiger Branchen (Maschinenbau, Chemie, Handel, Dienstleistungsunternehmen usw.) und Fertigungstypen (Serienfertigung, Einzelfertigung, Fließfertigung) eingesetzt werden. Der Ergebnisausweis kann perioden- oder auftrags-/projektbezogen erfolgen.

1.3.2 Abbildung von rechnungswesenrelevanten Organisationsstrukturen

Bei der Einführung eines SAP ERP-Systems muss die Organisation des Unternehmens im System abgebildet werden. ERP unterscheidet hierbei fünf verschiedene **Organisationsstrukturen**:

(1) Vertrieb
(2) Produktionslogistik
(3) Buchhaltung   (siehe 1.3.2.1.)
(4) Kostenrechnung   (siehe 1.3.2.2.)
(5) Personalwesen

Die Organisationsstrukturen können weitgehend unabhängig voneinander definiert werden. Innerhalb der einzelnen Organisationsstrukturen sind einzelne **Organisationseinheiten** abzubilden. Die hohe Integrationstiefe des SAP ERP-Systems bedingt aber die Definition von einzelnen Organisationseinheiten, die ggf. für verschiedene Module relevant sind.

Von übergeordneter Bedeutung für ein SAP ERP-System ist der *Mandant:*

Ein Mandant ist eine aus einer oder mehreren selbstständig bilanzierenden Einheiten (=Buchungskreise, vgl. Kapitel 1.3.2.1.) bestehende Unternehmung.[39] Allgemeine Daten, die von allen Organisationsstrukturen der Unternehmung genutzt werden, werden im Mandanten abgelegt. Diese Daten gelten somit für alle Buchungskreise dieses Mandanten (Beispiele für solche Daten sind: Anschriften von Kreditoren oder Debitoren). In der Regel ist die Mandantenebene die **Ebene des Konzerns**.

Ein weiteres Beispiel für eine Organisationseinheit (hier: aus dem Bereich der Logistik) ist das *Werk:*

Ein Werk ist eine organisatorische Einheit der Logistik, die das Unternehmen aus Sicht der Produktion, Beschaffung, Instandhaltung und Disposition gliedert. In einem Werk werden Materialien produziert bzw. Waren und Dienstleistungen bereitgestellt.

Für die folgende Fallstudie (siehe Kapitel 2) sind vor allem die Organisationsstrukturen der Buchhaltung (Abschnitt 1.3.2.1.) und der Kostenrechnung (Abschnitt 1.3.2.2.) von zentraler Bedeutung.

1.3.2.1 Organisationseinheiten der Buchhaltung

Wesentliche Organisationseinheiten der Buchhaltung sind folgende:

---

39 Vgl. hierzu und zum Folgenden Wenzel (1997), S. 68.

- *Buchungskreis:* Je Mandant können mehrere Buchungskreise definiert werden, allerdings muss mindestens einer eingerichtet werden. Der Buchungskreis ist sowohl die Mindest- als auch gleichzeitig die Hauptorganisationseinheit der Buchhaltung. Alle anderen Organisationseinheiten des Finanzwesens z. B. Geschäfts- oder Mahnbereich können, müssen aber nicht definiert werden.[40]

  Ein Buchungskreis ist die kleinste organisatorische Einheit des externen Rechnungswesens, für die eine **vollständige, in sich abgeschlossene Buchhaltung** abgebildet werden kann. Dies beinhaltet die Erfassung aller buchungspflichtigen Ereignisse und die Erstellung aller Nachweise für einen gesetzlichen **Einzelabschluss**.

  Jeder Buchungskreis verwendet genau einen Kontenplan, während umgekehrt ein Kontenplan von mehreren Buchungskreisen genutzt werden kann. Ein **Kontenplan** ist ein vom Rechnungswesen definiertes **Gliederungsschema** zur Aufzeichnung von Werten bzw. Wertströmen für eine ordnungsgemäße Rechnungslegung.

- *Gesellschaft:* Eine Gesellschaft (auch **Konzernunternehmen**) ist eine Organisationseinheit, für die ein **Konzernabschluss** aufzustellen ist. Eine Gesellschaft kann einen oder mehrere Buchungskreise umfassen. Die Buchungskreise einer Gesellschaft müssen mit demselben Kontenplan und Geschäftsjahr arbeiten, sie können aber mit unterschiedlichen Währungen geführt werden. Die Gesellschaft ist insofern eine optionale Organisationseinheit, als sie nur dann eingesetzt werden muss, wenn eine Konsolidierung erforderlich ist.[41] Die Erstellung von Bilanz sowie Gewinn- und Verlustrechnung erfolgt zunächst auf Buchungskreisebene. Wenn im Customizing eine Gesellschaft definiert wurde, ist sie jedoch auch auf Gesellschaftsebene möglich.

- *Geschäftsbereich:* Der Geschäftsbereich stellt eine wirtschaftlich separate Einheit dar, für welche eine interne Bilanz sowie Gewinn- und Verlustrechnung erstellt werden können. Voraussetzung hierfür ist die Mitkontierung des Geschäftsbereichs bei allen Buchungen im Finanzwesen. Die Anforderungen an die interne Bilanz sowie Gewinn- und Verlustrechnung sind niedriger als die Anforderungen an eine externe Bilanz, welche offen zu legen ist. Grundsätzlich ist die Konsolidierung von Geschäftsbereichen möglich, in der Praxis wird hiervon jedoch selten Gebrauch gemacht.

1.3.2.2 Organisationseinheiten der Kostenrechnung

- *Kostenrechnungskreis:* Ein Kostenrechnungskreis ist die organisatorische Einheit innerhalb eines Konzerns, für die eine vollständige, in sich geschlossene Kostenrechnung durchgeführt werden kann.

---

40 Vgl. hierzu und zum Folgenden Wenzel (1997), S. 69ff.

41 Hierfür ist die ERP-Komponente LC (Legal Consolidation bzw. Konsolidierung) zu nutzen.

Um eine Datenübernahme aus der Buchhaltung zu gewährleisten, muss jedem Kostenrechnungskreis mindestens ein Buchungskreis zugeordnet werden. Sollen einem Kostenrechnungskreis mehrere Buchungskreise zugeordnet werden, müssen sie alle denselben Kontenplan benutzen.

- *Ergebnisbereich:* Der Ergebnisbereich stellt einen Teil eines Unternehmens dar, für den eine einheitliche Segmentierung des Absatzmarktes vorliegt. Für einzelne Segmente, die durch klassifizierende Merkmale beschrieben werden (z. B. Artikelgruppe, Kundengruppe, Land, Vertriebsweg), wird durch Gegenüberstellung von Kosten und Erlösen ein Ergebnis ausgewiesen. Die Segmente werden deshalb Ergebnisobjekte genannt. Mehrere Kostenrechnungskreise können einem Ergebnisbereich zugewiesen werden.

Zusammenfassend gibt Abbildung 1-17 einen Überblick über die Organisationsstrukturen und ausgewählte Organisationeinheiten der Buchhaltung und Kostenrechnung (Abb. 1-17 oben) sowie die Beziehungen zwischen den betrachteten Organisationseinheiten (Abb. 1-17 unten).

Wie Abbildung 1-17 verdeutlicht, können einem Mandanten jeweils mehrere Ergebnisbereiche, Kostenrechnungs- und Buchungskreise sowie Geschäftsbereiche zugeordnet werden. Mit einem Ergebnisbereich können wiederum mehrere Kostenrechnungskreise und mit selbigen jeweils mehrere Buchungskreise in Beziehung gesetzt werden. Voraussetzung hierfür ist allerdings, dass sie denselben Kontenplan verwenden.[42] Wie die unterschiedlichen Organisationseinheiten den Modulen des SAP-Systems zugeordnet sind, ist in Abbildung 1-18 zu sehen.

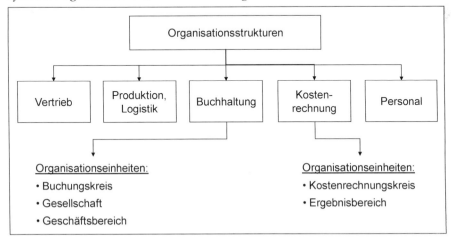

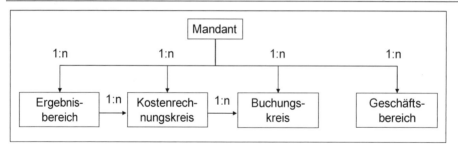

Abbildung 1-17: Organisationsstrukturen und Beziehungen zwischen ausgewählten Organisationseinheiten

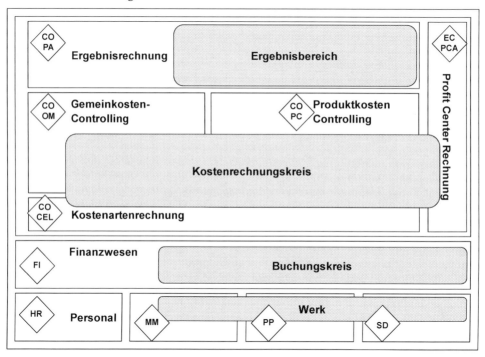

Abbildung 1-18: Zuordnung ausgewählter Organisationseinheiten zu SAP Modulen

1.4 Grundlegende Bedienung des SAP ERP-Systems

1.4.1 An- und Abmeldung im SAP ERP-System

Nach dem Start von ERP erscheint der so genannte Anmeldebildschirm. Um sich anzumelden, müssen die dreistellige Nummer des Mandanten, der Benutzername sowie das Kennwort eingegeben werden. Die Angabe der Sprache (DE für deutsch) ist optional, da sie bereits systemseitig voreingestellt ist. Mit der Schaltfläche *Neues Kennwort* kann der Benutzer sein bisheriges Kennwort ändern. Sind die Eingaben abgeschlossen, muss entweder mit der *Enter*-Taste oder durch einen Klick auf das *Enter*-Symbol 🗹 bestätigt werden. Dieses besteht aus einem grünen Kreis mit einem kleinen Haken und befindet sich links oben.

Bildschirmansicht:

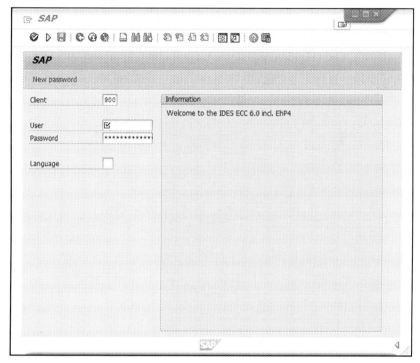

Eingaben:

1. Nummer des Mandanten
2. Benutzername
3. Kennwort
4. Sprache (optional)

Für die Abmeldung existieren mehrere Möglichkeiten:

- Menüleiste: Benutzer/Abmelden
- Menüleiste: System/Abmelden
- Schließen des Fensters über die Schaltfläche ⊠ in der rechten oberen Ecke (Shortcuts: Alt - F4 oder Umsch - F3)

1.4.2 Aufbau des SAP-Hauptmenüs

Nach der Anmeldung erscheint das Hauptmenü von SAP ERP in der Easy Access Ansicht. Dieses stellt die zentrale Navigationseinheit dar. In Abbildung 1-19 ist die SAP Easy Access-Ansicht wiedergegeben.

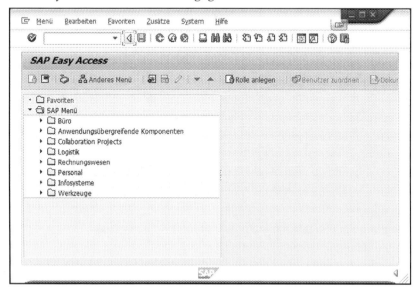

Abbildung 1-19:   Wichtige Elemente des Hauptmenüs von SAP ERP

Um zu einer gewünschten Transaktion zu gelangen, gibt es zwei Alternativen. Zum einen kann die Ordnerstruktur benutzt werden, die in Abb. 1-19 auf der linken Seite zu sehen ist. Über einen Klick beispielsweise auf den Bereich Rechnungswesen öffnen sich alle untergeordneten Ordner dieses Bereichs. Von dort aus gelangt man durch weitere Klicks zu der gewünschten Anwendung. Die Navigation ähnelt derjenigen, die im Windows Explorer benutzt wird.

Als Alternative zur Navigation mit Hilfe der Menüleiste bietet SAP die Möglichkeit, über die technischen Namen (=Transaktionscodes) der gewünschten Transaktionen zu navigieren. Diese lassen sich in das weiße Textfeld in der Symbolleiste eingeben. Beispielsweise gelangt man durch die Eingabe des technischen Transaktionscodes „VA01" direkt zur Anlage eines Kundenauftrags. Über die Eingabe des Transaktionscodes „SPRO" gelangt man ohne Umweg zum Customizing. Die Navigation über technische Transaktionscodes erleichtert insbesondere dem geübten Anwender, der die entsprechenden Codes kennt, die Navigation erheblich. Die Anzeige der technischen Transaktionscodes kann über die Menüleiste erfolgen. Hierzu sind in der SAP Easy Access Ansicht entweder der Menüpfad Zusätze/Technische Detailinformation für ein einmaliges Anzeigen oder der Menüpfad Zusätze/Einstellungen Technische Namen Anzeigen für ein dauerhaftes Anzeigen zu wählen. SAP ERP zeigt dann die Transaktionsnamen zum Start der entsprechenden Transaktion links neben den Bezeichnungen für die Transaktionen an.

In SAP ERP besteht die Möglichkeit, dass in jeweils eigenen Fenstern verschiedene Anwendungen parallel bearbeitet werden. Ein eigenes Fenster wird Modus genannt und kann über den Pfad System/Erzeugen Modus gestartet werden. Die maximale Anzahl an Modi je Anwender kann vom Administrator über einen Profilparameter gesteuert werden.

Zwei Standardmenüs der Hauptmenüleiste stehen in allen Ansichten zur Verfügung: System und Hilfe. Ansonsten wechselt der Inhalt der Menüleiste, je nachdem in welchem Untermenü man sich befindet. So besteht die Menüleiste des Untermenüs Kostenstellenrechnung/Stammdaten/Kostenstelle/Einzelbearbeitung/Anlegen (Transaktionscode: KS01) beispielsweise aus den Menüpunkten Kostenstelle, Bearbeiten, Springen, Zusätze, System und Hilfe.

SAP ERP unterscheidet drei verschiedene Arten von Anwendungen, nämlich Formularanwendungen, Listanwendungen und Systemanwendungen. Formularanwendungen dienen der Datenein- und -ausgabe sowie der Änderung von Daten. Über Listanwendungen können Daten in Form von Listen (so genannte Reports) an verschiedene Ausgabemedien, wie beispielsweise Bildschirm, Datei oder Drucker geleitet werden. Systemanwendungen dienen dem Anzeigen oder Einstellen der Systemkonfiguration. Damit können beispielsweise User-Berechtigungen vergeben werden oder ein Drucker eingestellt werden.

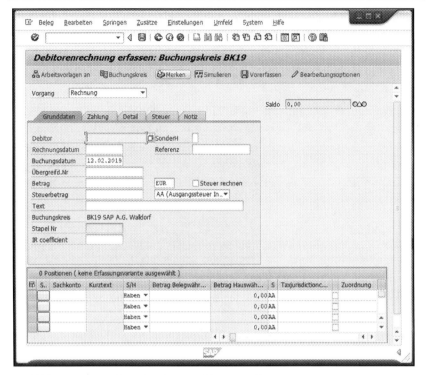

Abbildung 1-20:   **Eingabe einer Debitorenrechnung**

Abb. 1-20 zeigt als Beispiel für eine Formularanwendung die Eingabe einer Debitorenrechnung. Zu dieser gelangt man über den Menüpfad Rechnungswesen/Finanz-
wesen/Debitoren/Buchung/Rechnung (Transaktionscode: FB70). Die Formularanwendung enthält verschiedene Felder. Diese wiederum bestehen aus einem Feldnamen und den zugehörigen Felddaten. Im obigen Beispiel ist *Buchungsdatum* ein Feldname und *12.02.2019* das zugehörige Felddatum. Die Eingabefelder können in
Muss- und Kannfelder unterschieden werden. Daneben existieren noch Anzeigefel-
der und ausgeblendete Felder. Mussfelder sind häufig durch das Symbol ☑ gekennzeichnet. In einem solchen Feld ist eine Eingabe obligatorisch. Das Verlassen
eines Formulars über das *Enter*-Symbol ✅ ist nur möglich, wenn alle Mussfelder
ausgefüllt sind. Kannfelder dagegen können im Allgemeinen leer bleiben.

Die möglichen Eingabewerte können in einigen Feldern aus Wertelisten ausgewählt
werden. Eingabefelder, für die Wertelisten existieren, können daran erkannt werden, dass rechts neben dem Eingabefeld das Symbol 🔽 erscheint, sobald der Cursor
auf das Feld bewegt worden ist. Ein Klick auf dieses Symbol lässt eine Werteliste
erscheinen, aus der durch Doppelklick der gewünschte Feldinhalt ausgewählt werden kann. Abbildung 1-21 zeigt beispielhaft die Werteliste *Währungsschlüssel*.

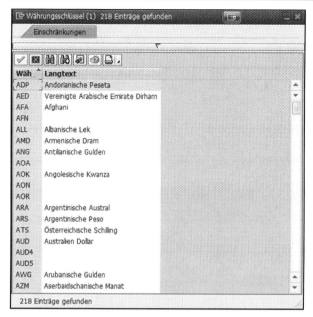

Abbildung 1-21: Werteliste für das Eingabefeld Währung

Die oftmals sehr umfangreichen Wertelisten können durch Eingabe so genannter Matchcodes eingeschränkt werden. Ist beispielsweise das erste Zeichen des Debitors bekannt, kann durch die Eingabe dieses Zeichens sowie des Jokerzeichens * eine Werteliste aller Debitoren aufgerufen werden, die mit diesem Zeichen beginnen. Auch hier erfolgt der Aufruf der eingeschränkten Werteliste durch einen Klick auf das Symbol ⊕. Abb. 1-22 zeigt eine solche eingeschränkte Werteliste für Debitoren, die mit dem Matchcode „B*" erzeugt wurde.

SuchBegr	Postleitz.	Ort	Name 1	Debitor
B2B DELTA	80201	DENVER	DELTA ELECTRONICS	300080
B2C FARME	80201	DENVER	JENNIFER FARMER	400370
B2C BULL	80216	DENVER	EMMA BULL	255
B2C CHADBU	80303	BOULDER	KENNY A CHADBURN	256
B2C COLLIN	81658	VAIL	TRACY COLLINS	281
B2C DAVIS	84101	SALT LAKE CITY	PAT DAVIS	268
B2C EVANS	80466	NEDERLAND	JOHN EVANS	257
B2C GRIN	89049	TONOPAH	NORA GRIN	400455

135 Einträge gefunden

Abbildung 1-22: Einschränkung einer Werteliste mittels Matchcode

Über das Menü Hilfe bietet SAP ERP umfangreiche Unterstützung zur Bedienung des Systems. Der Einstieg kann von jeder Menüebene aus über die Menüleiste erfolgen. Dabei bieten sich mehrere Einstiegsmöglichkeiten an.

Bei der *Hilfe zur Anwendung* handelt es sich um eine Teilmenge der umfangreichen SAP-Bibliothek, bei der jeweils kontextspezifische Hilfe aufgerufen werden kann.

Befindet man sich beispielsweise in der Kostenstellenrechnung, können über diesen
Menüpunkt nähere Informationen hierzu abgerufen werden. Die *SAP-Bibliothek* gibt
einen Überblick über alle Module des Systems (vgl. Abb. 1-23). Dies ist gleichzeitig
die oberste Ebene des Hilfe-Systems. Im *Glossar* können Begriffsdefinitionen abgerufen werden. In den *Release-Infos* finden sich Neuigkeiten und Änderungen bzgl.
der aktuellen ERP-Version. Eine Anleitung zur Bedienung und Handhabung der Benutzeroberfläche bietet der Menüpunkt *Einführung in ERP*.

Abbildung 1-23:   Die SAP-Bibliothek

2 Fallstudie Deutsche Zierbrunnen GmbH

In diesem Kapitel wird die Fallstudie beschrieben, welche die Basis für die darauf folgenden Kapitel bildet. Die in diesem Kapitel dargestellten Strukturen werden später in SAP ERP umgesetzt. Wird das Buch als Kursunterlage verwendet, bietet es sich an, die Kursteilnehmer zunächst sehr ausführlich mit der Fallstudie vertraut zu machen, damit bei deren Umsetzung das Verständnis des betriebswirtschaftlichen Hintergrunds keine Schwierigkeiten mehr bereitet.

2.1 Ausgangssituation

Aufgrund eines von der Marketing-Abteilung prognostizierten Booms der Nachfrage nach Zierbrunnen für den Garten entschloss sich die IDES AG zum Kauf der Firma Deutsche Zierbrunnen GmbH. Diese ist auf die Produktion von Zierbrunnen spezialisiert.

Die Situation des Unternehmens stellt sich folgendermaßen dar:

Die Deutsche Zierbrunnen GmbH produziert in einem komplexen Produktionsprozess drei verschiedene Arten von Brunnen:

- Adelheid
- Berta
- Cilli

Der Produktionsprozess der einzelnen Brunnen unterscheidet sich kaum voneinander und lässt sich wie folgt beschreiben:

Nach der Lieferung der Einsatzmaterialien Holz und Ton werden in der Fräserei aus Holz Rohteile für die einzelnen Brunnen erstellt. Daran anschließend werden die Rohteile in die Brennerei gegeben. In dieser Abteilung werden die Holzbrunnen mit Ton bestrichen und gebrannt. Unterstützungsleistungen erhalten die Produktionsstellen dabei von einer allgemeinen Kostenstelle und der Energiekostenstelle.

Sie sollen nun eine differenzierte Kostenrechnung in der Deutschen Zierbrunnen GmbH einführen. Dabei gehen Sie schrittweise vor. In einem ersten Schritt führen Sie eine Istkostenrechnung ein. Für die Umsetzung Ihrer Aufgaben steht Ihnen das Zahlenmaterial des aktuellen Monats zur Verfügung. Gehen Sie davon aus, dass die Aktivitäten des Tochterunternehmens für diesen Monat bereits abschlossen sind und die Zahlen somit vollständig vorliegen.

Sie starten mit der Durchführung einer Kostenstellen- und einer Kostenträgerstückrechnung (Produktkalkulation). Dazu bilden Sie sechs Kostenstellen. Folgende **primäre Kostenstellenkosten** sind angefallen:

© Springer Fachmedien Wiesbaden GmbH, ein Teil von Springer Nature 2020
C. Friedl und R. Redell, *Controlling mit SAP®*, https://doi.org/10.1007/978-3-658-27719-2_2

Tabelle 2-1:   **Primäre Kostenstellenkosten der Zierbrunnen GmbH**

	Vorkostenstelle		Endkostenstelle			
	Allg. Kostenstelle	Energie	Fräserei	Brennerei	Material	Vw/Vt
Fertigungs-löhne [€]			64.000,-	152.000,-		
Gehälter [€]	11.000,-	5.500,-	25.000,-	25.000,-	3.500,-	5.000,-
Raumkosten [€]	6.800,-	1.200,-	10.000,-	8.000,-	12.000,-	7.000,-
Maschinen-Mieten [€]			30.000,-			
Gesamt [€]	17.800,-	6.700,-	129.000,-	185.000,-	15.500,-	12.000,-

Die Fertigungslöhne werden in einer Grenzplankostenrechnung anders als die Materialeinzelkosten den Kostenstellen für Planungs- und Kontrollzwecke zugeordnet.[43]

Daneben liegen folgende **Leistungsbeziehungen** zwischen den Vorkostenstellen untereinander sowie zwischen Vor- und Endkostenstellen vor:

Tabelle 2-2:   **Leistungsbeziehungen zwischen den Kostenstellen der Zierbrunnen GmbH**

von \ an	Vorkostenstelle		Endkostenstelle			
	Allg. Kostenstelle	Energie	Fräserei	Brennerei	Material	Vw/Vt
Allg. Kosten-stelle [h]		50	30	20	20	20
Energie [kWh]	400		200	400		

Vgl. Schweitzer et al., 2016, S. 441f.

Folgende **Ist-Absatzmengen** für den vergangenen Monat werden Ihnen vom Vertrieb gemeldet:

Tabelle 2-3:   **Absatzmengen der einzelnen Brunnen**

Produkt	Produktions-/Absatzmenge [Stück]
Adelheid	5.000
Berta	10.000
Cilli	1.000

Im aktuellen Monat sind keine Lagerbestandsveränderungen aufgetreten.

Aus der **Stückliste** der einzelnen Produkte ist der Materialverbrauch in kg pro Stück zu entnehmen.

Tabelle 2-4:   **Materialeinsatz der Einsatzgüter Holz und Ton**

	Verbrauch pro Stück [kg]	
	Holz	Ton
Adelheid	2	1
Berta	1	0,5
Cilli	5	2,5

Die **Preise** der Materialien haben Sie vom Einkauf erhalten.

Tabelle 2-5:   **Einkaufspreise der Einsatzgüter Holz und Ton**

	Holz	Ton
Einkaufspreis pro kg [€]	2,-	4,-

Die **Arbeitspläne** zeigen Ihnen die Stückbearbeitungszeiten der einzelnen Zierbrunnen in der Fräserei und der Brennerei. Die Fertigungslöhne werden auf Basis der gesamten Bearbeitungszeit verteilt.

Tabelle 2-6:   **Stückbearbeitungszeiten der einzelnen Brunnen**

Fräserei	Bearbeitungszeit je Stück [h]
Adelheid	0,06
Berta	0,004
Cilli	0,3

Brennerei	Bearbeitungszeit je Stück [h]
Adelheid	0,012
Berta	0,004
Cilli	0,1

2.2   Aufgabenstellung

2.2.1   Innerbetriebliche Leistungsverrechnung und Kalkulation

a) Führen Sie eine **innerbetriebliche Leistungsverrechnung** mit Hilfe des mathematischen Verfahrens (Gleichungsverfahren) durch. Wie hoch sind die **sekundären Kosten**? Ermitteln Sie für jede Kostenstelle die **Summe aus primären und sekundären Stellenkosten**.

b) Führen Sie eine **differenzierte Zuschlagskalkulation** für Ihre Produkte durch. Als Zuschlagsbasis für die Materialgemeinkosten verwenden Sie die Material(einzel)kosten, für die Gemeinkosten in der Fräserei und Brennerei entscheiden Sie sich für die Fertigungslöhne als geeignete Zuschlagsbasis. Die Verwaltungs- und Vertriebsgemeinkosten werden auf Basis der gesamten Herstellkosten zugeschlagen. Wie hoch sind die **Selbstkosten je Stück** der einzelnen Brunnen? Welche Aussagen zur **Sortimentspolitik** können Sie schon jetzt treffen?

c) Welche Probleme ergeben sich in der alleinigen Verwendung einer Istkostenrechnung?

d) In Ihren Augen liegen in der Produktion der Zierbrunnen erhebliche Rationalisierungspotenziale. Durch welches Kostenrechnungssystem würden Sie in einem zweiten Schritt die Istkostenrechnung ablösen? Welche Konsequenzen hätte das auf die Struktur Ihrer bestehenden Istkostenrechnung?

2.2.2   Periodenerfolgsrechnung

Nach Einführung einer Grenzplankostenrechnung bei der Deutschen Zierbrunnen GmbH möchten Sie die Kostenträgerstückrechnung um eine **Periodenerfolgsrechnung** ergänzen. Da Sie marktorientiert planen wollen, entscheiden Sie sich für das Umsatzkostenverfahren.

Gehen Sie bei der Erstellung des Umsatzkostenverfahrens vereinfachend davon aus, dass die variablen Planselbstkosten den Einzelkosten der Produktkalkulation entsprechen. Alle anderen Gemeinkosten werden als fix betrachtet.

Die **Stückerlöse** der einzelnen Produkte sind nachfolgend angegeben:

Tabelle 2-7:   Verkaufspreise der einzelnen Produkte

Produkt	Verkaufspreis/Stück [€]
Adelheid	40,-
Berta	20,-
Cilli	140,-

a) Führen Sie eine Periodenerfolgsrechnung nach dem **Umsatzkostenverfahren** durch.

b) Wie schätzen Sie die **Aussagefähigkeit des Umsatzkostenverfahrens** ein?

c) Welche **Änderungen** schlagen Sie vor, damit Sie eine aussagefähige Planung bei der Geschäftsleitung vorlegen können?

2.2.3 Mehrstufige Deckungsbeitragsrechnung

Sie entscheiden sich nun, eine **mehrstufige Deckungsbeitragsrechnung** durchzuführen.

Die Gehälter von Fräserei und Brennerei entstehen für die Produktionsleiter (jeweils ein Produktionsleiter je Artikel) und die Qualitätssicherung der Cilli-Zierbrunnen. Dieser Artikel ist in einem hochpreisigen Marktsegment angesiedelt und erfordert deshalb besonders intensive Qualitätskontrollen. Diese Gehälter können daher im Verhältnis Adelheid:Berta:Cilli = 1:1:3 auf die Produkte verrechnet werden.

Für die Produktion von Adelheid und Cilli wird in der Fräserei eine spezielle Poliermaschine benötigt. Die monatlichen Maschinen-Mieten belaufen sich auf 30.000,-€. Die restlichen Fixkosten stellen Unternehmensfixkosten dar.

a) Führen Sie eine **mehrstufige Deckungsbeitragsrechnung** durch.
b) Welche Aussagen können Sie insbesondere für die **Sortimentspolitik** mit dieser Deckungsbeitragsrechnung treffen?

2.3 Musterlösung der Fallstudie

2.3.1 Lösung der Teilaufgaben zur innerbetrieblichen Leistungsverrechnung und Kalkulation

a) Innerbetriebliche Leistungsverrechnung:

Tabelle 2-8:   Durchführung der innerbetrieblichen Leistungsverrechnung

	Allg. KSt	Energie	Fräserei	Brennerei	Material	Vw/Vt
Prim. GK [€]	17.800,00	6.700,00	65.000,00	33.000,00	15.500,00	12.000,00
Umlage allg. KSt [€]	-23.893,33	8.533,33	5.120,00	3.413,33	3.413,33	3.413,33
Umlage Energie [€]	6.093,33	-15.233,33	3.046,67	6.093,33	0,00	0,00
Prim. + sek. GK [€]	0,00	0,00	73.166,67	42.506,67	18.913,33	15.413,33

b) Zuschlagssätze:

Tabelle 2-9:   Zuschlagssätze der Endkostenstellen

	Fräserei	Brennerei	Material	Vw/Vt
Prim. + sek. GK [€]	73.166,67	42.506,67	18.913,33	15.413,33
Zuschlagsbasis [€]	64.000,00	152.000,00	100.000,00	450.586,67
Zuschlagssatz	1,14	0,28	0,19	0,03
	114,32%	27,97%	18,91%	3,42%

Differenzierte Zuschlagskalkulation:

Tabelle 2-10:   Differenzierte Zuschlagskalkulation

	A	B	C
MEK [€]	8,00	4,00	20,00
MGK (18,913%) [€]	1,51	0,76	3,78
FEK$_{Fräs}$ [€]	6,00	0,40	30,00
FGK$_{Fräs}$ (114,323%) [€]	6,86	0,46	34,30
FEK$_{Brenn}$ [€]	9,12	3,04	76,00
FGK$_{Brenn}$ (27,965%) [€]	2,55	0,85	21,25
Herstellkosten [€]	**34,04**	**9,50**	**185,33**
VwVtGK (3,421%) [€]	1,16	0,33	6,34
Selbstkosten [€]	**35,21**	**9,83**	**191,67**

Aussagen zur Sortimentspolitik:

Normalerweise wird die Entscheidung getroffen, welches Produkt man stärker forciert und welches nicht. Als Entscheidungskriterium sind hierfür jedoch die Erlöse notwendig. Da diese fehlen, können keine Aussagen zur Sortimentspolitik getroffen werden.

c) Probleme der Ist-Kostenrechnung:
   Die Analyse eines Kostenrechnungssystems kann vor dem Hintergrund der damit verfolgten Rechnungszwecke erfolgen:

Tabelle 2-11:   Rechnungszwecke eines Kostenrechnungssystems

Rechnungszweck	Ausprägung
Planung	Die Ist-Kostenrechnung ist ungeeignet, da sie keine zukunftsorientierten Informationen enthält und keine kostentheoretische Fundierung aufweist.
Abbildung	Geeignet
Dokumentation	Die Ist-Kostenrechnung ist geeignet, da alle Daten aus der Vergangenheit vorhanden sind (und somit analysiert und ausgewertet werden können).
Verhaltenssteuerung	Die Ist-Kostenrechnung ist ungeeignet, da die kostentheoretische Fundierung fehlt und keine sinnvollen Zielvorgaben möglich sind.
Kontrolle	Bei der Ist-Kostenrechnung gibt es keine geeignete Vergleichsbasis und keine kostentheoretische Fundierung (→Ermittlung eines Vergleichsmaßstabes).

d) Alternatives Kostenrechnungssystem:
   Für eine vorausschauende Betrachtung würde man eine **Plankostenrechnung** einführen. Die Struktur bleibt identisch.

2.3.2   Lösungen der Teilaufgaben zur Periodenerfolgsrechnung

a) Periodenerfolgsrechnung nach dem Umsatzkostenverfahren:

Tabelle 2-12:   Periodenergebnisrechnung nach dem Umsatzkostenverfahren auf Teilkostenbasis

UKV (TKB)			
Var. SK der abges. Menge [€]		Erlöse [€]	
A	115.600,-	A	200.000,-
B	74.400,-	B	200.000,-
C	126.000,-	C	140.000,-
Fixkosten	150.000,-		
Gewinn	**74.000,-**		
	540.000,-		540.000,-

b) Aussagefähigkeit des Umsatzkostenverfahrens:

Vorteile:

- Die Erfolgsbeiträge je Produktgruppe sind sichtbar.
- Es ist keine Bestandsaufnahme an Halb- und Fertigfabrikaten erforderlich.
- Der Deckungsbeitrag I lässt sich unmittelbar ermitteln.
- Die Absatzmengen der Produkte lassen sich ohne Schwierigkeiten feststellen.

⇒ Das Umsatzkostenverfahren eignet sich für eine schnelle Erfolgsermittlung.

Nachteile:

- Die Fixkosten sind nur im Block erkennbar.
- Die Kostenarten sind nicht direkt sichtbar.
- Es ist eine Kostenträgerstückrechnung erforderlich.
- Eine Kalkulation der Selbstkosten ist notwendig.

c) Änderungen für aussagefähige Planung:

Um eine aussagefähige Planung bei der Geschäftsleitung vorlegen zu können,
sollte man den Fixkostenblock **verursachungsgerecht aufgliedern**. Dies lässt sich
durch eine mehrstufige oder mehrdimensionale Deckungsbeitragsrechnung erreichen, da nur hierbei eine tiefer gehende Analyse und weitere Entscheidungen
möglich sind.

2.3.3 Lösungen der Teilaufgaben zur mehrstufigen Deckungsbeitragsrechnung

a)   Mehrstufige Deckungsbeitragsrechnung:

Tabelle 2-13:   Mehrstufige Deckungsbeitragsrechnung

Produktgruppe	A+C		B
Produkte	A	C	B
Erlöse [€]	200.000,-	140.000,-	200.000,-
- variable Kosten [€]	115.600,-	126.000,-	74.400,-
Deckungsbeitrag I [€]	**84.400,-**	**14.000,-**	**125.600,-**
- Produktfixkosten [€]	10.000,-	30.000,-	10.000,-
Deckungsbeitrag II [€]	**74.400,-**	**-16.000,-**	**115.600,-**
DB II jeder Produktgruppe [€]	58.400,-		115.600,-
- Produktgruppenfixkosten [€]	30.000,-		0,-
Deckungsbeitrag III [€]	**28.400,-**		**115.600,-**
DB III der Unternehmung [€]	144.000,-		
- Unternehmensfixkosten [€]	70.000,-		
Kalk. Periodenerfolg [€]	**74.000,-**		

b) Aussagen zur Sortimentspolitik:
- Der Deckungsbeitrag I ist bei allen Produkten positiv. Kurzfristig werden daher alle Produkte produziert.
- Der Deckungsbeitrag II ist bei Produkt C negativ. Wenn man Produkt C aus dem Sortiment nimmt, erhöht sich der Deckungsbeitrag II um 16.000,- €.

Aber: Es handelt sich um eine „Scheinwerfer"-Betrachtung, d. h., bevor man das Produkt eliminiert, sollten erst die Auswirkungen dieser Entscheidung genauer analysiert werden:
- Wie schnell lassen sich die Produktfixkosten von Produkt C abbauen?
- Bestehen Synergieeffekte zwischen Produkt C und anderen Produkten? Wird beispielsweise das Produkt A nur in Verbindung mit Produkt C gekauft?
- In welcher Phase innerhalb des Produktlebenszyklus befindet sich Produkt C? Möglicherweise ist Produkt C ein künftiger Umsatz- und Ergebnisträger.
- Könnte die Absatzmenge von Produkt C noch gesteigert werden? Damit würde auch der Deckungsbeitrag II aufgrund des positiven Deckungsbeitrags I steigen.
- Die gleiche Überlegung wie für die Absatzmenge gilt für eine mögliche Preiserhöhung von Produkt C.

2.4   Umsetzung der Fallstudie

Sie sind als Projektteam des Konzerncontrollings für die Integration der von der I-DES AG neu erworbenen Deutschen Zierbrunnen GmbH verantwortlich. Diese

Firma wird auch künftig im Konzernverbund als selbstständig bilanzierende Tochter geführt. Die IDES AG setzt konzernweit die integrierte betriebswirtschaftliche Standardanwendungssoftware **SAP ERP** ein.

Sie müssen das System für den Einsatz bei der Deutsche Zierbrunnen GmbH konfigurieren. Dringendste Aufgaben dabei sind die Implementierung einer **Kostenstellenrechnung** (Kapitel 3) inklusive innerbetrieblicher Leistungsverrechnung, einer **differenzierten Zuschlagskalkulation** (Kapitel 4), einer **Periodenerfolgsrechnung** nach dem Umsatzkostenverfahren und einer **mehrstufigen Deckungsbeitragsrechnung** (Kapitel 5).

3 Implementierung einer Kostenstellenrechnung in SAP

Sie gehen nun als erste konkrete Tätigkeit im SAP-System die Implementierung einer Kostenstellenrechnung für das neue Tochterunternehmen Deutsche Zierbrunnen GmbH an. Als Referenz für die erfolgreiche Durchführung der einzelnen Implementierungsschritte dienen die von Ihnen bereits manuell ausgewerteten Daten des aktuellen Monats (siehe Fallstudie in Kapitel 2).

3.1 Überblick über die Kostenstellenrechnung

Die Kostenstellenrechnung bildet das Bindeglied zwischen der Kostenartenrechnung und der Kostenträgerrechnung. In der Kostenstellenrechnung findet eine Zuordnung der Gemeinkosten auf die Kostenstellen statt. Mit Hilfe der Kostenstellenrechnung kann untersucht werden, wo innerhalb einer Unternehmung welche Kosten angefallen sind. Die Kostenstellenrechnung ist nicht nur für die Kontrolle von Kosten von Bedeutung, sondern stellt auch die Grundlage für die Kalkulation dar.

3.1.1 Gliederung von Kostenstellen

„Eine Kostenstelle ist ein rechnungsmäßig abgegrenzter Teilbereich des Unternehmens, der kostenrechnerisch selbständig abgerechnet wird."[44] In der Regel werden bei der Bildung von Kostenstellen sowohl der organisatorische Aufbau einer Unternehmung als auch deren räumliche Verteilung berücksichtigt. Oft findet eine Gliederung von Kostenstellen auch nach funktionalen Gesichtspunkten statt, bei der beispielsweise Kostenstellen im Beschaffungs-, Produktions-, Absatz- und Verwaltungsbereich unterschieden werden. Daneben können Kostenstellen auch nach rechnungstechnischen Kriterien gebildet werden. Dann stehen Fragen der Genauigkeit der Kostenrechnung insgesamt im Vordergrund.

Nach rechnungstechnischen Kriterien können Vor- und Endkostenstellen unterschieden werden.[45] Vorkostenstellen sind dadurch gekennzeichnet, dass deren Kosten im Rahmen der Kostenstellenrechnung auf andere Vor- und Endkostenstellen verrechnet werden. Nach Abschluss der Kostenstellenrechnung sind die Vorkostenstellen in der Regel vollständig von ihren Kosten entlastet. Die Kosten der Endkostenstellen werden beispielsweise mit Hilfe von Zuschlagssätzen auf die Kostenträger verteilt.

---

44 Friedl/Hofmann/Pedell (2017), S.114.

45 Vgl. hierzu und zum Folgenden Friedl/Hofmann/Pedell (2017), S. 119f.

© Springer Fachmedien Wiesbaden GmbH, ein Teil von Springer Nature 2020
G. Friedl und B. Pedell, *Controlling mit SAP*®, https://doi.org/10.1007/978-3-658-27719-2_3

3.1.2   Verteilungsprobleme innerhalb der Kostenstellenrechnung

Innerhalb der Kostenstellenrechnung treten drei Arten von Verteilungsproblemen auf:[46]

- Verteilung von Gemeinkosten auf Kostenstellen
- Verteilung zwischen den Kostenstellen, also die innerbetriebliche Leistungsverrechnung
- Bestimmung von Zuschlagssätzen für Endkostenstellen, also die Verteilung der Kosten von den Kostenstellen auf die Kostenträger.

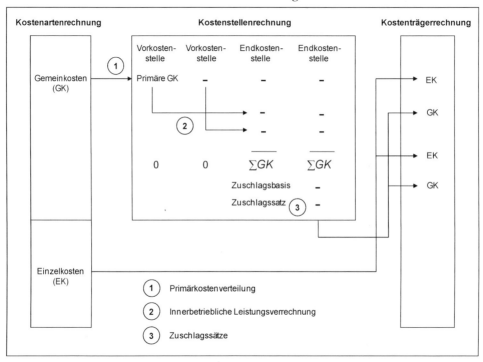

Abbildung 3-1:   **Verteilungsprobleme der Kostenstellenrechnung**

Während Einzelkosten direkt einem Kostenträger zugeordnet werden können, ist dies bei Gemeinkosten nicht der Fall. Das erste Verteilungsproblem betrifft die Verteilung dieser Gemeinkosten (z. B. Mieten, Heizkosten, Abschreibungen) auf die einzelnen Kostenstellen. Das zweite Verteilungsproblem besteht in der innerbetrieblichen Leistungsverrechnung. Hier werden die Kosten der Vorkostenstellen entsprechend den Leistungsbeziehungen zwischen den Kostenstellen von Vor- auf Endkostenstellen verteilt. Beim dritten Verteilungsproblem steht die Entlastung der Kostenstellen im Vordergrund. Diese erfolgt über Zuschlagssätze, anhand derer die Verteilung der Kosten der Endkostenstellen auf die Kostenträger erfolgt. Abb. 3-1 veranschaulicht die drei beschriebenen Verteilungsprobleme der Kostenstellenrechnung.

---

46 Vgl. Friedl/Hofmann/Pedell (2017), S. 121f.

3.1.3   Innerbetriebliche Leistungsverrechnung

Für das zweite Verteilungsproblem der Kostenstellenrechnung, nämlich die innerbetrieblichen Leistungsverrechnung, existieren eine Reihe von Verfahren. Für die
Verrechnung innerbetrieblicher Leistungen stehen entsprechend Abbildung 3-2 das
Kostenartenverfahren (Einzelkostenverfahren), die Kostenstellenumlageverfahren,
die Kostenstellenausgleichsverfahren sowie das Kostenträgerverfahren zur Verfügung.

Im Folgenden beschränkt sich die Betrachtung auf das iterative Verfahren, das in
SAP ERP zur Anwendung kommt. Dieses Verfahren berücksichtigt wechselseitige
Leistungsverflechtungen zwischen den Vorkostenstellen und führt zu einer relativ
genauen Näherungslösung. Bei diesem Verfahren werden die Kosten der Vorkostenstellen ohne Beachtung einer bestimmten Reihenfolge auf andere Vor- und Endkostenstellen verteilt. Da eine Vorkostenstelle nach ihrer Entlastung über die Verteilung einer anderen Vorkostenstelle wieder belastet werden kann, muss die Verteilung der Kosten einer Vorkostenstelle gegebenenfalls mehr als einmal erfolgen. Jedoch verringern sich mit jedem Verteilungszyklus die auf den Vorkostenstellen ver-
bleibenden Kosten. Wenn diese restlichen Kosten eine bestimmte Grenze unter-
schritten haben, endet die Verteilung.

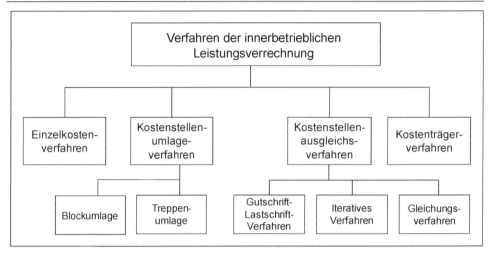

Abbildung 3-2:   Verfahren der innerbetrieblichen Leistungsverrechnung[47]

3.2   Ablauf der Kostenstellenrechnung in SAP

3.2.1   Primärkostenverteilung

Zunächst müssen ein Buchungskreis und ein Kostenrechnungskreis im Customizing eingerichtet werden. Anschließend wird die Kostenstellenhierarchie angelegt. Diese stellt eine organisatorische Einheit dar, die der Zusammenfassung mehrerer Kostenstellen dient. Innerhalb der Hierarchie werden als Verzweigungen Knoten gebildet. Das Ergebnis der Anlage der Kostenstellenhierarchie ist in Abbildung 3-3 zu sehen.

Nun können die Primärbuchungen erfolgen. Hier werden die primären Gemeinkosten auf die Kostenstellen gebucht. Primärkosten entstehen durch den Verzehr von Gütern und Leistungen, die der Unternehmung von außerhalb zugegangen sind. Die Buchung der Primärkosten erfolgt auf die Kostenstellen und nicht auf die Knoten; auf Knotenebene findet nur die statistische Auswertung statt. Wenn das Modul FI existiert, können die Primärkostendaten unmittelbar aus diesem Modul importiert werden, ohne sie noch einmal von Hand einzugeben (Datenintegration). Im Rahmen der Fallstudie erfolgt jedoch eine manuelle Eingabe der Primärkosten im Modul FI.

---

47 Abbildung entnommen aus Schweitzer et al. (2016), S. 154.

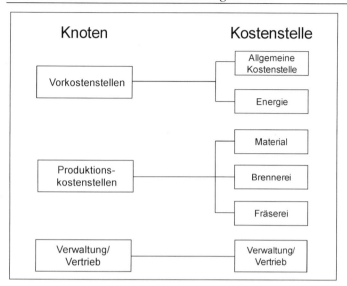

Abbildung 3-3:   **Anlage der Kostenstellenhierarchie**

3.2.2   Innerbetriebliche Leistungsverrechnung in SAP ERP

Als nächster Schritt findet im Rahmen der innerbetrieblichen Leistungsverrechnung eine Verrechnung der **primären Gemeinkosten** der Vor- auf die Endkostenstellen statt. Dabei werden die Vorkostenstellen entlastet und deren Kosten den Endkostenstellen belastet. Die auf die Endkostenstellen verrechneten primären Gemeinkosten sind damit zu **sekundären Gemeinkosten** geworden. Diese bilden den Wert des innerbetrieblichen Güterverzehrs ab. Die Verrechnung der primären Gemeinkosten der Vorkostenstellen erfolgt über eine eigene Kostenart, nämlich die Verrechnungskostenart. Diese ist durch eine sechsstellige Zahl charakterisiert. Abbildung 3-4 veranschaulicht die Verrechnung einer innerbetrieblichen Leistung in einer T-Konten-Darstellung.

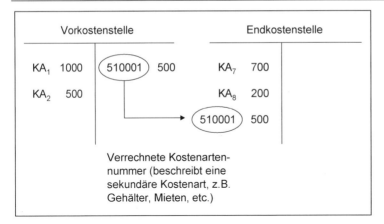

Abbildung 3-4:   **Verrechnung einer innerbetrieblichen Leistung über eine Verrechnungskostenart**

3.2.2.1 Verwendung von Leistungsarten

Voraussetzung für die Verrechnung der primären Gemeinkosten der Vorkostenstellen ist die Bildung von Leistungsarten.[48] Diese sind Maßgrößen für die Kostenverursachung. Beispiele für Leistungsarten können die Anzahl der erbrachten Arbeitsstunden oder die Anzahl der gefertigten Teile sein. Die Kosten bezüglich der Leistungsmenge einer Leistungsart können nach fixen und variablen Anteilen getrennt geführt werden. Einer einzelnen Kostenstelle können keine, eine oder auch mehrere Leistungsarten zugeordnet werden. Bei der Frage, wie man die Leistungen einer Kostenstelle einteilt, sollte man darauf achten, dass die Kosten den jeweiligen Leistungsarten zugeordnet werden können.

3.2.2.2 Plantarif zur Kopplung von Leistungsart und Kostenstelle

Der Tarif dient der Bewertung der Leistungsmenge einer Leistungsart, ist also betriebswirtschaftlich formuliert ein Verrechnungspreis. Wird der Tarif auf Basis geplanter Kosten ermittelt, spricht man vom Plantarif, bei realisierten Kosten vom Isttarif. Über einen Plantarif erfolgt die Kopplung einer Leistungsart an eine Kostenstelle (Abbildung 3-5).

---

48 In der betriebswirtschaftlichen Literatur zur Kosten- und Erlösrechnung werden Leistungsarten als Bezugsgrößen bezeichnet, vgl. z. B. Kilger/Pampel/Vikas (2012), S. 119.

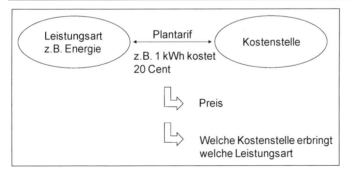

Abbildung 3-5: **Kopplung von Leistungsart und Kostenstelle über den Plantarif**

Plantarife können zwei Zwecken dienen. Zum einen kann über die Eingabe bestimmter Plantarife die Anzahl der Leistungen, die von den Endkostenstellen nachgefragt werden, gesteuert werden. Damit erfüllen sie eine Steuerungsfunktion. In diesem Fall wird der Benutzer den Tarif so wählen, dass er diesem Zweck möglichst nahe kommt. In SAP ERP wird ein derartiger manuell eingegebener Tarif auch politischer Tarif genannt. Zum anderen kann der Plantarif auch eine Prognosefunktion erfüllen, um die gesamten Kosten einer Kostenstelle im Voraus ermitteln zu können. Dann wird der Plantarif oft auf Basis der Vormonatswerte gebildet.

3.2.2.3 Erfassung der Leistungsbeziehungen zwischen den Kostenstellen

Im Anschluss an die Eingabe von Plantarifen können nun die Leistungsbeziehungen der Kostenstellen untereinander erfasst werden. Diese Erfassung erfolgt auf Basis der tatsächlich realisierten Mengen, also als Ist-Buchung. Die Bewertung findet jedoch zu den vorher erfassten Plantarifen statt.

3.2.2.4 Splittung

Wenn eine Vorkostenstelle mehrere Leistungen erbringt, wenn ihr also mehrere Leistungsarten zugeordnet sind, müssen die Ist-Kosten der Vorkostenstellen auf die entsprechenden Leistungsarten verteilt werden. Diesen Vorgang nennt man Splittung. Für die Splittung sind in SAP ERP zwei Schritte nötig:

1. Zuordnung der Vorkostenstellen zu einem Splittungsschema
2. Durchführung der Splittung

Beim ersten Schritt wird jede Vorkostenstelle einem bestimmten Splittungsschema zugeordnet, das eine Regel für die Aufteilung der Ist-Kosten auf die Leistungsarten beinhaltet. Wenn eine Vorkostenstelle nur mit einer Leistungsart gekoppelt ist, werden dieser sämtliche Kosten zugewiesen. Beim zweiten Schritt erfolgt eine Verteilung der Kosten auf Basis des zugeordneten Schemas.

3.2.2.5 Ermittlung des Isttarifs

Wenn alle Istbuchungen abgeschlossen sind, kann die Ermittlung des Isttarifs erfolgen. Dies geschieht über das iterative Verfahren der innerbetrieblichen Leistungsverrechnung. Zunächst findet ein Testlauf statt, bei dem noch keine Verrechnungen der Kosten und damit Entlastungen der Vorkostenstellen stattfinden. Erst beim anschließenden Echtlauf erfolgen eine Entlastung der Vor- und eine Belastung der Endkostenstellen. Dabei wird der Isttarif ermittelt.

Nach der Durchführung der innerbetrieblichen Leistungsverrechnung können die sekundären Gemeinkosten nicht mehr nach ihrer Herkunft differenziert werden. Die vorher getrennt ausgewiesenen Primärkosten der Vorkostenstellen sind in den Endkostenstellen nach der Verrechnung nur noch als ein Block abzulesen.[49]

3.3 Schrittweises Vorgehen zur Implementierung der Fallstudie in SAP ERP

Jetzt gehen wir die konkrete Umsetzung der Kostenstellenrechnung im SAP ERP-System an. Die detailliert beschriebenen Arbeitsschritte sind im Kurs vom Dozenten und von jeder einzelnen Gruppe jeweils für einen eigenen Buchungskreis vorzunehmen. Die folgenden Ausführungen sind daher im Stil von Arbeitsanweisungen gehalten.

Folgende Arbeiten sind für eine funktionierende Kostenstellenrechnung notwendig, müssen aber von Ihnen im Rahmen der vorliegenden Fallstudie nicht durchgeführt werden. Die entsprechenden Arbeitsschritte wurden bereits vorab erledigt:[50]

- Einrichtung der erforderlichen **Organisationseinheiten** Buchungskreis, Kostenrechnungskreis, Werk, Vertriebsorganisationen (Verkaufsorganisation, Vertriebsweg, Versandstelle, Ladestelle)
- **Zuordnung** der entsprechenden Organisationseinheiten
- Anlage der Stammdaten für die primären und sekundären Kostenarten
- Pflege des Kostenrechnungskreises (Standardhierarchie angeben, Komponenten aktivieren) und der Nummernkreise für CO-Belege

Die nachfolgenden Tätigkeiten müssen nun von Ihrer Arbeitsgruppe erledigt werden.

3.3.1 Erstellung einer Kostenstellenhierarchie

Im ersten Schritt ist eine Kostenstellenhierarchie aufzubauen. Dazu müssen zunächst Knoten angelegt werden. Anschließend erfolgt die Einrichtung von Kostenstellen, die jeweils einem Hierarchieknoten zugeordnet werden. Der Platzhalter XX

---

49 Sofern es sich nicht um eine Primärkostenrechnung handelt.

50 Vgl. hierzu Anhang A.1.

wird dabei im Verlauf der gesamten Fallstudie jeweils für die Gruppennummer (01, 02, etc.) verwendet und ist durch diese zu ersetzen. Die Abbildungen der SAP Ansichten wurden mit einer bestimmten Gruppennummer (nicht XX) erstellt, in dieser Ausgabe ist das meistens die Nummer 19.

Bei der Navigation im System können alternativ die angegebenen Menüpfade oder die Transaktionscodes verwendet werden. Bei einer Navigation über die Transaktionscodes gehen Sie folgendermaßen vor. Sie gehen auf das Befehlsfeld links neben dem Symbol für *Sichern*. In diesem Feld geben Sie den entsprechenden Transaktionscode ein.

Um beispielsweise in die Standardhierarchie zu gelangen, muss in das Befehlsfeld der Transaktionscode OKEON eingegeben werden.

Anlage von Knoten in der Kostenstellenhierarchie

Menüpfad:

SAP Menü/Rechnungswesen/Controlling/Kostenstellenrechnung/
Stammdaten/Standardhierarchie/Ändern

Transaktionscode: OKEON

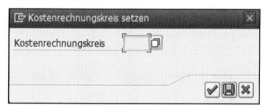

Eingabe:

Kostenrechnungskreis: „BKXX" (je nach Gruppennummer BK01, BK02, etc.)

Schaltfläche ![Enter-Symbol] (Enter)

Anmerkung: Die jetzt erscheinende Standardhierarchie „SHXX" bildet den obersten Knoten der Kostenstellenhierarchie des Kostenrechnungskreises BKXX. Unter diesem obersten Knoten werden die weiteren Knoten angelegt.

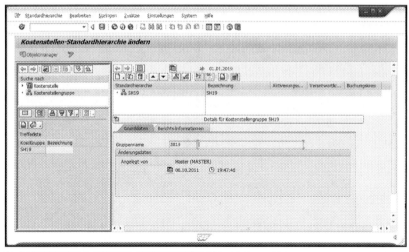

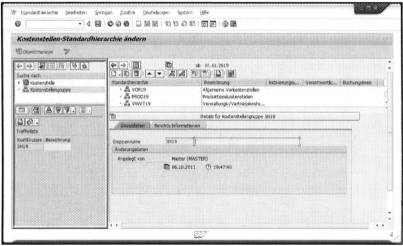

Eingaben:

Menüpfad: Bearbeiten/Gruppe anlegen (**unterordnen**)

- „VORXX", „Allgemeine Vorkostenstellen", (Enter)

Menüpfad: Bearbeiten/Gruppe anlegen (**gleiche Stufe**)

- „PRODXX", „Produktionskostenstellen" , (Enter)

Menüpfad: Bearbeiten/Gruppe anlegen (**gleiche Stufe**)

- „VWVTXX", „Verwaltungs-/Vertriebskostenstellen" , (Enter)

Schaltfläche ⊞ (Sichern)

Anmerkung: Nun sind die Knoten für Vor-, Produktions- und Verwaltungs-/ Vertriebskostenstellen angelegt.

Anlage der einzelnen Kostenstellen

Menüpfad:

SAP Menü/Rechnungswesen/Controlling/Kostenstellenrechnung/Stammdaten/
Kostenstelle/Einzelbearbeitung/Anlegen

Transaktionscode: KS01

(Falls nach dem Speichern Fehler behoben werden müssen:
SAP Menü/Rechnungswesen/Controlling/Kostenstellenrechnung/Stammdaten/
Kostenstelle/Einzelbearbeitung/Ändern)

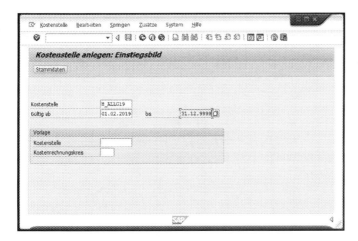

Eingaben:

- Kostenstelle: H_ALLGXX"
- Gültig ab: 01. des aktuellen Monats (z. B. „01.02.2019"; Hinweis: Unbedingt ein
  Datum in der Vergangenheit setzen!)
- Gültig bis: „31.12.9999"

Schaltfläche **Stammdaten**

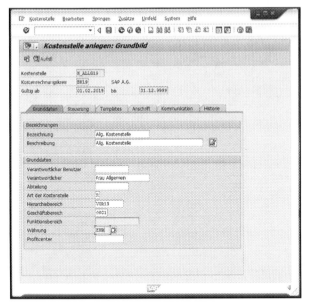

Eingaben:

- Bezeichnung: „Allg. Kostenstelle" (Text frei wählbar; für andere Kostenstellen anpassen)
- Verantwortlicher: „Frau Allgemein" (Text frei wählbar)
- Art: „H" (für Hilfskostenstelle)
- Hierarchiebereich: „VORXX" (Zuordnung zu soeben angelegten Knoten)
- Geschäftsbereich: „0001"
- Währung: „EUR"

Schaltfläche ✅ (Enter)

Warnhinweis (Profitcenterrechnung) mit Klick auf die Schaltfläche ✅ (Enter) bestätigen.

Schaltfläche 💾 (Sichern)

Anmerkungen: Über das Eingabefeld *Hierarchiebereich* erfolgt die Zuordnung der Kostenstelle zu den Knoten der Kostenstellenhierarchie.

Analoge Anlage der restlichen Kostenstellen:

„H_ENERXX" als Hilfskostenstelle (Art: H) (Zuordnung zu VORXX)

„P_BRENXX" als Produktionskostenstelle (Art: F) (Zuordnung zu PRODXX)

„P_FRÄSXX" als Produktionskostenstelle (Art: F) (PRODXX)

„P_MATXX" als Produktionskostenstelle (Art: M) (PRODXX)

„VWXX" als Verwaltungs-/Vertriebskostenstelle (Art: V) (VWVTXX)

Beim Neuanlegen dieser Kostenstellen kann eine bestehende Kostenstelle als Vorlage benutzt werden. Dann müssen im Grundbild jeweils die kostenstellenspezifischen Daten eingetragen werden. Hier ist darauf zu achten, dass im Feld *Art* die jeweils gültige Art der Kostenstelle ausgewählt wird. Dies ist ein „H" für die Vorkostenstellen, ein „F" für die Brennerei und Fräserei, ein „M" für die Materialstelle und ein „V" für die Verwaltungs- und Vertriebsstelle.

Daneben ist bei der Wahl des Hierarchiebereichs auf die richtige Zuordnung der neu anzulegenden Kostenstellen zu achten.

Anzeige der erzeugten Kostenstellenstruktur

Menüpfad:

SAP Menü/Rechnungswesen/Controlling/Kostenstellenrechnung/Stammdaten/ Standardhierarchie/Anzeigen

Transaktionscode: OKENN

3.3.2 Durchführung der Primärbuchungen

Die Kostenstellen werden über **Primärbuchungen** im Hauptbuch des Finanzwesens bebucht. Eine Buchung erfolgt im ERP-System immer vollständig. Dies bedeutet, dass der Saldo aus Soll und Haben im Beleg immer Null ergeben muss. SAP ERP prüft beim Erfassen, ob dieses Prinzip bei der Eingabe eingehalten wurde und gibt gegebenenfalls einen Hinweis bzw. eine entsprechende Fehlermeldung.

Durchführung der Primärkostenbuchungen in der Fibu

Menüpfad:

SAP Menü/Rechnungswesen/Finanzwesen/Hauptbuch/Buchung/ Allgemeine Buchung

Transaktionscode: F-02

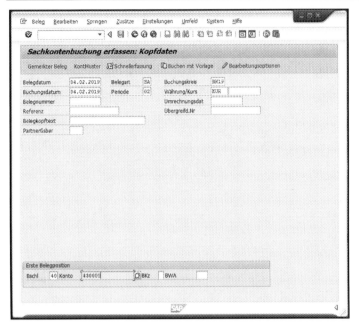

Eingaben:

- Belegdatum: Aktuelles Datum (z. B. „04.02.2019")
- Buchungskreis: „BKXX"
- Währung: „EUR"
- Belegart: „SA" (Sachkontenbeleg)
- Periode: Aktueller Monat (z. B. „02")

Über die Maske *Erste Belegposition* kann nun eine einzelne Buchung innerhalb des Belegs vorgenommen werden.

Für die erste Belegposition sind folgende Eintragungen notwendig:

- Bschl: „40" (Sollkonto bzw. Sollbuchung)
- Konto: „430000" (Gehälter)

Schaltfläche 🗹 (Enter)

- Betrag: „11000" (gemäß Fallstudie)
- Kostenstelle: „H_ALLGXX"

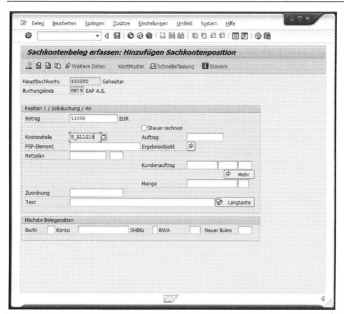

Anmerkung: Durch die Mitkontierung einer Kostenstelle wird die Finanzbuchhaltung mit der Kostenrechnung verknüpft, d.h., durch die Buchung wird nicht nur das Aufwandskonto belastet, sondern auch gleichzeitig die Kostenstelle mit demselben Betrag.

Schaltfläche (Enter)

Belegübersicht mit dem Button anzeigen.

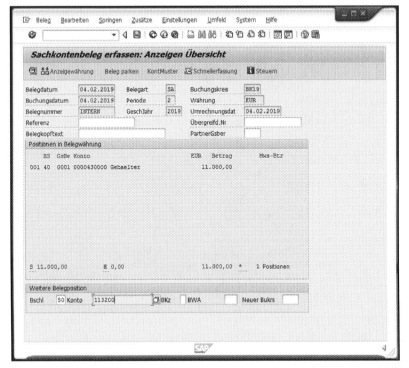

Eingaben in Maske *Weitere Belegposition*:

- Bschl: „50" (Habenkonto bzw. Habenbuchung)
- Konto: „113200" (Bank)

Schaltfläche ![Enter-Symbol] (Enter)

In der nun folgenden Maske ist nur eine Eintragung notwendig:

- Betrag: „*" (Damit wird automatisch der Betrag eingefügt, der Soll- und Haben-
  position ausgleicht)

Schaltfläche ![Enter-Symbol] (Enter)

Schaltfläche ![Sichern-Symbol] (Sichern)

Hinweis: Das Bankkonto mit der Kontonummer 113200 wurde bereits vorher angelegt und ist als Habenkonto für alle Sollbuchungen zu verwenden. Eine etwaige Fehlermeldung bezüglich Ledger L0 kann weggeklickt werden.

Nun erscheint in der Statuszeile unten links folgende Meldung: „Beleg 100000000
wurde im Buchungskreis BKXX gebucht". Damit ist der erste Beleg erfolgreich gebucht und die Allgemeine Kostenstelle mit der Position Gehälter belastet worden.

Der nächste (übernächste) Beleg bekommt entsprechend die Belegnummer
100000001 (100000002).

Die übrigen primären Gemeinkosten sind auf dieselbe Weise zu buchen. Es kann für jede Position ein eigener Beleg erstellt werden (Alternative: s. Schnellerfassung unten). Die notwendigen Kontonummern lauten folgendermaßen:

Gehälter: „430000"

Raumkosten: „470000" [VSt Inland 0%]

Maschinenmieten: „471000" [VSt Inland 0%]

Die Vorsteuer Inland in Höhe von 0% ist sowohl für die Raumkosten als auch für die Maschinenmieten in die Spalte „St" mit dem Kürzel „V0" einzutragen.

Bei der Eingabe ist auf die korrekte Zuordnung der Belegbuchungen zu den einzelnen Kostenstellen zu achten. In den Zeilen der Habenbuchungen ist bei der Kostenstelle nichts einzutragen.

Hinweis: Die Fertigungslöhne der Fräserei und Brennerei bleiben unberücksichtigt, da es sich um Akkordlöhne und damit um Einzelkosten handelt. Diese kommen über Arbeitspläne in die Kalkulation.

Hinweis bei fehlerhaften Buchungen: Bei fehlerhaften Buchungen kann für den entsprechenden Beleg eine Gegenbuchung vorgenommen werden.

SAP Menü/Rechnungswesen/Finanzwesen/Hauptbuch/Beleg/Stornieren/
Einzelstorno

Dabei muss, obiger Logik folgend, die entsprechende Belegnummer eingegeben werden. Ein Beleg mit mehreren Positionen (s. Schnellerfassung unten) wird dadurch komplett storniert!

Schnellerfassungen der Buchungen

Sollen mehrere Buchungssätze eines Belegs gemeinsam erfasst werden, kann man die Eingaben alternativ und zeitsparend nach Eingabe der Kopfdaten auch über die

Schaltfläche ☑ Schnellerfassung tätigen.

Hier lassen sich die einzelnen Belegpositionen in eine Tabelle eingeben. Die letzte Spalte „BuKr" muss nicht ausgefüllt werden.

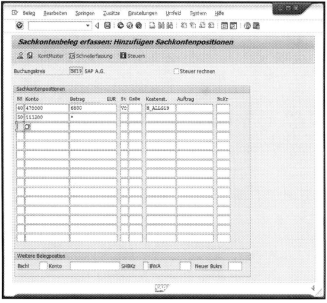

Schaltfläche ✓ (Enter)

In der sich anschließend öffnenden Maske ist zeilenweise jeweils noch die Valuta (aktuelles Datum, z. B. „04.02.2019") einzugeben. Diese kann jeweils durch einen Doppelklick auf die blau gefärbten Einträge, Eingabe des Datums und einem anschließenden Klick auf das Symbol ⛰ (Belegübersicht anzeigen) eingegeben werden.

Wenn keine Zeilen mehr blau eingefärbt sind: Schaltfläche 🖫 (Sichern)

Nun können Sie sich über das Infosystem vergewissern, dass die Kostenstellen richtig gebucht worden sind. Dazu sollten Sie über den Menüpfad System/Erzeuge Modus bzw. über die Schaltfläche 🗔 ein neues Fenster öffnen.

Anzeige der gebuchten Beträge auf den Kostenstellen (zwei Möglichkeiten)

Menüpfad:

SAP Menü/Rechnungswesen/Controlling/Kostenstellenrechnung/
Infosystem/Berichte zur Kostenstellenrechnung/
Einzelposten/Kostenstellen Einzelposten Ist

Transaktionscode: KSB1

In das folgende Formular eintragen: Kostenstelle H_ALLGXX bis VWXX.

Schaltfläche (Ausführen).

Der hier ausgegebene Bericht ist sehr detailliert.

Hinweis: Nur wenn die Kostenstellen richtig bezeichnet wurden (und damit in der richtigen Reihenfolge alphabetisch geordnet werden können), wird dieser Bericht korrekt angezeigt.

Menüpfad:

SAP Menü/Rechnungswesen/Controlling/Kostenstellenrechnung/
Infosystem/Berichte zur Kostenstellenrechnung/
Plan/Ist-Vergleiche/Bereich: Kostenstellen

Schaltfläche (Ausführen).

Transaktionscode: S_ALR_87013612

Hier werden die Summe der Positionen je Kostenstelle und die gesamten primären Gemeinkosten dargestellt.

3.3.3 Anlegen von Leistungsarten

Im Rahmen der Durchführung der **innerbetrieblichen Leistungsverrechnung** werden die Primärkosten der Vorkostenstellen als Sekundärkosten auf die Endkostenstellen verteilt. Voraussetzung für die Durchführung der Verteilung im System ist die **Anlage von Leistungsarten**. Die Leistungsart spiegelt die Art der in einer Kostenstelle erbrachten Leistung wider, also beispielsweise bei der Vorkostenstelle Energie die abgegebene Energiemenge. Um diese Kosten im Rahmen der innerbetrieblichen Leistungsverrechnung auf die Endkostenstellen umlegen zu können, muss für jede Leistungsart eine Verrechnungskostenart angelegt werden. Es werden zwei Leistungsarten, nämlich *Allgemeine Dienste* und *Energie* sowie zwei Verrechnungs- oder Sekundärkostenarten angelegt. Für die Leistungsart *Allgemeine Dienste* wird eine Verrechnungskostenart mit der Kontonummer 616000, für *Energie* mit 617000 angelegt. Gegebenenfalls sind sie bereits vorhanden, s. dazu Hinweis unten!

Anlage der Verrechnungskostenarten

Menüpfad:

SAP Menü/Rechnungswesen/Controlling/Kostenartenrechnung/
Stammdaten/Kostenart/Einzelbearbeitung/Anlegen sekundär

Transaktionscode: KA06

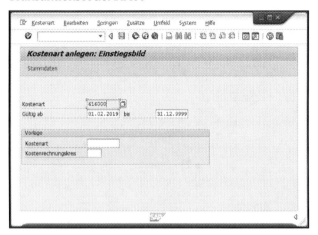

Eingaben:

- Kostenart: „616000" bzw. „617000"
- Gültig ab: 01. des aktuellen Monats (z. B. „01.02.2019")

Ggf. Verwendung einer Vorlage, falls vorhanden.

Ist keine Vorlage vorhanden, so ist das Symbol **Stammdaten** anzuklicken und im folgenden Grundbild der Kostenartentyp „43" (interne LV) einzugeben.

Schaltfläche 🗹 (Enter)

Schaltfläche 🖫 (Sichern)

Hinweis: Die Verrechnungskostenarten 616000 und 617000 sind bei Verwendung eines IDES-Mandanten unter Umständen bereits vorhanden. Dies kann über den Menüpfad Kostenart/Anzeigen festgestellt werden.

Anlage von Leistungsarten für die innerbetriebliche Leistungsverrechnung

Menüpfad:

SAP Menü/Rechnungswesen/Controlling/Kostenstellenrechnung/
Stammdaten/Leistungsart/Einzelbearbeitung/Anlegen

Transaktionscode: KL01

Es müssen die beiden Leistungsarten für die beiden Vorkostenstellen angelegt werden, zunächst Leistungsart „ASTDXX" (Allg. Dienste in Stunden) mit Sekundärkostenart 616000.

- Gültig ab: 01. des aktuellen Monats (z. B. „01.02.2019")

Schaltfläche 🗸 (Enter)

Es erscheint folgendes Bild:

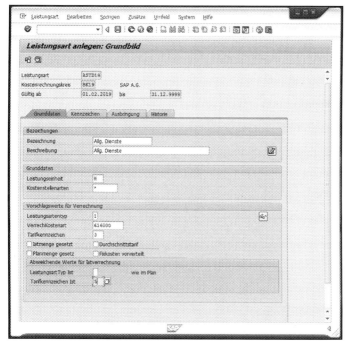

Eingaben:

- Bezeichnung: „Allg. Dienste"
- Beschreibung: „Allg. Dienste"
- Leistungseinheit: „H" (Stunden)
- Kostenstellenarten: „*" (alle Kostenstellenarten)
- Leistungsartentyp: „1" (manuelle Erfassung, manuelle Verrechnung)
- Verrechnungskostenart: „616000"
- Tarifkennzeichen: „3" (manuell festgelegt)
- Tarifkennzeichen Ist: „5" (Isttarif automatisch auf Basis der Leistung)

Schaltfläche ✅ (Enter)

Schaltfläche 💾 (Sichern)

Die Leistungsart „ENERXX" ist analog anzulegen. Dabei kann man ASTDXX als Vorlage benutzen. Als Leistungseinheit ist hier jedoch Kilowattstunden (KWH) und als Verrechnungskostenart die Sekundärkontonummer 617000 einzugeben.

Innerhalb der Vorschlagswerte für die Verrechnung werden der Leistungsartentyp und das Tarifkennzeichen festgelegt. Beim eingegebenen Leistungsartentyp „1" handelt es sich um eine Leistungsart, bei der die Istleistung manuell erfasst und verrechnet wird. Das Tarifkennzeichen „3" bedeutet eine manuelle Festlegung des Plantarifs.

Bei der Istverrechnung wird abweichend hiervon das Tarifkennzeichen „5" eingegeben, das eine automatische Isttarifermittlung auf Basis der Leistung vorsieht.

3.3.4   Kopplung von Leistungsart und Kostenstelle

Zur **Kopplung von Leistungsart und Kostenstelle** ist die Erfassung von Plantarifen erforderlich. Für die Leistungsart ASTDXX soll mit einem Tarif von 165,- € und für die Leistungsart ENERXX mit einem Tarif von 16,- € geplant werden (vgl. Abb. 3-6).[51]

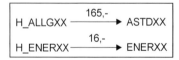

Abbildung 3-6:   Kopplung von Leistungsart und Kostenstelle

---

51 Hierbei handelt es sich nur um eine Schätzung der Plantarife. Eine genaue Ermittlung erfolgt über die Isttarifermittlung.

Pflege von Plantarifen

Menüpfad:

SAP Menü/Rechnungswesen/Controlling/Kostenstellenrechnung/
Planung/Leistungserbringung/Tarife/Ändern (Transaktionscode: KP26)

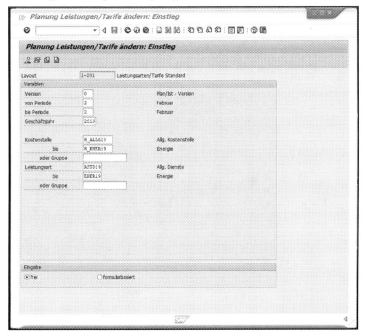

Eingaben:

- Version: „0"
- von Periode: aktueller Monat (z. B. „02")
- bis Periode: aktueller Monat (z. B. „02")
- Geschäftsjahr: aktuelles Geschäftsjahr (z. B. „2019")
- Kostenstelle: „H_ALLGXX" bis „H_ENERXX" (nur die benötigten)
- Leistungsart: „ASTDXX" bis „ENERXX" (nur die benötigten)

Schaltfläche ✅ (Enter)

Schaltfläche 🔺 (Übersichtsbild)

Anmerkung: Die Eingabe der Gültigkeitsperiode erfordert, dass in diesem Zeitraum eine entsprechende Kostenstelle angelegt ist. Bei den Eingaben für Kostenstellen und Leistungsarten sollte man darauf achten, möglichst nur diejenigen einzutragen, die man tatsächlich braucht.

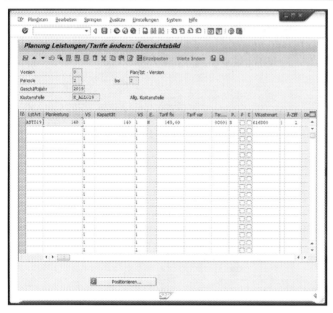

Eingaben:

- LstArt: „ASTDXX"
- Planleistung und Kapazität: „140" (entsprechend der Angabe zur Fallstudie)
- Tarif fix: „165"

Schaltfläche ✅ (Enter)

Schaltfläche ▼ (Nächste Kombination)

Wichtig: Die Tarife für ASTDXX und ENERXX nicht beide in eine Tabelle schreiben, sondern unbedingt die Schaltfläche ▼ benutzen. Ansonsten werden beide Tarife mit der allgemeinen Kostenstelle verknüpft.

Im folgenden Formular für die Kostenstelle H_ENERXX in analoger Weise deren zu erbringende Leistungen eintragen.

- LstArt: „ENERXX"
- Planleistung und Kapazität: „1000" (entsprechend der Angabe zur Fallstudie)
- Tarif fix: „16"

Schaltfläche 💾 (Sichern)

Nun können die geplanten Kosten der Vorkostenstellen als Produkt aus Planleistung und Plantarif im Infosystem betrachtet werden.

Anzeige der geplanten Kosten der Vorkostenstellen

Menüpfad:

SAP Menü/Rechnungswesen/Controlling/Kostenstellenrechnung/
Infosystem/Berichte zur Kostenstellenrechnung/Plan/Ist-Vergleiche/
Bereich: Kostenstellen

Transaktionscode: S_ALR_87013612

Schaltfläche ⊕ (Ausführen)

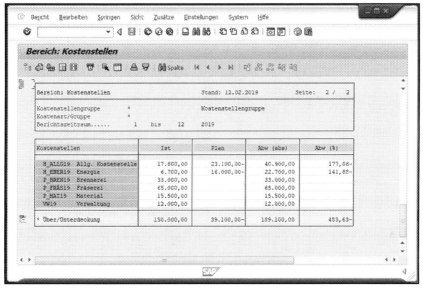

3.3.5 Erfassung der Ist-Leistungsbeziehungen

Jetzt sind die **Leistungsbeziehungen** zwischen den Kostenstellen zu erfassen. Die Erfassung der Mengen erfolgt als Istbuchung. Die Bewertung findet jedoch zu den vorher erfassten Plantarifen statt.

Erfassung der Leistungsbeziehungen zwischen Vor- und Endkostenstellen

Menüpfad:

SAP Menü/Rechnungswesen/Controlling/Kostenstellenrechnung/
Istbuchungen/Leistungsverrechnung/Erfassen

Transaktionscode: KB21N

Eingaben:

In die Tabelle sind sämtliche Leistungsbeziehungen zwischen den Vor- und Endkostenstellen sowie der Vorkostenstellen untereinander gemäß der Fallstudie einzutragen.

Schaltfläche ✅ (Enter)

Schaltfläche 💾 (Sichern)

Der Beleg wird unter der Nummer 900000000 gebucht. (Belegnummer kann abwei-
chen)

Der gebuchte Beleg kann unter Eingabe obiger Belegnummer auch erneut zur Kontrolle angezeigt werden, indem folgender Menüpfad gewählt wird:

Menüpfad:

SAP Menü/Rechnungswesen/Controlling/Kostenstellenrechnung/
Istbuchungen/Leistungsverrechnung/Anzeigen

Transaktionscode: KB23N

Die resultierenden Kosten lassen sich unter folgendem Menüpfad nachvollziehen:

Menüpfad:

SAP Menü/Rechnungswesen/Controlling/Kostenstellenrechnung/Infosystem/
Berichte zur Kostenstellenrechnung/Plan/Ist-Vergleiche/Bereich: Kostenarten

Transaktionscode: S_ALR_87013613

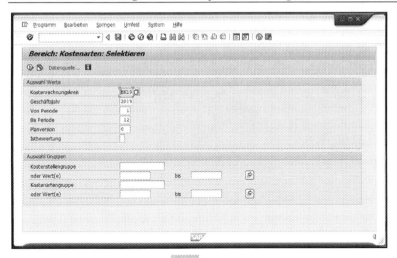

Nach Wahl der Schaltfläche 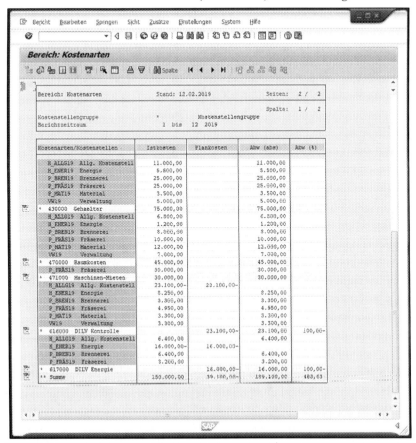 (Ausführen) erscheint folgendes Bild:

Aufgabe: Kontrollieren Sie über das Infosystem, ob die Plankosten für den Leistungsaustausch richtig verbucht wurden.

Menüpfad:

SAP Menü/Rechnungswesen/Controlling/Kostenstellenrechnung/
Infosystem/Berichte zur Kostenstellenrechnung/Plan/Ist-Vergleiche/
Bereich: Kostenstellen (Transaktionscode: S_ALR_87013612)

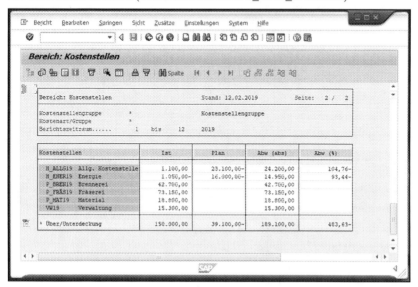

Nach dem Ausführen erscheint obiges Bild. Die Vorkostenstellen sind entweder nicht vollständig oder zu viel entlastet worden, da der Plantarif nicht dem Isttarif entspricht. Dies kann der Ist-Spalte des Berichts entnommen werden. Die Plan-Spalte und die beiden Abweichungsspalten sind wenig aussagekräftig, da wir auf die Durchführung der Plankostenrechnung in diesem Buch nicht eingehen.

3.3.6   Ermittlung des Isttarifs

Die Nachbewertung der Umlage zu Istkosten dient der **Ermittlung von Isttarifen** und der entsprechenden Bewertung der empfangenen Leistungen. Dies erfordert zuerst die Durchführung der Splittung (Verteilung der Kosten einer Kostenstelle auf die entsprechenden Leistungsarten) und anschließend die Ausführung der Istta-rifermittlung. In unserer Fallstudie erbringen die Vorkostenstellen zwar jeweils nur eine Leistungsart, dennoch kann in SAP ERP der Arbeitsschritt der Splittung nicht entfallen. Über die Splittung werden dieser Leistungsart in unserem Fall explizit 100% der Kosten zugeordnet. Durch die Istarifermittlung findet automatisch eine Nachbewertung der Leistungsbeziehungen statt. Es handelt sich dabei um Perio-denabschlussarbeiten. Bei der Nachbewertung wird nicht der komplett neue Wert angegeben, sondern nur der Differenzbetrag, der sich aus dem Unterschied zwi-schen der Bewertung mit Plan- und Isttarifen ergibt.

Direkte innerbetriebliche Leistungsverrechnung zu Ist-Tarifen

1) Splittung

1.a) Splittungsschema zuordnen

Die Zuordnung des Splittungsschemas ist eine Customizing-Tätigkeit. Dazu müssen Sie zunächst ins Customizing gehen:

Ins Customizing gelangt man über

SAP Menü/Werkzeuge/Customizing/IMG/Projektbearbeitung

Transaktionscode: SPRO

Anschließend klicken Sie auf SAP Referenz-IMG.

Innerhalb des Customizing wählen Sie nun den Menüpfad:

SAP Customizing Einführungsleitfaden/Controlling/Kostenstellenrechnung/
Istbuchungen/Periodenabschluss/Leistungsverrechnung/Splittung:

    Splittungsschema zu Kostenstellen zuordnen

Transaktionscode: OKEW

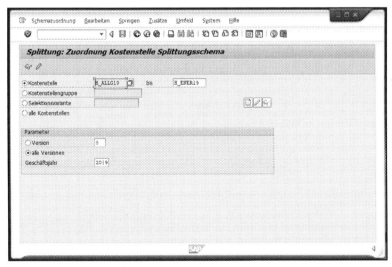

Eingaben:

-    Kostenstelle: „H_ALLGXX" bis „H_ENERXX"

-    Geschäftsjahr: aktuelles Geschäftsjahr (z. B. „2019")

Schaltfläche (Ändern)

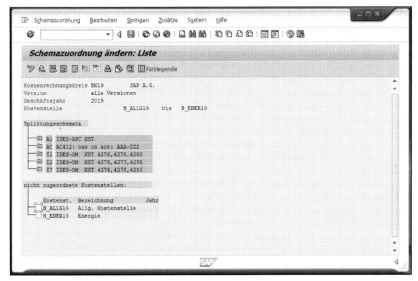

Nun müssen die Vorkostenstellen (H_ALLGXX und H_ENERXX) dem Splittungsschema I2 zugeordnet werden. Dazu sind die beiden Kostenstellen anzukreuzen
und I2 mit dem Cursor zu markieren. Klicken der Schaltfläche ▣ (Zuordnen) führt
diese Aktion aus.

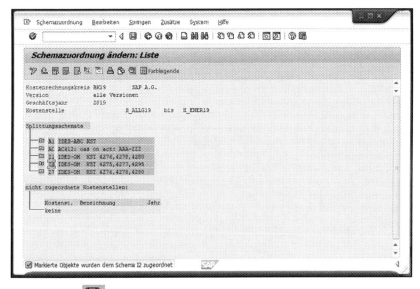

Schaltfläche ▣ (Sichern)

Hinweis: An dieser Stelle ist möglicherweise ein Customizing-Auftrag anzulegen. Dabei ist wie folgt vorzugehen:

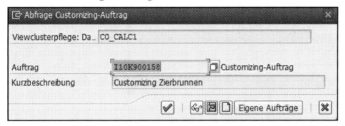

Eingabe:

Schaltfläche  (Auftrag anlegen)

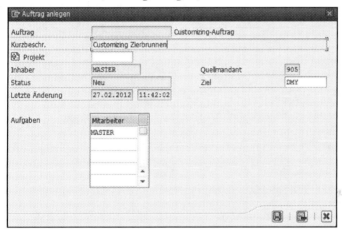

Eingaben:

-    Kurzbeschreibung: z. B. „Customizing Zierbrunnen"

Schaltfläche  (Sichern)

Schaltfläche  (Enter)

Hinweis: In der weiteren Bearbeitung der Fallstudie sind an verschiedenen Stellen weitere Customizing-Aufträge anzulegen. Das Vorgehen ist dabei analog.

1.b) Splittung durchführen

Menüpfad:

SAP Menü/Rechnungswesen/Controlling/Kostenstellenrechnung/
Periodenabschluss/Einzelfunktionen/Splittung

Transaktionscode: KSS2

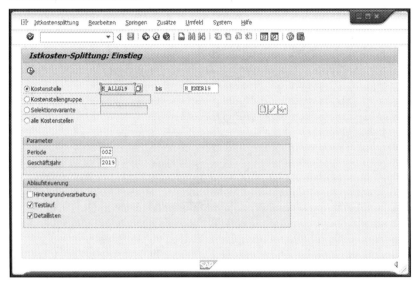

Eingaben:

- Kostenstelle: „H_ALLGXX" bis „H_ENERXX"
- Periode: aktueller Monat (z. B. „002")
- Geschäftsjahr: aktuelles Geschäftsjahr (z. B. „2019")

Zur Kontrolle sollte zunächst ein Testlauf durchgeführt werden. Dazu muss das Kontrollkästchen Testlauf aktiviert sein. Die Durchführung startet mit der Schaltfläche ⊕ (Ausführen).

Anschließend ist die Splittung im Echtlauf durchzuführen. Dazu muss man zum Einstieg in die Istkosten-Splittung zurückgehen, dort die Kennzeichnung Testlauf abklicken und nochmals die Schaltfläche ⊕ (Ausführen) wählen.

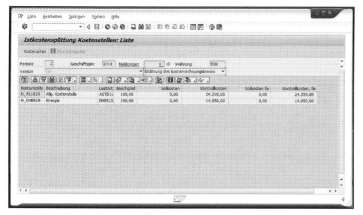

Wenn nach dem Echtlauf auf „Zurück" geklickt wurde, sollte in der Statusleiste unten links folgende Meldung erscheinen: „Transaktion beendet, Daten gebucht".

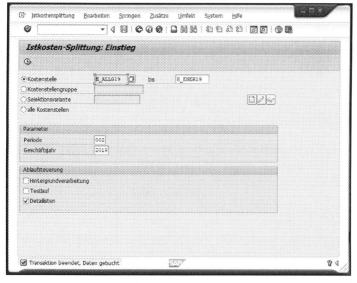

Erst die eigentliche Isttarifermittlung verrechnet die innerbetrieblichen Leistungen zu „Gleichgewichtspreisen" auf die Endkostenstellen weiter. Die Vorkostenstellen werden dann komplett entlastet.

2) Isttarifermittlung

Menüpfad:

SAP Menü/Rechnungswesen/Controlling/Kostenstellenrechnung/
Periodenabschluss/Einzelfunktionen/Tarifermittlung

Transaktionscode: KSII

Wichtig: Bevor dieser Schritt durchgeführt wird, müssen alle Buchungen abgeschlossen sein. Ist der Isttarif verbucht, kann er nicht mehr neu ermittelt werden.

Auch hier besteht die Möglichkeit, zunächst einen Testlauf durchzuführen. Die Isttarifermittlung startet mit der Schaltfläche ⊕ (Ausführen).

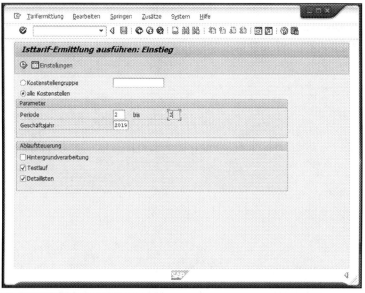

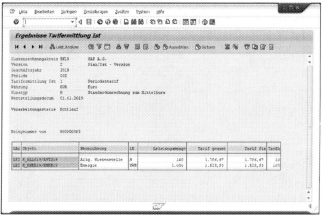

Aufgabe: Kontrollieren Sie über das Infosystem, ob Ihre Kostenstellen richtig be- und entlastet wurden. Den Vorkostenstellen sollten keine Kosten mehr zugeordnet sein.

Menüpfad:

SAP Menü/Rechnungswesen/Controlling/Kostenstellenrechnung/Infosystem/ Berichte zur Kostenstellenrechnung/Plan/Ist-Vergleiche/Bereich: Kostenstellen

Transaktionscode: S_ALR_87013612

 (Ausführen)

Nach Durchführung der innerbetrieblichen Leistungsverrechnung mit den Ist-Tarifen sind die Vorkostenstellen bis auf geringe Cent-Beträge, die auf den Einsatz des iterativen Verfahrens als Näherungsverfahren zurückzuführen sind, vollständig entlastet.

4   Implementierung einer Erzeugniskalkulation in SAP

Zur Ermittlung der Selbstkosten pro Zierbrunnen führen Sie eine Kostenträger-stückrechnung durch, um fundierte Aussagen über Ihre operative Kostenstruktur treffen zu können. Im Endeffekt geht es bei der Ermittlung der Selbstkosten der Brunnen erstens darum, Ihren mengenmäßigen Produktionsprozess auf Produkt-ebene zu bewerten. Zweitens müssen Sie zusätzlich die hierfür notwendigen Ver-waltungstätigkeiten kostenrechnerisch berücksichtigen.[52]

4.1   Überblick über die Kostenträgerstückrechnung

4.1.1   Zweck und Aussagekraft der Kostenträgerstückrechnung

Der Zweck der Kostenträgerstückrechnung[53] besteht in der Ermittlung der Kosten für eine Produkteinheit, die auch als Kostenträger bezeichnet wird. Die Kosteninfor-mationen sollen die Entscheidungsträger bei der Lösung von wichtigen Entschei-dungsproblemen, wie z. B. bei der Bestimmung des optimalen Produktions- und Absatzprogramms, bei der Ermittlung von Preisuntergrenzen sowie bei Make-or-Buy-Entscheidungen, unterstützen.

Die Aussagekraft der in der Kostenträgerstückrechnung gewonnenen Informatio-nen ist entscheidend von der Qualität und der Ausgestaltung der Kostenarten- und Kostenstellenrechnung abhängig. Ungenauigkeiten oder Fehler in diesen beiden Rechnungen schlagen auf die Bestimmung der Kosten für eine Produkteinheit durch. Abbildung 3-1 aus dem vorherigen Kapitel, die einen Überblick über die Ver-teilungsprobleme in der Kostenrechnung gibt, untermauert dies sehr anschaulich. Durch eine ungenaue Aufteilung von Einzel- und Gemeinkosten in der Kostenar-tenrechnung sowie durch eine nicht zweckmäßige Auswahl eines Verfahrens der innerbetrieblichen Leistungsverrechnung in der Kostenstellenrechnung werden die Kosten letztlich auch mehr oder minder willkürlich auf die einzelnen Produktein-heiten verrechnet.

---

52 Als Vereinfachung werden im Kurs sämtliche Gemeinkosten als fix angesehen. Eine Auf-teilung der Gemeinkosten in fixe und variable Bestandteile würde keine bedeutende Än-derung im Vorgehen bei der Implementierung der Produktkalkulation und Kostenträger-rechnung bewirken.

53 Vgl. Kilger/Pampel/Vikas (2012), S. 515.

© Springer Fachmedien Wiesbaden GmbH, ein Teil von Springer Nature 2020
G. Friedl und R. Pedell, Controlling mit SAP®, https://doi.org/10.1007/978-3-658-27719-2_4

4.1.2   Verfahren der Kostenträgerstückrechnung

Abhängig vom Produktionsprogramm, -verfahren und der Anzahl zu fertigender Produkte lassen sich eine Vielzahl von Kalkulationsverfahren unterscheiden. Nachfolgende Abbildung gibt einen systematischen Überblick über diese Verfahren.[54]

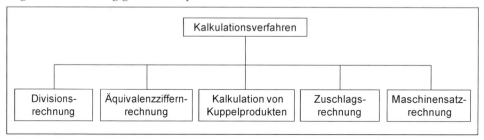

Abbildung 4-1:   **Verfahren der Kostenträgerstückrechnung**

Das Hauptanwendungsgebiet der Divisionsrechnung stellen Unternehmen dar, die ein einziges Produkt, wie z. B. Kies oder Zement, erzeugen. Werden dagegen in einer Sortenfertigung ähnliche Produkte hergestellt, kann man die Äquivalenzziffernrechnung anwenden. Bei der Erzeugung von Kuppelprodukten fallen neben einem Hauptprodukt zwangsläufig auch Nebenprodukte an. Hierfür sind spezifische Kalkulationsverfahren entwickelt worden. Die Zuschlagsrechnung beruht im Gegensatz zu den vorherigen Verfahren auf einer Trennung in Einzel- und Gemeinkosten. Die Gemeinkosten werden über nach Kostenstellen differenzierte Zuschlagssätze auf die Kostenträger verrechnet. Das Grundprinzip der Zuschlagsrechnung besteht darin, dass Kostenträger mit Gemeinkosten als Zuschlag auf ihre Einzelkosten (oder andere Bezugsgrößen) belastet werden. Man unterstellt somit, dass ein linearer Zusammenhang zwischen den Einzel- und Gemeinkosten besteht.[55] Nachfolgende Tabelle gibt einen Überblick über das Grundschema der Zuschlagsrechnung.

Die Einzelkosten werden mit Hilfe analytischer Verfahren in der Kostenartenrechnung bestimmt, wohingegen die Verrechnung von Gemeinkosten mit Zuschlagssätzen erfolgt, die in der Kostenstellenrechnung ermittelt werden. Bei der Ermittlung der Materialeinzelkosten (Materialkosten) wird im Regelfall auf Stücklisten, bei der Bestimmung der Fertigungseinzelkosten (Fertigungslohn) auf Arbeitspläne zurückgegriffen.

54 Vgl. ausführlich Schweitzer et al. (2016), S. 179ff.; Kloock/Sieben/Schildbach (2009), S. 143ff.

55 Vgl. z. B. Ewert/Wagenhofer (2014), S. 665.

Tabelle 4-1: Grundschema der Zuschlagsrechnung

Fertigungsmaterial	Materialkosten	Herstellkosten	Selbstkosten
Materialgemeinkosten			
Fertigungslohn	Fertigungskosten		
Fertigungsgemeinkosten			
Sondereinzelkosten			
Sondereinzelkosten der Fertigung			
Verwaltungsgemeinkosten			
Vertriebsgemeinkosten			
Sondereinzelkosten des Vertriebs			

Wenn hingegen in einer Kostenstelle mehrere verschiedenartige Maschinen eingesetzt werden, kann mit Hilfe der Maschinenstundensatzrechnung eine genauere Kostenverrechnung dadurch erreicht werden, dass man die einzelnen Maschinen als eigenständige Arbeitsplätze kostenmäßig betrachtet und eigenständige Maschinenstundensätze ermittelt.

In Abhängigkeit davon, ob mit dem Kalkulationsverfahren nur ein Teil oder sämtliche Kosten auf den Kostenträger verrechnet werden, kann man eine Teil- und eine Vollkostenkalkulation unterscheiden.

4.1.3 Verrechnungstechnik der Zuschlagsrechnung in der Kostenträgerstückrechnung

In der Kostenträgerstückrechnung wird der Kostenträger sowohl mit Einzelkosten aus der Kostenarten- als auch mit Gemeinkosten aus der Kostenstellenrechnung belastet. Nach Durchführung der innerbetrieblichen Leistungsverrechnung befinden sich in der Kostenstellenrechnung sämtliche Gemeinkosten auf den Endkostenstellen.[56] Diese Gemeinkosten setzen sich aus primären und sekundären Gemeinkosten zusammen. Nimmt nun ein Kostenträger Leistungen der Endkostenstelle in Anspruch, wird dieser Kostenträger mit Gemeinkosten belastet. Dies erfolgt in der Zuschlagsrechnung mit Hilfe eines Prozentsatzes von den Einzelkosten oder einer anderen Bezugsgröße. In Höhe dieses Wertes wird der Kostenträger belastet und die Endkostenstelle entlastet.

4.1.4 Beziehung der Kostenträgerstückrechnung zur Ergebnisrechnung

Die Ergebnisse der Kostenträgerstückrechnung werden in die Ergebnisrechnung weiterverrechnet. Bei einer Vollkostenrechnung werden die Erlöse einer Periode

---

56 Sofern man von Kostenstellenabweichungen absieht.

den vollen Kosten der Periode gegenübergestellt, um den Periodengewinn zu ermitteln. Wendet man hingegen eine Teilkostenrechnung an, erfolgt eine Verrechnung der variablen Selbstkosten in der Ergebnisrechnung vor dem Ausweis des Deckungsbeitrages I. Insofern ist auch in der Kostenträgerstückrechnung auf eine geeignete Auswahl des Kalkulationsverfahrens zu achten, damit man in der Ergebnisrechnung aussagefähige Informationen erhält.[57]

4.2 Ablauf der Produktkalkulation und Kostenträgerrechnung in SAP

In SAP lassen sich sämtliche Kalkulationsverfahren über Einstellungen im Customizing abbilden. In der Fallstudie erfolgt eine Beschränkung auf die Zuschlagsrechnung.

In der Kostenträgerrechnung verwendet SAP zum Teil andere Begriffe als in der Kostenrechnungsliteratur. Nachfolgend werden diese Begriffe zunächst abgegrenzt.

4.2.1 Begriffliche Abgrenzungen

4.2.1.1 Unterscheidung in Produktkalkulation und Kostenträgerrechnung

SAP unterscheidet zwischen einer Produktkalkulation und einer Kostenträgerrechnung.[58] In der Kostenrechnungsliteratur sowie in Kapitel 4.1 werden beide Begriffe synonym als Kostenträgerstückrechnung bezeichnet.

In SAP wird *begrifflich* und *inhaltlich* die Kostenträgerstückrechnung in zwei Bestandteile aufgeteilt. So werden bei Aufnahme eines Produktes in das Absatzprogramm eines Unternehmens zunächst allgemein die Selbstkosten dieses Produktes (Musterkalkulation) ermittelt. Bei Verkauf dieses Produktes wird dann keine erneute Kalkulation der Selbstkosten durchgeführt, man greift vielmehr auf die Musterkalkulation dieses Produktes zurück. Dabei wird die Musterkalkulation in SAP als Produktkalkulation, der Rückgriff auf diese Musterkalkulation bei einem konkreten Kundenauftrag als Kostenträgerrechnung bezeichnet. Es können mehrere alternative Musterkalkulationen durchgeführt werden, es kann aber nur eine in den Materialstamm übernommen werden. Nachfolgende Tabelle zeigt weitere zentrale Unterschiede zwischen einer Produktkalkulation und einer Kostenträgerrechnung in SAP auf:

---

57 Vgl. ausführlich Kap. 5.

58 Vgl. Abschnitt 1.3.1.2.

Tabelle 4-2: **Vergleich von Produktkalkulation und Kostenträgerrechnung**

Produktkalkulation	Kostenträgerrechnung
Auftragsneutral, d. h, es liegt noch kein konkreter Kundenauftrag vor (Simulation).	Auftragsbezogen, d. h, ein Kunde und eine Bestellmenge sind notwendig.
Es handelt sich um eine Kalkulation eines Musterproduktes.	Es handelt sich um einen konkreten Istlauf.
Es findet keine Entlastung der Endkostenstellen statt.	Es findet eine Entlastung der Endkostenstellen statt.
Das Ergebnis der Produktkalkulation wird als Standardpreis in den Materialstamm eingestellt.	Es wird auf den Standardpreis in der Produktkalkulation zurückgegriffen.

4.2.1.2 Unterscheidung in Erzeugnis- und Bauteilkalkulation

Nachfolgende Abbildung gibt einen Überblick über die verschiedenen Arten der Produktkalkulation und Kostenträgerrechnung in SAP.

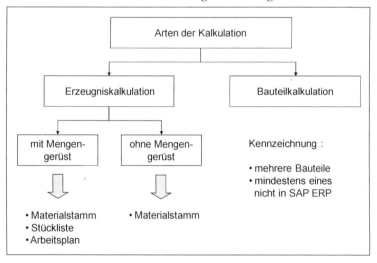

Abbildung 4-2:   **Arten der Kalkulation**

Produktkalkulation und Kostenträgerrechnung können von der Art her sowohl als Erzeugnis- als auch als Bauteilkalkulation durchgeführt werden. Bei der Erzeugniskalkulation kann man noch unterscheiden in eine Kalkulation mit und ohne Mengengerüst. Bei der Kalkulation mit Mengengerüst greift man bei der Bestimmung der Materialeinzelkosten auf eine Stückliste sowie bei der Bestimmung der Fertigungseinzelkosten auf einen Arbeitsplan zurück. Bei der Kalkulation ohne Mengengerüst bestimmt man pauschal ohne tiefergehende Kalkulation die Selbstkosten eines Produktes.[59] Die Bauteilkalkulation hingegen unterstellt, dass ein bestimmtes

---

59 Vgl. CDI (2001), S. 116f.

Bauteil nicht im Unternehmen verfügbar ist und man nur einen bestimmten Teil des Produktes intern kalkulieren kann. Auch hier kann man zwischen einer Kalkulation mit und ohne Mengengerüst unterscheiden.

4.2.2 Inhaltlicher Ablauf der Produktkalkulation und Kostenträgerrechnung

Kosten stellen bewertete, sachzielorientierte Güterverbräuche dar. Mithin ist ein bestimmtes Mengengerüst zu bewerten, um zu den gewünschten Kosten (=Kostenwert) zu gelangen. Nachfolgende Übersicht zeigt auf, aus welchen Mengengerüsten und Bewertungen sich die einzelnen Kostenbestandteile der Produktkalkulation und Kostenträgerrechnung zusammensetzen und in welchem Folgekapitel auf diese Teilbereiche der Zuschlagsrechnung explizit Bezug genommen wird.

Tabelle 4-3:   **Mengengerüst und Bewertung bei Produktkalkulation und Kostenträgerrechnung**

Kosten	Mengengerüst	Bewertung	Kapitel
Materialeinzel-kosten	Stückliste	Standardpreis der Einsatzgüter	4.3.1
Materialgemein-kosten	Zuschlagssatz auf Materialeinzelkosten		4.3.3
Fertigungseinzel-kosten	Arbeitsplan	Plantarif	4.3.2
Fertigungsgemein-kosten	Zuschlagssatz auf Fertigungseinzelkosten		4.3.3
Herstellkosten	Summe		
Verwaltungs- und Vertriebsgemein-kosten	Zuschlagssatz auf Herstellkosten		4.3.3
Selbstkosten	Summe		

4.2.3 Zeitlicher Ablauf der Produktkalkulation und Kostenträgerrechnung

Produktkalkulation und Kostenträgerrechnung gehören inhaltlich in SAP zusammen. Der konkrete zeitliche Zusammenhang zwischen diesen beiden lässt sich in drei Phasen aufteilen.[60]

(1) Vorbereitende Tätigkeiten im Produktionsmodul bzw. im Customizing

Zu den vorbereitenden Tätigkeiten gehören einerseits das bestandsmäßige Anlegen des Produktes im Materialstamm sowie das Anlegen der Stückliste und des Arbeitsplans. Andererseits müssen Grundeinstellungen für die Kalkulation im Customizing durchgeführt werden. So ist z. B. das Kalkulationsschema als Zuschlagsrechnung oder Steuerungsparameter für die Zuschlagsrechnung über die Kalkulationsvariante einzupflegen.

---

60 Vgl. auch Kap. 1.3.1.

(2) „Echte" Produktkalkulation, d. h. Bestimmung der Selbstkosten des Musterproduktes

In der echten Produktkalkulation erfolgt die auftragsneutrale Bestimmung der
Selbstkosten des Musterproduktes. Nachdem die vorbereitenden Tätigkeiten
durchgeführt wurden, besteht die echte Produktkalkulation lediglich in einem
Zusammenspielen der einzelnen Informationen aus Phase (1).

(3) Übernahme der Selbstkosten des Musterproduktes als Standardpreis in den Materialstamm des Endproduktes als Grundlage für die Kostenträgerrechnung

Damit in der Kostenträgerrechnung bei einem konkreten Kundenauftrag auf die
in der Produktkalkulation ermittelten Selbstkosten zurückgegriffen werden
kann, müssen die ermittelten Selbstkosten in den Materialstamm übertragen
werden (Die Kalkulation des Produktes muss demnach nur einmal durchgeführt
werden).

Abb. 4-3 zeigt diesen zeitlichen Zusammenhang.

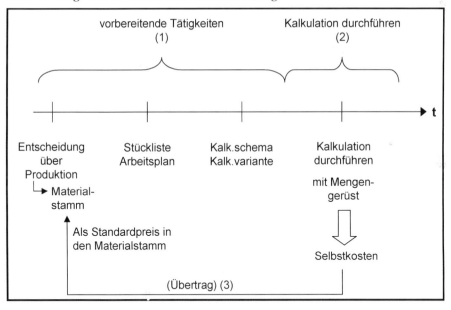

Abbildung 4-3: **Zeitlicher Ablauf der Produktkalkulation und Kostenträgerrechnung**

4.3 Schrittweises Vorgehen zur Implementierung der Fallstudie in SAP ERP

Das Vorgehen zur Implementierung der Fallstudie in SAP orientiert sich am Kalkulationsschema der Zuschlagsrechnung.

4.3.1 Kalkulation der Materialeinzelkosten

4.3.1.1 Stückliste und Standardpreis als Grundlage zur Bestimmung der Materialeinzelkosten

Die Materialeinzelkosten ergeben sich aus der Menge der Einsatzgüter für ein Endprodukt bewertet mit den jeweiligen Einsatzgüterpreisen.[61] Die Menge der erforderlichen Einsatzgüter wird über die Stückliste eines Endproduktes abgebildet. Die Kosten für die jeweiligen Einsatzgüter erhält man über den Standardpreis im Materialstamm dieser Einsatzgüter (vgl. Tabelle 4-4).

Tabelle 4-4:   Mengen- und Bewertungsgerüst zur Bestimmung der Materialeinzelkosten

Kosten	Mengengerüst	Bewertung
Materialeinzelkosten	Stückliste	Standardpreis der Einsatzgüter

Für die Eingabe der Stücklisten muss auf das Produktionsmodul zugegriffen werden. Stücklisten geben Aufschluss über die Menge der Einsatzmaterialien, die in ein Produkt einfließen (wie viele Einsatzgüter braucht man zur Erstellung eines Halb- / Fertigproduktes?). Dabei kann es sich z. B. um Rohstoffe, zugekaufte Einsatzmaterialien oder eigengefertigte Bauteile handeln. Bei eigengefertigten Bauteilen ist wiederum eine eigene Kalkulation mit Stücklisten, Arbeitsplänen usw. hinterlegbar. So entstehen verschiedene Kalkulationsstufen. Die Kosten werden dann von einer Stufe zur nächsten „gewälzt" und können stufenweise betrachtet werden. Die Zierbrunnen, die Sie kalkulieren, werden in einem einstufigen Kalkulationsverfahren abgebildet.

Die Grundvoraussetzung für das Anlegen einer Materialstückliste besteht darin, dass die Einsatzgüter und die Endprodukte im Unternehmen als solche erfasst sind. Dies wurde bereits bei der Einführung des Materialwirtschafts-Moduls erledigt. Nun werden die einzelnen angelegten Einsatzgüter und Endprodukte inhaltlich eingepflegt. Dabei wird mit den Einsatzgütern begonnen, da man bei den Endprodukten und der Anlage von Stücklisten auf diese Bezug nehmen muss.

---

61 Vgl. Kilger/Pampel/Vikas (2012), S. 197ff.; Hoitsch/Lingnau (2007), S. 243ff.

4.3.1.2 Anlegen eines Materialstammsatzes der Einsatzgüter und Endprodukte

Die Namen der Einsatzgüter und Endprodukte entsprechen ihren Gruppennummern, also HXX und TXX für Holz und Ton.

Anlage eines Materialstammsatzes für die Einsatzgüter HXX und TXX

Menüpfad:

SAP Menü/Logistik/Materialwirtschaft/Materialstamm/Material/
Anlegen allgemein/Sofort (Transaktionscode: MM01)

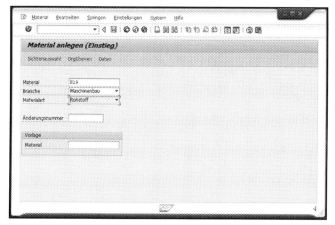

Eingaben:

- Material: „HXX" (bzw. „TXX")
- Branche: „Maschinenbau"
- Materialart: „Rohstoff"

Schaltfläche ✅ (Enter)

Maske: Sichtenauswahl

Eingaben:

Da nicht in allen Sichten Änderungen vorzunehmen sind und ein Auswählen der nicht zu bearbeitenden Felder zu Fehlermeldungen führen kann, wählen wir ausschließlich die folgenden Sichten aus:

- Grunddaten 1
- Einkauf
- Disposition 1
- Disposition 2
- Disposition 3
- Prognose
- Buchhaltung 1
- Kalkulation 1

Schaltfläche ✅ (Enter)

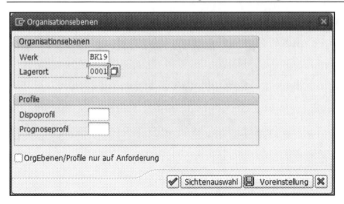

Eingaben:

- Werk: „BKXX"
- Lagerort: „0001" (Materiallager)

Schaltfläche (Enter)

Hinweis: Der korrekte Lagerort ist an dieser Stelle wichtig, um später auf die Einsatzgüter zurückgreifen zu können.

Maske: Grunddaten 1

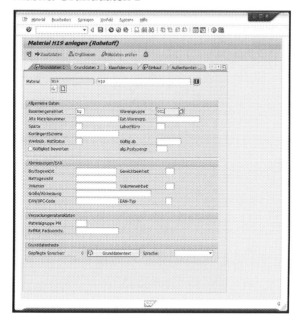

Eingaben:

- Feld Materialkurztext: „HXX" (bzw. „TXX")
- Basismengeneinheit: „KG" (Kilogramm)
- Warengruppe: „001"

Schaltfläche 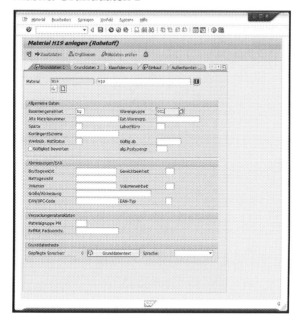 (Enter)

Maske: Einkauf

Eingabe:

- Einkäufergruppe: „001"

Schaltfläche (Enter)

Maske: Disposition 1

Eingaben:

- Dispomerkmal: „PD" (Plangesteuerte Disposition; nicht verbrauchsgesteuert)
- Disponent: „001"
- Dispolosgröße: „EX" (Exakte Losgrößenberechnung)

Schaltfläche (Enter)

Maske: Disposition 2

Eingaben:

- Beschaffungsart: „F" (Fremdbezug)
- Horizontschlüssel: „000"
- Planlieferzeit: „1"

Schaltfläche ✅ (Enter)

Maske: Disposition 3

Eingabe:

- Periodenkennzeichen: „M" (Monatlich)

Schaltfläche ✅ (Enter)

Maske: Prognose

Eingabe:

- Prognosemodell: „G" (Gleitender Mittelwert)

Schaltfläche ✅ (Enter)

Maske: Buchhaltung 1

Eingaben:

- Bewertungsklasse: „3000"
- Preissteuerung: „S" (**Hinweis:** Möglicherweise ist „V" vorgegeben und muss zu „S" geändert werden.)
- Standardpreis: „2,-" für Holz bzw. „4,-" für Ton

Schaltfläche ✅ (Enter)

Maske: Kalkulation 1

Eingaben:

- Kästchen „nicht kalkulieren" markieren.
- Kästchen „Mit Mengengerüst" entmarkieren.

Schaltfläche ✅ (Enter)

Maske: Letztes Datenbild erreicht

Eingabe:

Schaltfläche ▢ Ja ▢ (zur Speicherung der Eingaben)

Nachdem für die Einsatzgüter HXX und TXX der Materialstammsatz eingepflegt wurde, kann nun auch für die Endprodukte AXX, BXX und CXX der Materialstamm eingepflegt werden.

Anlage eines Materialstammsatzes für die Fertigprodukte AXX, BXX und CXX

Menüpfad:

SAP-Menü/Logistik/Materialwirtschaft/Materialstamm/Material/
Anlegen allgemein/Sofort

Transaktionscode: MM01

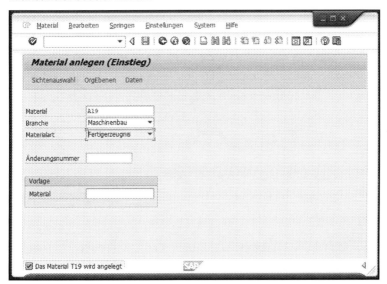

Eingaben:

- Material: „AXX" (bzw. „BXX" und „CXX")
- Branche: „Maschinenbau"
- Materialart: „Fertigerzeugnis"

Schaltfläche ![Enter-Symbol] (Enter)

Anmerkung: Sobald ein Materialstammsatz angelegt ist, lassen sich die folgenden Stammsätze bequem durch Ausfüllen des Feldes *Vorlage* anlegen.

Achtung: Es werden evtl. nicht alle Daten übernommen.

Eingaben:

Da nicht in allen Sichten Änderungen vorzunehmen sind und ein Auswählen der nicht zu bearbeitenden Felder zu Fehlermeldungen führen kann, wählen wir ausschließlich die folgenden Sichten aus:

- Grunddaten 1
- Vertrieb: VerkaufsorgDaten 1
- Vertrieb: allg./Werksdaten
- Disposition 1
- Disposition 2
- Disposition 3
- Prognose
- Buchhaltung 1

Schaltfläche  (Enter)

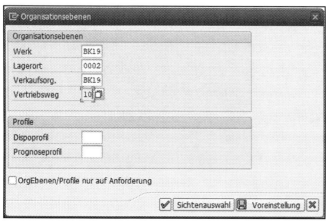

Eingaben:

- Werk: „BKXX"
- Lagerort: „0002"
- Verkaufsorg. „BKXX"
- Vertriebsweg „10" (Endkundenverkauf)

Schaltfläche  (Enter)

Hinweis: Der korrekte Lagerort und der korrekte Vertriebsweg sind an dieser Stelle wichtig, um später bei der Kommissionierung auf die Produkte zurückgreifen zu können. Beachten Sie, dass die Rohstoffe den Lagerort 0001 haben, die Fertigerzeugnisse hingegen Lagerort 0002.

Maske: Grunddaten 1/Einkauf

Eingaben:

- Wichtig: Feld Materialkurztext: „AXX" (bzw. „BXX" und „CXX")
- Basismengeneinheit: „ST" (Stück)
- Warengruppe: „001"

Schaltfläche ![Enter-Symbol] (Enter)

Maske: Vertrieb: VerkOrg 1

Eingabe in Tabelle *Steuerdaten*:

- Steuerklassifikation: „0" (keine Steuer)

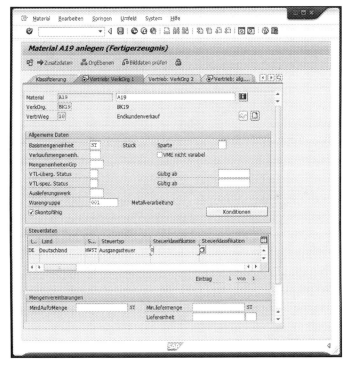

Dann:

Schaltfläche [**Konditionen**]

Eingaben:

- Gültigkeitszeitraum: heutiges Datum (z. B. „12.02.2019") bis „31.12.9999"
- Betrag: „40,00" für A, „20,00" für B und „140,00" für C

Schaltfläche  (Enter)

Schaltfläche  (Zurück)

Schaltfläche  (Enter)

Maske: Vertrieb: allg./Werk

Eingaben:

- Transportgruppe: „0001"
- Ladegruppe: „0002"

Schaltfläche  (Enter)

Maske: Disposition 1

Eingaben:

- Dispomerkmal: „PD"
- Disponent: „001"
- Dispolosgröße: „EX" (Exakte Losgrößenberechnung)

Schaltfläche  (Enter)

Maske: Disposition 2

Eingaben:

- Beschaffungsart: „E" (Eigenfertigung)
- (**Hinweis:** In der Regel ist „X" vorgegeben und muss zu „E" geändert werden.)
- Eigenfertigungszeit: „1"
- Planlieferzeit: „1"
- Horizontschlüssel: „000"

Schaltfläche ✅ (Enter)

Maske: Disposition 3

Eingabe:

- Periodenkennzeichen: „M"

Schaltfläche ✅ (Enter)

Maske: Prognose

Eingabe:
- Prognosemodell: „G" (Gleitender Mittelwert)

Schaltfläche ✅ (Enter)

Maske: Buchhaltung 1

Eingaben:

- Bewertungsklasse: „7920" (Fertigerzeugnisse)
- Preissteuerung: „S" (Standardpreis)
- Standardpreis: „40,00" für A, „20,00" für B und „140,00" für C

Schaltfläche ✅ (Enter)

Maske: Letztes Datenbild erreicht

Eingabe:

Schaltfläche [Ja] (zur Speicherung der Eingaben)

Nun können die Fertigerzeugnisse BXX und CXX analog angelegt werden.

Tipp: Bei der Anlage das Feld *Vorlage* mit dem Materialstamm AXX benutzen. Zu beachten ist hier, dass man für die Endprodukte in der Maske *Buchhaltung 1* einen (geschätzten) Standardpreis[62] eingeben muss, obwohl man diesen erst im Rahmen der Produktkalkulation ermitteln will. Wenn man eine Erzeugniskalkulation mit

---

62 Bei den Einsatzgütern ergibt sich der Standardpreis automatisch aus den jeweiligen Einstandspreisen für eine Einheit des Einsatzgutes.

Mengengerüst durchführen möchte, handelt es sich hier um eine rein formale Eingabepflicht. Nach Durchführung der Produktkalkulation kann man die ermittelten Selbstkosten in die Maske *Buchhaltung 1* „fortschreiben" lassen. Insofern ist es hier unerheblich, welchen (geschätzten) Standardpreis man bei der Anlage des Materialstammsatzes von Endprodukten einpflegt.

Vergleicht man das Anlegen eines Materialstammsatzes von Einsatzgütern und Endprodukten, erkennt man neben vielen Parallelen auch Unterschiede. Die wichtigsten sind Tabelle 4-5 zu entnehmen.

Tabelle 4-5:   **Vergleich der Anlage eines Materialstammsatzes für Einsatzgüter und Endprodukte**

	Einsatzgut	**Endprodukt**
Materialart	ROH	FERT
Beziehung zum Absatzmarkt	nein, keine Vertriebsinformationen werden eingepflegt	Vertriebsorganisation und Vertriebsweg
Bewertungsklasse	3000	7920
Notwendigkeit des Anlegens des Materialstammsatzes für die Produktkalkulation	ja	ja
Notwendigkeit des Anlegens des Materialstammsatzes für die Kostenträgerrechnung	nein	ja, über (geschätzten) Standardpreis im Materialstamm, d. h. Erzeugnis-kalkulation ohne Mengengerüst

Zu beachten sind hier insbesondere die unterschiedlichen Bewertungsklassen. Beim Anlegen der Einsatzgüter hat die Bewertungsklasse den Wert 3000, bei den Endprodukten den Wert 7920. Mit der Bewertungsklasse 3000 im Materialstamm wird die Verrechnung der Materialeinzelkosten in die Produktkalkulation und die Kostenträgerrechnung gesteuert. Die Bewertungsklasse 3000 legt fest, dass die Materialeinzelkosten in die Kostenart 400000 eingespielt werden.[63] Hierauf kann man dann in der Produktkalkulation und der Kostenträgerrechnung im Customizing beim Anlegen der Berechnungsbasen zurückgreifen.[64] Über die Bewertungsklasse 7920 bei den Endprodukten wird sichergestellt, dass die Materialeinzelkosten von der Kostenträgerrechnung in die Ergebnisrechnung über eine Funktionsintegration verrechnet werden.[65]

---

63 Im Gegensatz zu den sekundären (Verrechnungs-)Kostenarten liegt mit der Kostenart 400000 eine primäre Kostenart vor.

64 Vgl. ausführlich Kap. 4.3.3.

65 Vgl. ausführlich Kap. 5.3.2.

Nachdem nun die Materialstammsätze der Einsatzgüter und damit deren Standardpreise (=Bewertung der Stückliste) eingepflegt wurden, können die Stücklisten der
Endprodukte eingegeben werden.

4.3.1.3 Anlegen von Stücklisten für die Endprodukte zur Ermittlung der Materialein- zelkosten

Die soeben eingepflegten Einsatzgüter werden mit ihren Standardpreisen aus dem
Materialstamm bewertet, um zu den Materialeinzelkosten der Endprodukte zu ge-
langen. Abb. 4-4 zeigt die Systematik zur Bestimmung der Materialeinzelkosten in
SAP allgemein auf.

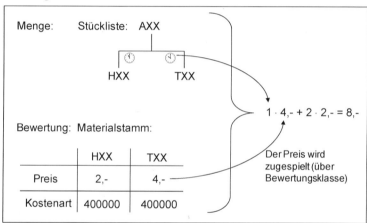

Abbildung 4-4:   Systematik zur Bestimmung der Materialeinzelkosten in SAP

4.3.1.4 Vorgehen in SAP ERP

Legen Sie in einem ersten Schritt die erforderlichen Stücklisten im Produktionsmodul an.

Anlage von Stücklisten im Produktionsmodul

Menüpfad:

SAP-Menü/Logistik/Produktion/Stammdaten/Stücklisten/Stückliste/
Materialstückliste/Anlegen

Transaktionscode: CS01

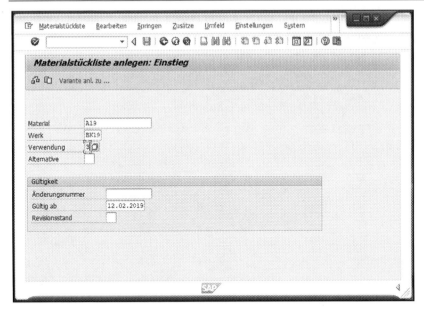

Eingaben:

- Material: „AXX"
- Werk: „BKXX"
- Verwendung: „3" (universal)
- Gültig ab: Heutiges Datum (z. B. „12.02.2019")

Schaltfläche (Enter)

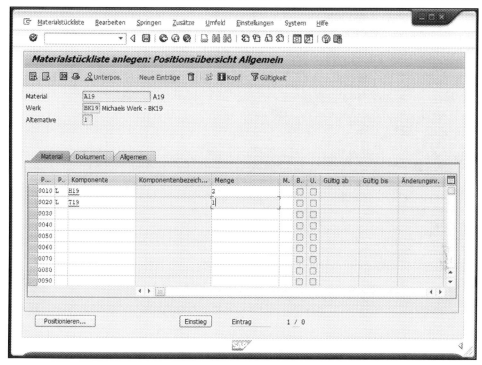

Eingaben:

In die Tabelle die Mengen der verwendeten Komponenten und als Positionstyp (PTp) „L" (Einsatzgüter aus dem Lager) gemäß Fallstudie eingeben.

Jeweils Klick auf Schaltfläche (Enter) zur Überprüfung der Eingaben und abschließend mit Klick auf Schaltfläche sichern.

Die Stücklisten für die beiden anderen Endprodukte BXX und CXX sind analog anzulegen.

4.3.2 Kalkulation der Fertigungseinzelkosten

4.3.2.1 Arbeitsplan und Plantarif als Grundlage zur Bestimmung der Fertigungseinzelkosten

Der Arbeitsplan und der Plantarif der Arbeitsplätze bilden die Grundlage zur Bestimmung der Fertigungseinzelkosten (vgl. Tabelle 4-6).

Tabelle 4-6:   **Mengen- und Bewertungsgerüst zur Bestimmung der Fertigungseinzelkosten**

Kosten	Mengengerüst	Bewertung
Fertigungseinzelkosten	Arbeitsplan	Plantarife der Arbeitsplätze

Die Fertigungseinzelkosten ergeben sich aus den benötigten Arbeitszeiten für ein Endprodukt, bewertet mit den jeweiligen Lohnkosten für die Arbeitszeiten.[66] Die benötigten Arbeitszeiten werden über den Arbeitsplan für Endprodukte abgebildet. Die Lohnkosten erhält man über die Plantarife der einzelnen Arbeitsschritte.

Für die Eingabe der Arbeitspläne muss auf das Produktionsmodul zugegriffen werden. Dort können dann spezifisch für jedes Endprodukt die Arbeitszeiten je Kostenstelle eingegeben werden. Arbeitsplätze sind organisatorische Einheiten, an denen Vorgänge ausgeführt werden. Sie verweisen auf Kostenstellen und Leistungsarten, die durch die Produktion berührt werden. Somit stellen sie die Verknüpfung zwischen Kostenstellenrechnung, Produktkalkulation und Produktion her.

Da in der Regel in einer Kostenstelle aber mehrere Mitarbeiter bzw. Mitarbeitergruppen mit unterschiedlichen Tätigkeiten arbeiten, wäre die Verrechnung mit einem Plantarif zu pauschal.[67] Aus diesem Grund wird in SAP eine Kostenstelle in mehrere Arbeitsplätze (AP) aufgeteilt. Nachfolgende Tabelle 4-7 verdeutlicht dies.

Tabelle 4-7:   **Aufteilung einer Kostenstelle in mehrere Arbeitsplätze**

Kostenstelle XY (z. B. Fräserei)		
Arten des Fräsens	AP 1 fein	AP 2 grob
	AP 3 mittelfein	AP 4 mittelgrob

Jeder Arbeitsplatz hat eine Leistungsart, und hinter jeder Leistungsart steht eine Kostenart. Die Verknüpfung zwischen Leistungsart und Kostenart wird über den Plantarif gewährleistet. Mit Hilfe von Arbeitsplätzen können somit in einer Kostenstelle mehrere Tätigkeiten detailliert und voneinander getrennt abgebildet werden. Dies erhöht die Genauigkeit der Kalkulation der Fertigungseinzelkosten.

Insofern ergibt sich bei der Anlage von Arbeitsplänen eine zweistufige Vorgehensweise.

(1) Arbeitsplatz anlegen
Aufteilung der Kostenstelle in einen oder mehrere Arbeitsplätze. Auch wenn in einer Kostenstelle nur eine einzige Tätigkeit ausgeübt wird, muss ein Arbeitsplatz in SAP angelegt werden.
(2) Arbeitsplan anlegen
Je Arbeitsplatz wird ein Arbeitsplan angelegt.

4.3.2.2   Aufteilen einer Kostenstelle in einzelne Arbeitsplätze

Das Anlegen von Arbeitsplätzen erfolgt im Produktionsmodul. Jeder Arbeitsplatz benötigt vor Eingabe des Arbeitsplans folgende Informationen:

---

66 Vgl. Kilger/Pampel/Vikas (2012), S. 209ff.; Hoitsch/Lingnau (2007), S. 243ff.

67 Vgl. ausführlich zu den Plantarifen in der Kostenstellenrechnung Kap. 3.2.2.2.

(1) Name des Arbeitsplatzes

(2) Zuordnung zu einer Kostenstelle

(3) Lohnkosten pro Zeiteinheit des Arbeitsplatzes

Nachfolgend werden zwei grundsätzliche Möglichkeiten aufgezeigt, wie die Verknüpfung zwischen Arbeitsplatz und Leistungsart stattfinden kann (vgl. Abb. 4-5).

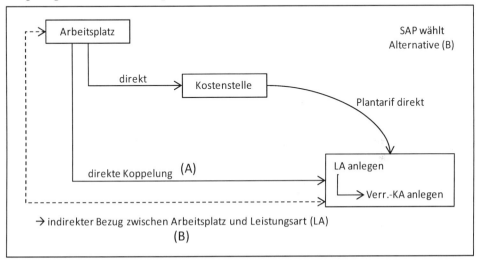

Abbildung 4-5:   **Grundsätzliche Möglichkeiten des Anlegens von Arbeitsplätzen**

Beim Anlegen des Arbeitsplatzes muss direkt die Kostenstelle mit eingegeben werden. Damit wird ausgedrückt, dass in der betreffenden Kostenstelle der Arbeitsplatz eine oder mehrere Tätigkeiten der Kostenstelle ausübt. Die Tätigkeiten der Kostenstelle werden über die Leistungsarten ausgedrückt.[68] Diese sind ebenfalls anzulegen, sofern dies noch nicht vorab gemacht wurde. Zur Koppelung von Kostenstelle und Leistungsart ist die Anlage von Plantarifen notwendig. Mithin werden Kostenstelle und Leistungsart direkt verknüpft. Durch diese doppelte direkte Verknüpfung von Arbeitsplatz mit der Kostenstelle und der Kostenstelle mit der Leistungsart über den Plantarif ergibt sich in SAP eine indirekte Koppelung zwischen dem Arbeitsplatz und dem Plantarif (=Alternative B). Eine direkte Koppelung zwischen diesen beiden ist somit nicht mehr nötig (=Alternative A). Für die Verrechnung der Fertigungseinzelkosten in die Produktkalkulation und die Kostenträgerrechnung wird auf die Verrechnungskostenart zurückgegriffen, die bei der Anlage der Leistungsart anzulegen ist.

Die Lohnkosten pro Zeiteinheit sind nun per Hand einzupflegen. Hier ist auf die Angaben der Fallstudie zurückzugreifen (vgl. Tabelle 4-8).

---

68 Vgl. ausführlich Kap. 3.

Tabelle 4-8:   **Ermittlung der Lohneinzelkosten pro Stunde**

Kosten-stelle	Leistungsart	Fertigungslöhne [€]	gesamte Arbeitszeit	Fertigungslohn pro h [€]
Brennerei	Brennen	152.000,-	200 h	760,-
Fräserei	Fräsen	64.000,-	640 h	100,-

4.3.2.3 Anlegen des Arbeitsplans zur Ermittlung der Fertigungseinzelkosten

In einem letzten Schritt müssen nun die Arbeitspläne der Endprodukte eingepflegt werden. Diese werden mit den Plantarifen aus der indirekten Koppelung von Arbeitsplatz und Leistungsart (über die Kostenstellen) bewertet, um Fertigungseinzelkosten zu ermitteln. Nachfolgende Tabelle 4-9 zeigt die Systematik zur Bestimmung der Fertigungseinzelkosten in SAP allgemein auf.

Tabelle 4-9:   **Ermittlung der Lohneinzelkosten je Produkteinheit**

	AXX	BXX	CXX	Stundensatz [€]
Brennerei	0,012	0,004	0,1	760,-
Fräserei	0,06	0,004	0,3	100,-
Fertigungslohn AXX = 0,012 · 760,- + 0,06 · 100,- = 15,12 €				
Fertigungslohn BXX = 0,004 · 760,- + 0,004 · 100,- = 3,44 €				
Fertigungslohn CXX = 0,1 · 760,- + 0,3 · 100,- = 106,- €				

4.3.2.4 Vorgehen in SAP ERP

Um Arbeitspläne anlegen zu können, sind noch vier Zwischenschritte erforderlich.

In einem ersten Schritt sollen die nötigen Arbeitsplätze für Brennerei und Fräserei angelegt werden.

(1) Arbeitsplatz anlegen

Legen Sie die Arbeitsplätze Fräserei (FRÄSXX) und Brennerei (BRENXX) im System an.

Anlage von Arbeitsplätzen

Menüpfad:

SAP Menü/Logistik/Produktion/Stammdaten/Arbeitsplätze/Arbeitsplatz/Anlegen

Transaktionscode: CR01

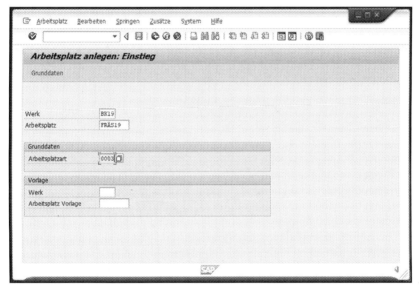

Eingaben:

- Werk: „BKXX"
- Arbeitsplatz: „FRÄSXX" (bzw. „BRENXX")
- Arbeitsplatzart: „0003" (Person)

Schaltfläche (Enter)

oder

Schaltfläche **Grunddaten**

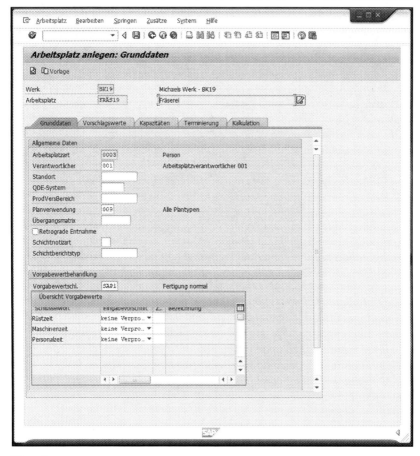

Eingaben:

- Arbeitsplatzname: „Fräserei" (bzw. „Brennerei")
- Verantwortlicher: „001"
- Planverwendung: „009" (Alle Plantypen)
- Vorgabewertschl. „SAP1" (Fertigung normal)

Schaltfläche ✅ (Enter)

Alle Masken bis zur Maske *Kalkulation* überspringen

Die Maske *Terminierung* enthält das Mussfeld „Kapazitätsart". Falls diese Maske angewählt wurde, ist im Menü Bearbeiten/Abbrechen zu wählen.

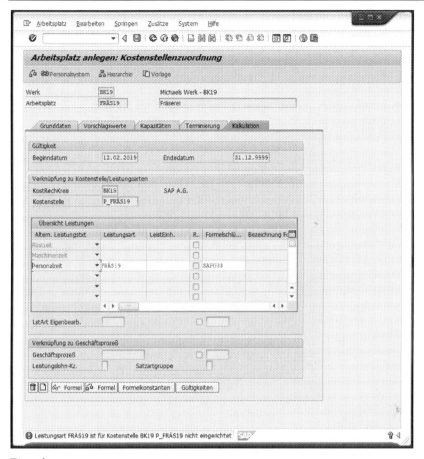

Eingaben:

- Kostenstelle: „P_FRÄSXX" (bzw. „P_BRENXX")
- Personalzeit: „FRÄSXX" (Fräsleistung) als Leistungsart und „SAP003" (Dauer Person) als Formelschlüssel (analog „BRENXX")

Schaltfläche 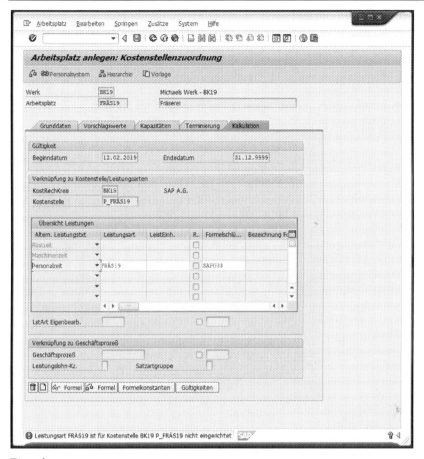 (Enter)

Nun erscheint in der Statusleiste die Fehlermeldung, dass die Leistungsart FRÄSXX für die Kostenstelle BKXX nicht eingerichtet ist.

Legen Sie in einem ersten Schritt die erforderlichen Leistungsarten für die späteren Arbeitsplätze Fräserei (Leistungsart: FRÄSXX) und Brennerei (Leistungsart: BRENXX) an. Der getrennte Ausweis der Fertigungslöhne im Kalkulationsschema erfordert zuvor die Anlage zweier Kostenarten, die den Leistungsarten zugewiesen werden. Um eine Verbindung zur Kostenstellenrechnung zu knüpfen, müssen Sie zudem die Leistungsarten über variable Plantarife (100,- € Fräserei, 760,- € Brennerei) mit den entsprechenden Kostenstellen in Beziehung setzen. (Konsequent wäre es, auch hier eine Isttarifermittlung durchzuführen. Aus Zeitgründen ist dies im Kurs jedoch nicht durchführbar.)

Daher sind zunächst die Schritte (2), (3) und (4) zu durchlaufen, ehe der Arbeitsplatz gesichert werden kann. Dabei macht das Arbeiten mit mehreren Modi Sinn (vgl. Abb. 4-6).

Schaltfläche 🔲 (Sichern)

Das Vorgehen bei der Anlage des neuen Arbeitsplatzes „BRENXX" erfolgt analog.

(2) Leistungsart fehlt

Anlage von Leistungsarten

Die fehlenden Leistungsarten „FRÄSXX" und „BRENXX" sind in einem zusätzlichen Modus mit den folgenden Angaben anzulegen [Transaktionscode: KL01]. Zur Vorgehensweise vgl. Abschnitt 3.3.3. (ab 01. des aktuellen Monats anlegen!)

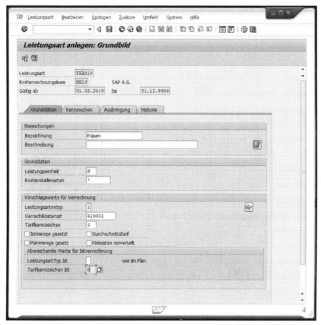

Eingaben:
- Bezeichnung: „Fräsen" (bzw. „Brennen")
- Leistungseinheit: „H" (Stunden)
- Kostenstellenarten: „*"
- Leistungsartentyp: „1"
- VerrechKostenart: „619001" (Fräsen) bzw. „619002" (Brennen)
- Tarifkennzeichen: „3"
- Tarifkennzeichen Ist: „5"

Nun erscheint in der Statusleiste die Fehlermeldung, dass die Kostenart 619001 für die Kostenstelle BKXX nicht vorhanden ist (Schritt (3)).

Schaltfläche 🔲 (Sichern)

(3) Verrechnungskostenart fehlt

Für die beiden Produktionsleistungsarten müssen sekundäre Kostenarten (619001 und 619002) für den gesamten Monat angelegt werden (Kostenartentyp 43). Entsprechend dem vorbereiteten Kalkulationsschema ist für die Leistungsart Fräsen die Kostenart 619001 und für die Leistungsart Brennen die Kostenart 619002, am besten in einem neuen Modus, anzulegen.

Exkurs: Anlage von sekundären Kostenarten

Menüpfad:

SAP Menü/Rechnungswesen/Controlling/Kostenartenrechnung/
Stammdaten/Kostenart/Einzelbearbeitung/Anlegen sekundär

Transaktionscode: KA06

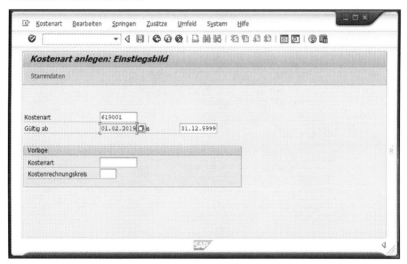

Eingaben:

- Kostenart: „619001"
- Gültig ab: 01. des aktuellen Monats (z. B. „01.02.2019") bis „31.12.9999"

Schaltfläche ![Enter-Symbol] (Enter)

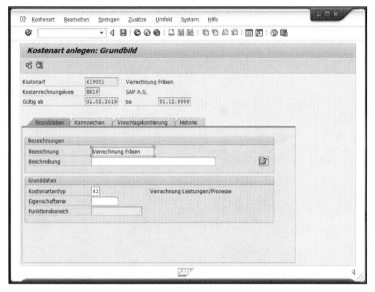

Eingaben:

- Bezeichnung: „Verrechnung Fräsen"
- Kostenartentyp: „43"

Schaltfläche (Enter)

Schaltfläche (Sichern)

Kostenart 619002 ist analog für „Verrechnung Brennen" anzulegen.

(4) Verknüpfung Leistungsart zu Kostenstelle fehlt

Pflege von Plantarifen

Die fehlende Verknüpfung zwischen Leistungsart und Kostenstelle ist in einem zusätzlichen Modus mit den unten genannten Angaben anzulegen [Transaktionscode: KP26]. Zur Vorgehensweise vgl. Abschnitt 3.3.4.

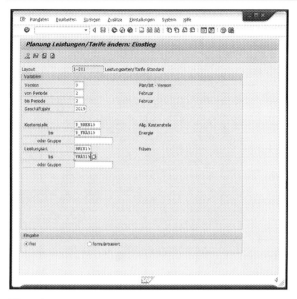

Eingaben:

- Version: „0"
- von Periode: aktueller Monat (z. B. „02")
- bis Periode: aktueller Monat (z. B. „02")
- Geschäftsjahr: aktuelles Jahr (z. B. „2019")
- Kostenstelle: „P_BRENXX" bis: „P_FRÄSXX"
- Leistungsart: „BRENXX" bis „FRÄSXX"

Nach dem Klick auf das Übersichtsbild ![] erscheint die Übersicht über die Plantarife der Kostenstelle P_BRENXX.

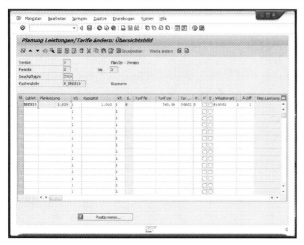

Eingaben:

- LstArt: „BRENXX"
- Planleistung: „1000"
- Kapazität: „1000"
- Tarif **var**: „760,- €"

Anschließend gelangt man mit einem Klick auf die Schaltfläche ▼ zur Übersicht über die Plantarife der Kostenstelle P_FRÄSXX. Folgende Daten sind in dieser Tabelle einzugeben:

- LstArt: „FRÄSXX"
- Planleistung: „1000"
- Kapazität: „1000"

Tarif **var**: „100,- €"

Schaltfläche 💾 (Sichern)

In SAP bewegt man sich beim Anlegen von Arbeitsplätzen auf verschiedenen Ebenen. Insofern macht das Arbeiten mit mehreren Modi hier Sinn. Die Ziffern in Abb. 4-6 stehen jeweils für einen eigenen Modus für das Anlegen des Arbeitsplatzes, der Leistungsart, der Verrechnungskostenart sowie des Plantarifes.

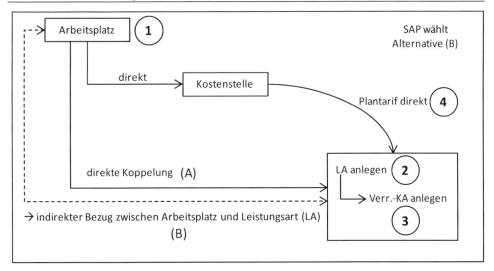

Abbildung 4-6:   **Verwendung unterschiedlicher Modi beim Anlegen von Arbeitsplätzen**

Hinweis: Vergessen Sie nicht im Schritt (1) zu sichern und diesen analog für BRENXX durchzuführen!

(5) Arbeitsplan im Arbeitsplatz anlegen

Arbeitspläne fassen zusammen, welche Tätigkeiten an welchen Arbeitsplätzen bei der Produktion eines Materials durchgeführt werden und wie viel Zeit dafür erforderlich ist. In Verbindung mit den Informationen der Arbeitsplätze können dadurch die Fertigungskosten ermittelt werden. Sie erfassen nun die Arbeitspläne für sämtliche Fertigprodukte.

Anlage von Arbeitsplänen

Menüpfad:

SAP Menü/Logistik/Produktion/Stammdaten/Arbeitspläne/Arbeitspläne/
Normalarbeitspläne/Anlegen

Transaktionscode: CA01

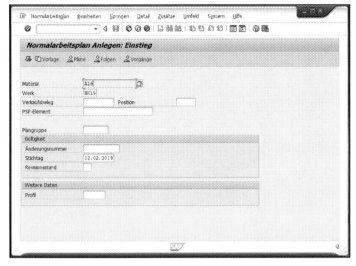

Eingaben:

- Material: „AXX" (bzw. „BXX" und „CXX")
- Werk: „BKXX"

Schaltfläche 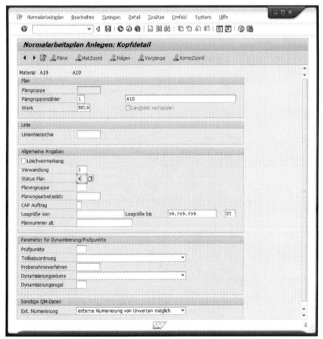 (Enter)

Eingaben:

- Verwendung: „3" (universell)
- Status Plan: „4" (freigegeben allgemein)

Schaltfläche ✅ (Enter)

Schaltfläche 🔱 Vorgänge

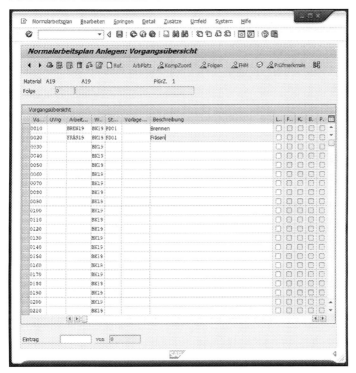

In den beiden ersten Zeilen der Tabelle sind folgende Eintragungen notwendig:

- Spalte Arbeitsplatz: „BRENXX" bzw. „FRÄSXX"
- Spalte Steuerungsschlüssel: jeweils „PD01" (Eigenbearbeitung)
- Beschreibung: „Brennen" bzw. „Fräsen"

Anschließend sind beide Zeilen über einen Klick auf der linken Seite der Zeilen zu markieren

Taste *F6* (Vorgangsdetail) drücken.

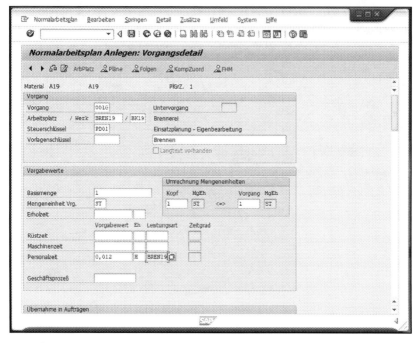

Eingaben:

Personalzeit:

- Spalte Vorgabewert: „0,012" (bzw. entsprechende Werte der Fallstudie)
- Spalte Eh: „H" (Stunde)
- Spalte Leistungsart: „BRENXX"

Über die Schaltfläche ▶ kann zum nächsten Arbeitsplatz gewechselt werden. Dort sind die entsprechenden Werte für das Fräsen einzugeben („0,06", „H" und „FRÄSXX")

Schaltfläche ✅ (Enter)

Schaltfläche 💾 (Sichern)

Für die beiden anderen Fertigerzeugnisse sind in gleicher Weise die Arbeitspläne anzulegen.

4.3.3   Anlegen einer Zuschlagskalkulation

4.3.3.1   Anlegen des Kalkulationsschemas im Customizing

Als letzte vorbereitende Tätigkeit sind für die Ermittlung der Selbstkosten der Produkte noch Einstellungen im Customizing durchzuführen. Die Zuschlagsrechnung wurde bereits vorab im Customizing eingestellt.[69] Dieses Schema ist noch mit konkreten Daten der Fallstudie anzureichern, indem Buchungsvorgänge definiert werden.

Betrachtet man eine Zuschlagsrechnung, so müssen die Berechnungsbasen sowie die Zuschlagssätze definiert werden. Zusätzlich muss in SAP noch festgelegt werden, in welcher Art und Weise die von einem Produkt in Anspruch genommenen Gemeinkosten bei den Kostenstellen verrechnet werden. Dies geschieht mit Hilfe von Entlastungskostenarten, die eine besondere Ausprägung der Verrechnungskostenarten darstellen.

(1) Zuschlagsbasis definieren

Zuschlagsbasen: Die "Basen" der Zuschlagskalkulation dienen der Ermittlung der jeweiligen Einzelkosten pro Stück, die dann als Zuschlagsbasis für die Berechnung der Gemeinkosten verwendet werden. Für jeden Kostenrechnungskreis muss angegeben werden, welche Kostenarten für die Zuschlagsbasis hinterlegt sind.

(2) Zuschlagssätze einpflegen (manuell)

Prozentuale Zuschlagssätze: hier können auf verschiedenen Bezugsebenen die Gemeinkostenzuschlagssätze manuell erfasst werden. Im Kurs werden die Zuschläge auf Buchungskreisebene definiert. Benutzen Sie für die Eintragungen in die Zuschlagskalkulation die durch die manuelle Rechnung der Fallstudie ermittelten Gemeinkostenzuschlagssätze.

(3) Entlastungskostenarten einpflegen

Entlastung: hier wird festgelegt, welche Kostenstellen oder Aufträge bei Istbuchungen von Gemeinkosten entlastet werden. Istbuchungen werden von uns in Zusammenhang mit der Kalkulation nicht durchgeführt. Dies wäre beispielsweise der Fall, wenn über die Kostenträgerrechnung Produktionsmengen in den Bestand gebucht werden.

4.3.3.2 Vorgehen in SAP ERP

Hinweis: Bei diesen Schritten kann im Customizing jeweils nur ein Buchungskreis pro Mandant arbeiten.

Für die Kalkulation der Zierbrunnen kann das bestehende Kalkulationsschema "TONTEI" verwendet werden.[70] Modifizieren Sie die Elemente des Kalkulationsschemas für Ihren Kostenrechnungskreis.

---

69 Zu den notwendigen Arbeitsschritten vgl. Anhang A.2.

70 Vgl. Anhang A.2.1.

Änderung eines Kalkulationsschemas im Customizing

(1) Berechnungsbasen definieren

Menüpfad:

SAP Menü/Werkzeuge/Customizing/IMG/Projektbearbeitung

Transaktionscode: SPRO

Klicken auf SAP Referenz-IMG.

Innerhalb des Customizing wählen Sie nun:

Menüpfad:

SAP Customizing Einführungsleitfaden/Controlling/Produktkosten-Control-
ling/Produktkostenplanung/Grundeinstellungen für die Materialkalkulation/Ge-
meinkostenzuschläge/Kalkulationsschema: Bestandteile:

 Berechnungsbasen definieren

Hinter der Basis (B000, B001, ...) verbergen sich die jeweiligen Einzelkosten (Material, Löhne).

Hinweis: Beim ersten Durchspielen der Fallstudie sind zunächst noch die Basen
selbst über „Neue Einträge" anzulegen. Möglicherweise sind die Einträge dann bereits aus früheren Unterrichtseinheiten bereits vorhanden. **In diesem Fall müssen
die folgend beschriebenen Einträge nur geprüft werden.**

Durch Markieren der Zeile B000, Auswahl des Dialogstrukturfelds *Detail* (Doppelklick) und Setzen des Kostenrechnungskreises "BKXX" gelangt man in das Fenster
Sicht: „Detail" ändern: Übersicht.

Schaltfläche **Neue Einträge**

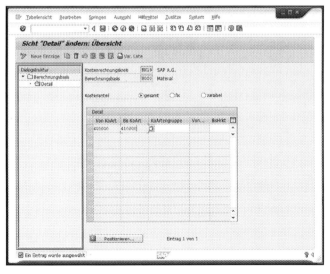

Eingaben:

- Von KoArt: „400000"
- Bis KoArt: „410000"

Schaltfläche (Enter)

Schaltfläche (Sichern)

Hinweis: Es kommt teilweise vor, dass für B000 (Material) der Eintrag „Von KoArt 400000 Bis KoArt 419999" bereits vorhanden ist. In diesem Fall ist kein neuer Eintrag anzulegen, sondern nur in der Spalte „Bis KoArt" 419999 in 410000 zu ändern.

Auch hier ist möglicherweise ein Customizing-Auftrag anzulegen.

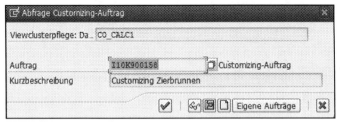

Eingaben:

Schaltfläche (Auftrag anlegen)

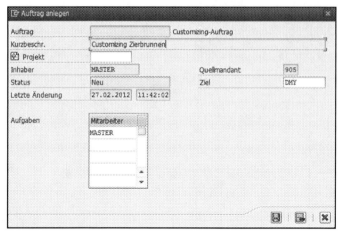

Eingaben:

- Kurzbeschreibung: z. B. „Customizing Zierbrunnen"

Schaltfläche ▣ (Sichern)

Schaltfläche ✅ (Enter)

Schaltfläche ◀ (Zurück)

Auf die gleiche Weise sind folgende Kostenartenintervalle neu einzupflegen:

- Für B009 (Verrechnung Fräsen) das Kostenartenintervall „619001" bis „619001"
- Für B011 (Verrechnung Brennen) das Kostenartenintervall „619002" bis „619002"

Schaltfläche ▣ (Sichern)

Schaltfläche ◀ (Zurück)

---

(2) Prozentuale Zuschlagssätze definieren

Menüpfad:

SAP Menü/Werkzeuge/Customizing/IMG/Projektbearbeitung

Transaktionscode: SPRO

Klicken auf SAP Referenz-IMG.

Innerhalb des Customizing wählen Sie nun:

Menüpfad:

SAP Customizing Einführungsleitfaden/Controlling/Produktkosten-Controlling/Produktkostenplanung/Grundeinstellungen für die Materialkalkulation/Gemeinkostenzuschläge/Kalkulationsschema: Bestandteile:

 Prozentuale Zuschlagssätze definieren

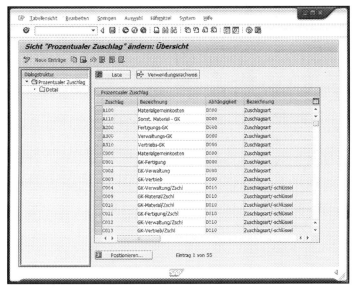

Gepflegt werden müssen die Zuschlagssätze für C030 (Material), C032 (Verwaltung), C034 (Fräserei) und C036 (Brennerei) sowohl im Ist als auch im Plan. Auch hier sind für den entsprechenden Buchungskreis eventuell bereits die erforderlichen Einträge vorhanden. In diesem Fall müssen die Einträge nur geprüft werden. Die Eingabe der Zuschlagssätze kann durch Markieren der entsprechenden Zeile, Auswahl des Dialogstrukturfelds *Detail* (Doppelklick) und anschließend Auswahl der Schaltfläche **Neue Einträge** erfolgen.

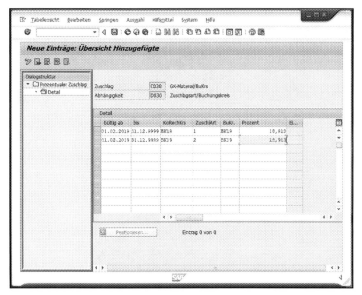

Eingaben:

Hier sind die Zuschlagssätze aus Abschnitt 2.3.1 sowohl im Ist (ZuschlArt: „1") als auch im Plan (ZuschlArt: „2") einzugeben

- Gültig ab: 01. des aktuellen Monats (z. B. „01.02.2019")
- Bis: „31.12.9999"
- KoRechKrs: „BKXX"
- ZuschlArt: Eine Zeile mit „1", eine Zeile mit „2"
- BuKr: „BKXX"
- Prozent: Der jeweilige Zuschlagssatz

Folgende Zuschlagssätze sind gemäß der Fallstudie einzupflegen:

- C030 (Material)   18,913 %
- C032 (Verwaltung)   3,421 %
- C034 (Fräserei)   114,323 %
- C036 (Brennerei)   27,965 %

Wichtiger Hinweis: Jede Zeile ist einzeln zu sichern!

Schaltfläche 🖫 (Sichern), dann Schaltfläche 🔙 (Zurück)

Hinweis: In dieser Tabelle stehen pro Mandant die Zuschlagssätze für alle Buchungskreise. Lassen Sie sich also von den anderen, möglicherweise bereits vorhandenen, Zeilen in der Tabelle nicht irritieren.

Die Zuschläge für C034 und C036 sind noch nicht vorhanden und müssen noch hinzugefügt werden:

C034   GK-Fräserei   D030

C036   GK-Brennerei   D030

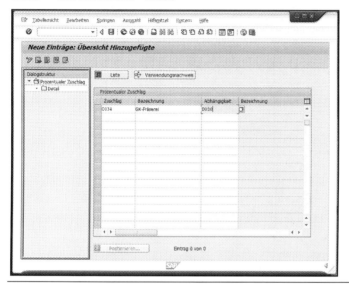

Anmerkung: Die Tabelle mit den Zuschlagssätzen können zu einem Zeitpunkt immer nur von einem User gepflegt werden. Falls Sie eine Fehlermeldung erhalten, dass die Tabelle gesperrt ist, pflegen Sie zuerst andere Kalkulationselemente.

(3) Entlastungen definieren

Menüpfad:

SAP Menü/Werkzeuge/Customizing/IMG/Projektbearbeitung

Transaktionscode: SPRO

Klicken auf SAP Referenz-IMG.

Innerhalb des Customizing wählen Sie nun:

Menüpfad:

Controlling/Produktkosten-Controlling/Produktkostenplanung/
Grundeinstellungen für die Materialkalkulation/Gemeinkostenzuschläge/Kalkulationsschema: Bestandteile

 Entlastungen definieren

Gepflegt werden müssen die Entlastungen für E01 (Material), E03 (Verwaltung), E11 (Fräserei) und E12 (Brennerei). Die Entlastung steht für die Ist- und die Planrechnung zur Verfügung. Ggf. sind einzelne Entlastungen noch anzulegen, was sich über

„Neue Einträge" erledigen lässt. Die Eingabe der Zuschlagssätze kann durch Markieren der entsprechenden Zeile, Auswahl des Dialogstrukturfelds *Detail*, Eingabe des Kostenrechnungskreises und anschließend Auswahl der Schaltfläche Neue Einträge erfolgen.

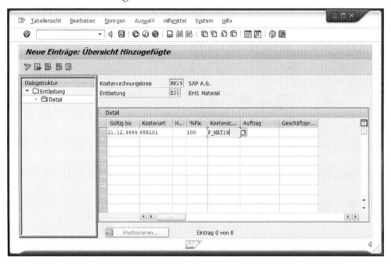

Eingaben:

In die Tabelle für E01 sind folgende Einträge zu machen:

- Gültig bis: „31.12.9999" (Falls eine Fehlermeldung bezüglich der Verfügbarkeit in dem Zeitraum kommt, kann das Jahr auf 9998 herabgesetzt werden.)
- Kostenart „655101"
- %Fix: „100"
- Kostenstelle: „P_MATXX"

Schaltfläche 🖫 (Sichern)

Schaltfläche ⬅ (Zurück)

Hinweis: Ggf. Voreintrag mit vorgegebener Kostenstelle zunächst löschen durch Markierung des Eintrags und Klicken auf Schaltfläche „Löschen"

Anmerkung: Die entsprechende (Entlastungs-)Kostenart ist bei Bedarf (am besten mit einem zweiten Modus) zuvor noch manuell für die gesamte Abrechnungsperiode anzulegen [Transaktionscode: KA06] Achten Sie darauf, dass die Kostenarten vom **Typ 41** sind. Zur Vorgehensweise vgl. Abschnitt 3.3.3.

Anschließend sind nach demselben Schema die Entlastungen E03, E11 und E12 zu pflegen. Die entsprechenden Kostenarten und Kostenstellen sind nachfolgender Tabelle zu entnehmen:

	Gültig bis	Kostenart	%Fix	Kostenstelle
E01	31.12.9999	655101	100	P_MATXX
E03	31.12.9999	655301	100	VWXX
E11	31.12.9999	655201	100	P_FRÄSXX
E12	31.12.9999	655202	100	P_BRENXX

4.3.3.3 Zusammenhang von Kalkulationsschema, Kalkulationsvariante und Kostenelementeschema

Das *Kalkulationsschema* legt inhaltlich die Kalkulation fest und stellt damit das Grundgerüst dar. Hier wird z. B. festgelegt, ob die Kalkulation nach einer Zuschlags- oder einer Divisionskalkulation erfolgt oder auch welche Kostenkomponenten in die Kalkulation mit einbezogen werden. In der Fallstudie kann auf das Kalkulationsschema „TONTEI" zurückgegriffen werden.[71]

Über die *Kalkulationsvariante* können die Kalkulationsparameter eingestellt werden. Hier kann beispielsweise festgesetzt werden, mit welchen Preisen Materialien bewertet werden, welches Kalkulationsschema für die GK-Zuschläge verwendet wird oder ob das Speichern des Kalkulationsergebnisses erlaubt ist. Sie können bei der Implementierung auf die bestehende Kalkulationsvariante „OP1" zurückgreifen.[72]

Die Zuordnung eines *Kostenelementeschemas* zu einem Buchungskreis ermöglicht eine spezifische Sicht auf die Kostenelemente. Hier kann festgelegt werden, zu welchen Einheiten einzelne Kostenarten in einem Bericht aggregiert werden sollen. Für Ihren Buchungskreis wurde diese Zuordnung bereits vorgenommen.[73]

Tabelle 4-10 gibt einen vergleichenden Überblick über den Zusammenhang zwischen Kalkulationsschema, Kalkulationsvariante und Kostenelementeschema.

---

71 Vgl. Anhang A.2.1.

72 Vgl. Anhang A.2.3.

73 Vgl. Anhang A.2.2.

Tabelle 4-10:   Vergleich von Kalkulationsschema, -variante und Kostenelementeschema

Kalkulationsschema	Kalkulationsvariante	Kostenelementeschema
vor Produktkalkulation	**vor** Produktkalkulation	**nach** Produktkalkulation
im Customizing	im Customizing	im Customizing
dient als Grundgerüst für die Produktkalkulation	die Auswahl erfolgt in der Produktkalkulation	ermöglicht eine spezielle Sicht auf die Kalkulation (es handelt sich nur um einen Bericht, d. h., es werden keine neuen Daten generiert)
	Festlegung der Kalkulationsparameter (z. B. Preis)	
	pro Schema sind mehrere Varianten möglich	

Verhältnis: Kalkulationsschema zu Kalkulationsvariante 1 : n

4.3.3.4 Datenintegration in der Produktkalkulation

Abbildung 4-7 gibt einen komprimierten Überblick über die Datenflüsse, die zur Erstellung einer Produktkalkulation und Kostenträgerrechnung in SAP ERP nötig sind.[74]

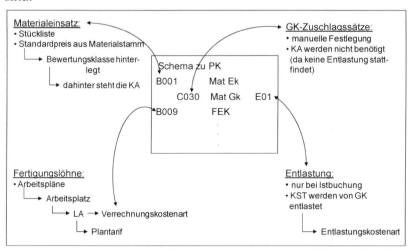

Abbildung 4-7:   Datenflüsse bei der Erstellung einer Produktkalkulation und Kostenträgerrechnung

4.3.4 Echte Produktkalkulation als Kalkulation mit Mengengerüst

Es sind die **Kalkulationen mit Mengengerüst** für die einzelnen Produkte durchzuführen und zu sichern. Für sämtliche Fertigerzeugnisse wird jeweils eine Kalkula-

74 Vgl. allgemeiner CDI (2001), S. 125f.

tion durchgeführt, auf Vollständigkeit und Richtigkeit überprüft und bei Erfolg abgespeichert. Eine abgespeicherte Version ist für den späteren Zugriff aus der Ergebnisrechnung wichtig.

Kalkulation mit Mengengerüst

Menüpfad:

SAP Menü/Rechnungswesen/Controlling/Produktkosten-Controlling/
Produktkostenplanung/Materialkalkulation/
Kalkulation mit Mengengerüst/Anlegen

Transaktionscode: CK11N

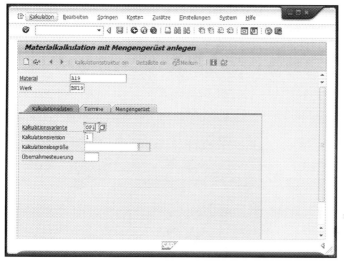

Eingaben:

- Material: „AXX"
- Werk: „BKXX"
- Kalkulationsvariante: „OP1"
- Kalkulationsversion: „1"

Schaltfläche ![Enter] (Enter)

Es erscheint die Information, dass die Kalkulationssicht für Material AXX im Werk BKXX angelegt wurde.

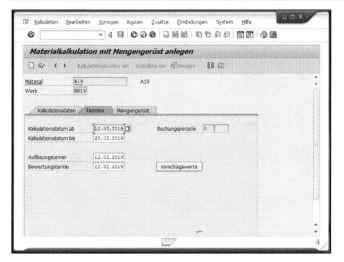

In den Feldern *Kalkulationsdatum ab*, *Auflösungstermin* und *Bewertungstermin* muss jeweils das aktuelle Datum stehen.

Schaltfläche (Enter)

Die folgende Abbildung zeigt das Ergebnis der Materialkalkulation mit Mengengerüst für das Produkt „AXX"

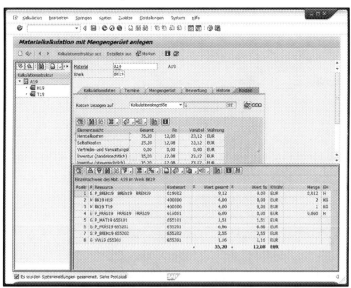

Produkt „BXX" („CXX"): gesamt: 9,84 (191,67); fix: 2,40 (65,67)

Wichtig: Abschließend Kalkulation sichern!

Über die Schaltfläche lassen sich nähere Informationen zu den einzelnen Bestandteilen der Kalkulation abrufen.

Auf die gleiche Weise sind die Kalkulationen für die Produkte „BXX" und „CXX" durchzuführen und jeweils zu sichern.

4.3.5 Übernahme der Selbstkosten als Standardpreis im Materialstamm der Endprodukte

Als Abschluss der Produktkalkulation übernehmen Sie nun die kalkulierten Selbstkosten als **Standardpreise** in die Materialstammsätze der Endprodukte. In der Kostenträgerrechnung wird bei einem konkreten Kundenauftrag nicht mehr dieses Produkt kalkuliert. Es wird vielmehr auf den Standardpreis im Materialstamm zurückgegriffen.[75]

Freigabe der Erzeugniskalkulationen

Menüpfad:

SAP Menü/Rechnungswesen/Controlling/Produktkosten-Controlling/
Produktkostenplanung/Materialkalkulation/Preisfortschreibung

Transaktionscode: CK24

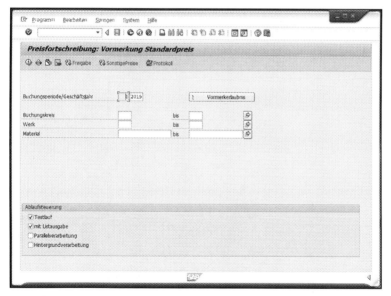

Eingaben:

-   Buchungsperiode/Geschäftsjahr: aktuelle Periode (z. B. „2")

Schaltfläche [Vormerkerlaubnis] wählen.

In der Tabelle „BKXX" anklicken.

---

75 Vgl. CDI (2001), S. 126.

- Kalkulationsvariante: „OP1"

- Kalkulationsversion: „01"

Schaltfläche (Vormerkerlaubnis erteilen)

Vormerkung der Fortschreibung

Menüpfad:

SAP Menü/Rechnungswesen/Controlling/Produktkosten-Controlling/Produktkos-tenplanung/Materialkalkulation/Preisfortschreibung

Transaktionscode: CK24

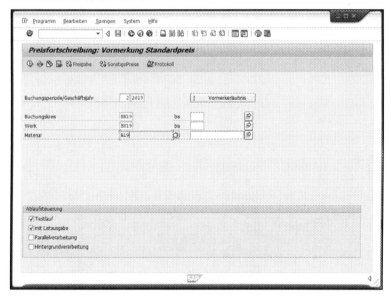

Eingaben:

- Buchungsperiode: aktueller Monat (z. B. „02")
- Geschäftsjahr: aktuelles Jahr (z. B. „2019")
- Buchungskreis: „BKXX"
- Werk: „BKXX"
- Material: „AXX"

Schaltfläche (Ausführen)

Auch hier ist zunächst ein Testlauf durchzuführen.

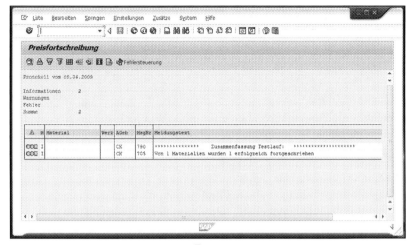

Nach Klick auf die Schaltfläche ⊙ (Zurück) erscheint folgendes Bild.

Anschließend kann der Testlauf entmarkiert und ein Echtlauf durchgeführt werden.

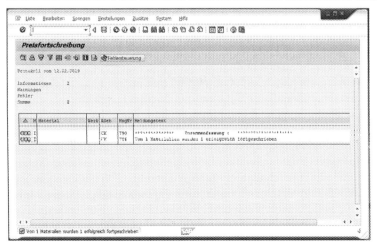

Auf die gleiche Weise ist die Fortschreibung für die Produkte „BXX" und „CXX" durchzuführen.

Hinweis: Gehen Sie nun in den Materialstamm dieser Fertigerzeugnisse (Transaktionscode MM03). **Dort sieht man in der Maske** *Kalkulation 2* **unter Plankalkulation den kalkulierten Preis als zukünftigen Planpreis (Spalte Zukünftig).**

Freigabe der Fortschreibung

Menüpfad:

Rechnungswesen/Controlling/Produktkosten-Controlling/
Produktkostenplanung/Materialkalkulation/Preisfortschreibung

Transaktionscode: CK24

Schaltfläche 🔓 Freigabe wählen.

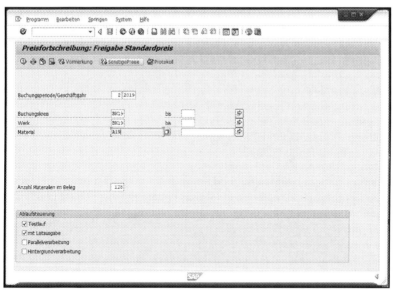

Eingaben:

- Buchungsperiode: aktueller Monat (z. B. „02")
- Geschäftsjahr: aktuelles Jahr (z. B. „2019")
- Buchungskreis: „BKXX"
- Werk: „BKXX"
- Material: „AXX"

Schaltfläche ⊕ (Ausführen)

Erst Testlauf mit Listausgabe, dann Testlauf entmarkieren.

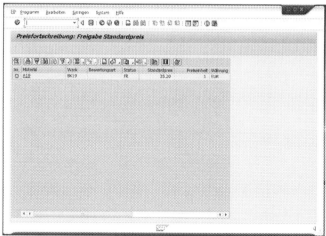

Auf die gleiche Weise ist die Fortschreibung für die Produkte „BXX" und „CXX" durchzuführen.

Gehen Sie nun abermals in den Materialstamm dieser Fertigerzeugnisse (Transaktionscode MM03). **Dort sieht man nun in der Maske *Kalkulation 2* unter Plankalkulation den kalkulierten Preis als laufenden Plan- und Standardpreis (Spalte Laufend). Die Spalte "Zukünftig" enthält dagegen keinen Eintrag mehr für Planpreis.**

4.3.6   Zusammenfassender Überblick über die Produktkalkulation

Nachfolgende Tabelle 4-11 gibt einen umfassenden Überblick über die inhaltlichen Anforderungen an eine Produktkalkulation in SAP ERP.

Tabelle 4-11:   **Überblick über die inhaltlichen Anforderungen an eine Produktkalkulation in SAP ERP**

	Zuschlagsbasen		Zuschlagssatz	Entlastung
	Material-einzelkosten	Fertigungseinzelkosten		
Menge	Stückliste	Arbeitsplan		
Preis	Standardpreis	Plantarif		
bewertete Menge	Materialeinzelkosten	Fertigungseinzelkosten	in Prozent	in Abhängigkeit vom Prozentsatz
Verrechnungskostenart	nein, da über Bewertungsklasse Kostenart 400000	ja, bei Anlage der Leistungsart	nein	ja, separates Anlegen im Customizing

5 Implementierung einer Ergebnis- und Marktsegmentrechnung in SAP

Zur Überwachung des Unternehmenserfolges und als Vorbereitung für die Sortimentspolitik führen Sie nun eine mehrfach gestufte Deckungsbeitragsrechnung durch. Es geht darum, fixe und variable Bestandteile entstandener Kosten entsprechend den Informationsbedürfnissen aufzubereiten und auszuwerten. Zur Vereinfachung wird in der vorliegenden Fallstudie angenommen, dass sämtliche Gemeinkosten fix sind, d. h., es gibt keine variablen Gemeinkosten.

5.1 Überblick über die Periodenerfolgsrechnung

5.1.1 Gesamt- und Umsatzkostenverfahren auf Voll- und Teilkostenbasis

Im vorhergehenden Kapitel 4 wurde gezeigt, wie mit SAP eine Produktkalkulation/Kostenträger*stück*rechnung durchgeführt werden kann. Nun wird die Kostenträger*zeit*rechnung betrachtet. Dabei werden sämtliche Kosten der in einer bestimmten Periode hergestellten und abgesetzten Produkte erfasst. Wird die Kostenträgerzeitrechnung um eine Erlösrechnung ergänzt, so kommt man zu einer Periodenerfolgsrechnung.[76]

Die **Periodenerfolgsrechnung** wird üblicherweise in relativ kurzen Abständen (Monat, Quartal) durchgeführt, um ein möglichst aktuelles Bild von der Kosten- und Erlössituation einer Unternehmung zu haben und ggf. rechtzeitig Anpassungsmaßnahmen einleiten zu können. Die Periodenerfolgsrechnung kann in unterschiedlichen Formen auftreten. Sie kann als Ausbringungserfolgsrechnung (Bezug des Erfolgs auf die hergestellten Produkte) oder als Absatzerfolgsrechnung (Bezug des Erfolgs auf die abgesetzten Produkte) durchgeführt werden. Im Folgenden gehen wir von einer *Absatzerfolgsrechnung* aus. Nach der Gliederung der Kosten kann man zwischen dem *Gesamt-* und dem *Umsatzkostenverfahren* unterscheiden. Je nachdem, ob sämtliche oder nur ein Teil der Kosten den Kostenträgern zugerechnet werden, können diese beiden Verfahren jeweils auf *Vollkosten-* bzw. *Teilkostenbasis* durchgeführt werden. In Abb. 5-1 und Abb. 5-2 werden die möglichen Kombinationen dieser Merkmalsausprägungen sowie die Vor- und Nachteile des Gesamt- und des Umsatzkostenverfahrens einander gegenüber gestellt.

---

76 Zur Periodenerfolgsrechnung vgl. Friedl/Hofmann/Pedell (2017), S. 243ff.

© Springer Fachmedien Wiesbaden GmbH, ein Teil von Springer Nature 2020
G. Friedl und B. Pedell, *Controlling mit SAP*®, https://doi.org/10.1007/978-3-658-27719-2_5

Abbildung 5-1:   Gesamtkostenverfahren auf Voll- und Teilkostenbasis

Beim **Gesamtkostenverfahren** werden die Kosten nach Kostenarten gegliedert und den nach Produktarten gegliederten Umsatzerlösen gegenübergestellt. Die Informationen über die Höhe der einzelnen Kostenarten können direkt aus der Finanzbuchhaltung übernommen werden. In den Gesamtkosten sind die Herstellkosten für die hergestellten Produkte sowie die Verwaltungs- und Vertriebskosten für die abgesetzten Produkte enthalten.[77] Dies ist unproblematisch, wenn die hergestellte Menge eines Produktes jeweils der abgesetzten Menge entspricht. Weichen diese Mengen voneinander ab, so sind die Herstellkosten im Rahmen einer Absatzerfolgsrechnung

---

77 Bei den Vertriebskosten ist die Abhängigkeit von der abgesetzten Produktmenge unmittelbar einsichtig, bei den Verwaltungskosten stellt dies offensichtlich eine Vereinfachung dar, wie sie auch im Grundschema der Zuschlagskalkulation vorgenommen wird. Vgl. Abschnitt 4.1.

so zu korrigieren, dass nur die Herstellkosten der abgesetzten Mengen berücksichtigt werden. Zu diesem Zweck werden die Herstellkosten von Bestandsminderungen zu den Gesamtkosten addiert und die Herstellkosten von Bestandsmehrungen von diesen abgezogen. Hierfür ist die Aufnahme der Bestände an Halb- und Fertigerzeugnissen notwendig. Für die Bewertung der Bestandsveränderungen ist die Kalkulation der Herstellkosten erforderlich.[78]

Wird das Gesamtkostenverfahren auf **Teilkostenbasis** durchgeführt, so werden nur die variablen Kosten gegliedert nach Kostenarten erfasst. Die Fixkosten werden im Block dazu genommen. In Summe entsprechen die variablen und fixen Kosten den Gesamtkosten bei Vollkostenrechnung. Bestandsveränderungen werden bei Teilkostenrechnung jedoch nur zu variablen Herstellkosten bewertet. Dadurch ist bei der Teilkostenrechnung der Periodenerfolg bei einer Bestandsminderung größer und bei einer Bestandsmehrung kleiner als bei der Vollkostenrechnung. Unabhängig davon, ob das Gesamtkostenverfahren auf Voll- oder Teilkostenbasis durchgeführt wird, besteht ein wesentlicher Nachteil darin, dass sich bei Mehrproduktfertigung die Erfolgsbeiträge einzelner Produktarten nicht unmittelbar ablesen lassen.

Beim **Umsatzkostenverfahren** werden dagegen die Selbstkosten der in einer Periode abgesetzten Produkte nach Produktarten gegliedert aufgeführt. Dadurch lassen sich die Erfolgsbeiträge der einzelnen Produktarten unmittelbar erkennen. Die Selbstkosten je Stück lassen sich nicht unmittelbar aus der Finanzbuchhaltung gewinnen. Sie müssen in jedem Fall kalkuliert werden, auch wenn keine Bestandsveränderungen stattfinden. Für das Umsatzkostenverfahren ist keine Bestandsaufnahme erforderlich. Es wird derselbe Periodenerfolg wie beim Gesamtkostenverfahren ermittelt, da insgesamt Kosten derselben Höhe den Umsatzerlösen gegenübergestellt werden. Die Kosten sind bei den beiden Verfahren lediglich unterschiedlich untergliedert.

Beim Umsatzkostenverfahren auf **Teilkostenbasis** werden lediglich die variablen Selbstkosten der abgesetzten Produkte nach Produktarten gegliedert. Die Fixkosten werden im Block angegeben. Auch bei der Teilkostenrechnung stimmt die Höhe der insgesamt angesetzten Kosten mit dem Gesamtkostenverfahren überein. Zusammenfassend kann man daher feststellen, dass Gesamt- und Umsatzkostenverfahren stets zu demselben Periodenerfolg führen, wenn sie jeweils auf Vollkosten- bzw. Teilkostenbasis durchgeführt werden. Bestandsveränderungen führen jedoch zu Unterschieden im Periodenerfolg zwischen Vollkosten- und Teilkostenrechnung.[79]

---

78 Zu den Nachteilen des Gesamtkostenverfahrens vgl. Friedl/Hofmann/Pedell (2017), S. 246; Kilger/Pampel/Vikas (2012), S. 552ff.; Schweitzer et al. (2016), S. 208f.

79 Vgl. ausführlich Friedl/Hofmann/Pedell (2017), S. 249ff.; Schweitzer et al. (2016), S. 470ff.

Umsatz-Kostenverfahren

Aufbau:

Voll-Kostenrechnung		*Teil*-Kostenrechnung	
Gesamte Selbstkosten der abgesetzten Produkte (gegl. nach Produktarten)	*Umsatzerlöse (gegl. nach Produktarten)*	*Variable Selbstkosten der abgesetzten Produkte (gegl. nach Produktarten)*	*Umsatzerlöse (gegl. nach Produktarten)*
		Fixkostenblock	
Betriebsgewinn	Betriebsverlust	Betriebsgewinn	Betriebsverlust

Vor- und Nachteile:

(+) **Erfolgsbeiträge** je Produktgruppe sichtbar

(+) **keine Bestandsaufnahme** erforderlich

(-) nicht unmittelbar in Finanzbuchhaltung integrierbar

[(-) Kostenträgerstückrechnung erforderlich]

Abbildung 5-2:   Umsatzkostenverfahren auf Voll- und Teilkostenbasis

5.1.2   Deckungsbeitragsrechnung

Beim Umsatzkostenverfahren auf Teilkostenbasis sind durch Gegenüberstellen der Umsatzerlöse und der variablen Kosten je Produktart die Deckungsbeiträge (Erlöse - variable Kosten) je Produktart unmittelbar ersichtlich. Wird diese Rechnung statt in Kontenform in Staffelform durchgeführt, so spricht man von einer **einstufigen Deckungsbeitragsrechnung**. Die einstufige Deckungsbeitragsrechnung für unsere Fallstudie ist in Tabelle 5-1 dargestellt.

Tabelle 5-1:   Einstufige Deckungsbeitragsrechnung

Produkte	A	C	B
Erlöse [€]	200.000,-	140.000,-	200.000,-
- variable Kosten [€]	115.600,-	126.000,-	74.400,-
Deckungsbeitrag [€]	**84.400,-**	**14.000,-**	**125.600,-**
DB der Unternehmung [€]	224.000,-		
- Fixkosten [€]	150.000,-		
Kalk. Periodenerfolg [€]	**74.000,-**		

Durch Abzug der variablen Kosten von den Erlösen erhält man die Deckungsbeiträge je Produktart. Diese Deckungsbeiträge stehen zur Deckung der Fixkosten der Unternehmung und zur Erfolgserzielung bereit. Durch Abzug des Fixkostenblocks von der Summe der Deckungsbeiträge erhält man den kalkulatorischen Periodenerfolg der Unternehmung.

Die Aussagefähigkeit der Deckungsbeitragsrechnung kann durch eine Untergliederung des Fixkostenblocks verbessert werden. Diese können zum Beispiel nach Produktfixkosten, die nur für eine bestimmte Produktart anfallen, Produktgruppen- und Unternehmensfixkosten unterteilt werden. Durch die sukzessive Einbeziehung der Fixkosten ergibt sich eine **mehrstufige Deckungsbeitragsrechnung**. Diese ist für die Fallstudie in Tabelle 5-2 dargestellt.[80] Es sind aber auch andere Gliederungskriterien wie Regionen, Werke, Abnehmergruppen u.a. denkbar.[81]

---

80 Vgl. Abschnitt 2.2.3.

81 Zur mehrstufigen Deckungsbeitragsrechnung vgl. Friedl/Hofmann/Pedell (2017), S. 262f.; Schweitzer et al. (2016), S. 477ff.

Tabelle 5-2:   Mehrstufige Deckungsbeitragsrechnung

Produktgruppe	A+C		B
Produkte	A	C	B
Erlöse [€]	200.000,-	140.000,-	200.000,-
- variable Kosten [€]	115.600,-	126.000,-	74.400,-
Deckungsbeitrag I [€]	**84.400,-**	**14.000,-**	**125.600,-**
- Produktfixkosten [€]	10.000,-	30.000,-	10.000,-
Deckungsbeitrag II [€]	**74.400,-**	**-16.000,-**	**115.600,-**
DB II jeder Produktgruppe [€]	58.400,-		115.600,-
- Produktgruppenfixkosten [€]	30.000,-		0,-
Deckungsbeitrag III [€]	**28.400,-**		**115.600,-**
DB III der Unternehmung [€]	144.000,-		
- Unternehmensfixkosten [€]	70.000,-		
Kalk. Periodenerfolg [€]	**74.000,-**		

Durch die Untergliederung des Fixkostenblocks und das sukzessive Abziehen der Fixkosten von den Deckungsbeiträgen ergeben sich zusätzlich zur einstufigen Deckungsbeitragsrechnung ein Deckungsbeitrag II und ein Deckungsbeitrag III. Im Beispiel sieht man, dass der Deckungsbeitrag II für die Produktart C nach Abzug der produktartspezifischen Fixkosten negativ wird. Dies war bei der einstufigen Deckungsbeitragsrechnung nicht zu erkennen und gibt einen Hinweis darauf, dass die Programmentscheidung überprüft werden sollte. Sind die produktartspezifischen Fixkosten durch die Elimination von Produkt C abbaufähig, so kann es vorteilhaft sein, das Produkt C aus dem Programm zu nehmen. Bei dieser Entscheidung sind allerdings unbedingt Interdependenzen mit anderen Produktarten auf der Absatzseite und sämtliche langfristigen Wirkungen zu berücksichtigen. Die Kostenrechnung als kurzfristig orientierte Rechnung kann hier nur Hinweise auf die Überprüfung von Programmentscheidungen geben.

5.2   Ablauf der Ergebnis- und Marktsegmentrechnung in SAP

Vor Durchführung der Ergebnisrechnung sind im System die dafür notwendigen Voraussetzungen zu schaffen. Dazu zählen z. B. die Definition der Ergebnisobjekte, die für die Auswertung wichtig sind, und die Zuordnung der Kostenbestandteile zu diesen Objekten. Diese Strukturen sind im vorliegenden System im Wesentlichen geschaffen. Für das Verständnis der Ergebnisrechnung ist es allerdings erforderlich, diese Strukturen nachvollziehen zu können. Dafür werden nachfolgend Grundbegriffe der Ergebnisrechnung in SAP ERP erklärt. Es wird ein Überblick über den Datenfluss sowie dabei auftretende Funktions- und Datenintegrationen gegeben. Die Herkunft und die Verteilung der Kosten und Erlöse in der Ergebnisrechnung sowie die notwendigen Schritte für die Implementierung einer Ergebnisrechnung in SAP ERP werden gezeigt.

5.2.1 Grundbegriffe der Ergebnisrechnung in SAP ERP

Für die Einrichtung einer Ergebnisrechnung in SAP ERP ist das Verständnis folgender Grundbegriffe erforderlich:

- *Merkmale* sind Kriterien zur Bildung von Ergebnisobjekten. Sie dienen der Differenzierung und Aggregation von Werten oder Mengen. Beispiele für Merkmale sind Kunde, Vertriebsbezirk, Artikelgruppe oder Region. Bei der Definition eines Berichtes kann durch Kombination verschiedener Merkmale eine bestimmte Perspektive auf die Daten eingenommen werden. So können beispielsweise sämtliche Artikel angezeigt werden, allerdings nur für eine bestimmte Region und eine ausgewählte Kundengruppe. Die für die Deutsche Zierbrunnen GmbH erforderlichen Merkmale sind im System bereits angelegt.

- *Wertfelder* dienen der Speicherung von Mengen und Werten nach gewünschten Kategorien, z. B. Kundenauftragsmenge, Erlöse, Rüstkosten, Ausschuss, Unternehmensfixkosten. Die angelegten Wertfelder begrenzen die Auswahlmöglichkeit, die sich bei der Erstellung von Berichten in der Ergebnisrechnung bietet. Bei der Verbuchung von Geschäftsvorfällen werden die anfallenden Mengen und Werte in die entsprechenden Wertfelder eingesteuert. In der Ergebnisrechnung werden z. B. durch die Buchung einer Faktura die realisierten Erlöse in das entsprechende Wertfeld übernommen. D. h., die erforderlichen Wertfelder müssen vor Durchführung der Buchung existieren. Die für die Deutsche Zierbrunnen GmbH erforderlichen Wertfelder sind im System bereits angelegt.

- *Standardableitungsstrategie:* In ihr sind sämtliche Abhängigkeiten zwischen Merkmalen hinterlegt. So lässt sich beispielsweise festlegen, dass Produkte zu Produktgruppen zusammengefasst werden. In der Standardableitungsstrategie können einzelne Ableitungsregeln neu angelegt und/oder verändert werden.

- *Merkmalswerte* stellen die Ausprägung von Merkmalen dar, die für die Bildung von Ableitungsregeln erforderlich sind. So ist beispielsweise der Merkmalswert "OP A+C" des Merkmals "Produktgruppe" erforderlich, um später die Mengen und Werte der beiden Produkte Adelheid und Cilli zusammenzufassen. Auf diesen Merkmalswert können zudem Kosten gebucht werden, die direkt dieser Produktgruppe zurechenbar sind, wie beispielsweise Produktgruppenfixkosten. Diese "künstlichen" Merkmalswerte ergänzen die ohnehin vorhanden Merkmalswerte wie beispielsweise Produkt, die i.d.R. als Stammdaten in anderen Modulen angelegt wurden. Die Anlage der Merkmalswerte wurde bereits bei der Vorbereitung des Kurses erledigt.[82]

- *Ableitungsregeln* dienen der konkreten Zuordnung von Merkmalswerten innerhalb der Standardableitungsstrategie, z. B. können einzelne Artikel verschiedenen Produktgruppen sowie Produktgruppen einer Produkthierarchie zugeordnet werden. Bei der Pflege der Ableitungsregeln kann man konkret Artikel einer

---

82 Vgl. Anhang A.3.4.

Artikelgruppe zuordnen (Artikel A + Artikel C = Produktgruppe A+C; Artikel B = Rest). Buchungen, die einen Artikel betreffen, werden dann auch zugleich der Artikelgruppe zugewiesen. Werden z. B. Erlöse auf das Produkt A gebucht, so werden diese automatisch auch der Produktgruppe A+C zugeordnet. Die Anlage der Ableitungsregeln wurde bereits bei der Vorbereitung des Kurses erledigt.[83]

- Zuordnung der Artikel zu einer *Kalkulationsvariante:* Für die Auflösung von Plankosten in der Ergebnisrechnung muss festgelegt werden, welche Kalkulationsvariante benutzt werden soll. Dadurch ist es möglich, in der Produktkalkulation verschiedene Kalkulationen eines Artikels abzuspeichern, für die Ergebnisrechnung aber auf eine konkrete Kalkulation zuzugreifen. Diese Zuordnungen wurden bereits vorgenommen.

- Eine zusätzliche Möglichkeit, Wertfelder zu aggregieren, bietet das *Rechenschema.* Es stellt eine Formelsammlung dar, die es ermöglicht, Formeln für die Verwendung in Berichten und Formularen bereitzustellen. So kann über das Rechenschema beispielsweise eine Formel für die Berechnung der gesamten Fixkosten hinterlegt werden, die produkt-, produktgruppen- und unternehmensfixe Kosten addiert.

Abb. 5-3 verdeutlicht die beschriebenen Elemente von Ergebnisberichten anhand einiger Beispiele.

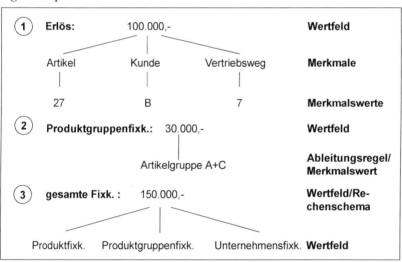

Abbildung 5-3:   Beispiel für die Elemente eines Ergebnisberichts

Abb. 5-4 gibt am Beispiel der Struktur der mehrstufigen Deckungsbeitragsrechnung der Fallstudie einen Überblick über den Zusammenhang der Elemente eines Ergebnisberichts.

---

83 Vgl. Anhang A.3.5.

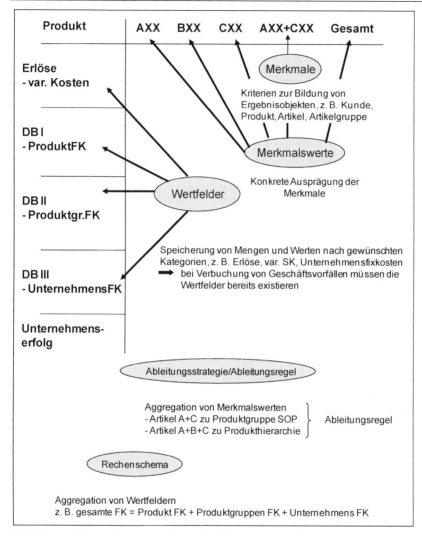

Abbildung 5-4: Zusammenhang der Elemente von Ergebnisberichten

5.2.2 Informationsfluss sowie Funktions- und Datenintegration

In der Ergebnisrechnung werden als **Inputdaten** entsprechend Abb. 5-4 die Erlöse, die variablen Selbstkosten der abgesetzten Produkte sowie die mehr oder weniger stark untergliederten Fixkosten benötigt. Die unterschiedlichen Deckungsbeiträge und der Unternehmenserfolg werden in der Ergebnisrechnung selbst mit Hilfe von Formeln und Rechenschemata ermittelt. Einen Überblick über den Informationsfluss innerhalb der Ergebnis- und Marktsegmentrechnung in SAP ERP gibt Abb. 5-5.

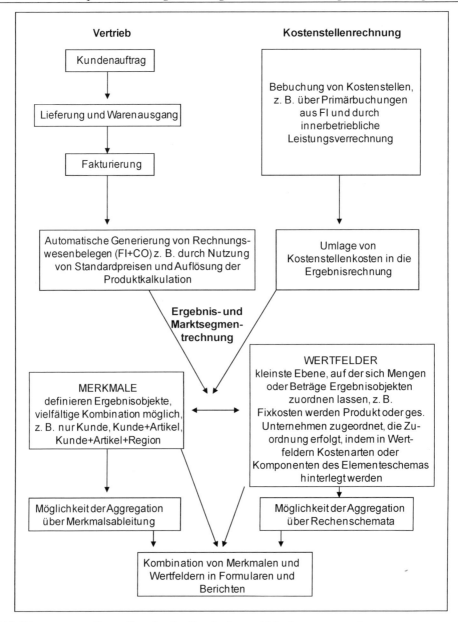

Abbildung 5-5:   Datenfluss in der Ergebnis- und Marktsegmentrechnung

Die Erlöse werden im Vertriebsmodul SD gebucht. Hierfür wird ein Kundenauftrag als Grundlage benötigt. Darauf aufbauend wird eine Lieferung generiert und ein Warenausgang gebucht. Anschließend wird der Kundenauftrag fakturiert. Dabei wird auf den im Materialstammsatz des jeweiligen Fertigproduktes in der Maske *Vertrieb: VerkOrg 1* unter „Konditionen" hinterlegten Preis zurückgegriffen. Die Erlöse werden automatisch in die entsprechenden Wertfelder der Ergebnisrechnung übernommen. Gleichzeitig werden ebenfalls automatisch die variablen Selbstkosten der fakturierten Menge in die entsprechenden Wertfelder der Ergebnisrechnung eingespielt (Funktionsintegration). Dabei wird auf die in der Produktkalkulation ermittelten und in den Materialstammsatz fortgeschriebenen variablen Selbstkosten je Stück zurückgegriffen.

Die Fixkosten liegen nach Durchführung der Kostenstellenrechnung noch auf den Endkostenstellen. In einer Teilkostenrechnung wie der Grenzplankostenrechnung werden sie nicht auf die Kostenträger, sondern direkt von den Endkostenstellen in die Ergebnisrechnung weiterverrechnet. Dies geschieht in SAP ERP mit so genannten Umlagezyklen über entsprechende Umlagekostenarten, die bei den Wertfeldern für die Fixkosten unterschiedlicher Ebenen (Produktfixkosten, Produktgruppenfixkosten, Unternehmensfixkosten, u.a.) hinterlegt werden. Je differenzierter die Fixkosten in der Ergebnisrechnung aufgeführt werden sollen, desto mehr Umlagezyklen sind erforderlich.

Mit der Fakturierung von Kundenaufträgen und der Buchung von Umlagezyklen sind alle erforderlichen Inputdaten in der Ergebnisrechnung. Sie können mit Hilfe von Ableitungsregeln und Rechenschemata in Formularen und Berichten aggregiert werden, um eine möglichst aussagefähige Aufbereitung der Daten zu erreichen.

Bei der Ergebnis- und Marktsegmentrechnung treten verschiedene Fälle von Funktions- und Datenintegration auf. Eine **Funktionsintegration** liegt immer dann vor, wenn das SAP-System, nachdem etwas gebucht wurde, einen weiteren Schritt automatisch vornimmt. Dies erfolgt **aktiv**, d. h., der Anwender braucht dafür keine Schritte durchzuführen. In der Fallstudie kommen zwei Funktionsintegrationen vor.

1. Bei der ersten wird durch den Sofortauftrag die Lieferung automatisch generiert.
2. Bei der zweiten werden durch die Faktura die Erlöse (Preis im Materialstammsatz in der Maske *Vertrieb: VerkOrg 1* unter „Konditionen" hinterlegt) und die variablen Selbstkosten (Verbindung zur Kalkulation über den in der Maske *Buchhaltung 1* hinterlegten Standardpreis) in die Ergebnisrechnung übernommen.

Datenintegration liegt vor, wenn man in einem Modul auf eine Datenbank in einem anderen Modul zurückgreift und dies **passiv** erfolgt, d. h. manuell auf die Daten zugegriffen wird. In der Ergebnisrechnung müssten ohne Datenintegration die Fixkosten nochmals von Hand eingebucht werden. Tatsächlich werden sie mit Hilfe von Umlagezyklen von den Kostenstellen in die Ergebnisrechnung verrechnet.

5.2.3 Herkunft und Verteilung der Kosten und Erlöse in der Ergebnisrechnung in SAP ERP

Die Verrechnung der Kosten in einer Grenzplankostenrechnung wird in Tabelle 5-3 mit der Kostenverrechnung in einer Vollkostenrechnung verglichen. In einer Vollkostenrechnung werden sämtliche, d. h. auch die fixen Gemeinkosten auf den Kostenträger verrechnet. Die Kostenstellen werden dadurch vollständig entlastet.[84] Die Verrechnung von Fixkosten von den Kostenstellen in die Ergebnisrechnung mit Umlagezyklen kann daher entfallen. Aus diesem Grund wird bei der Implementierung einer Vollkostenrechnung in SAP ERP eine Verrechnungskostenart weniger erforderlich als bei einer Teilkostenrechnung. Sowohl bei einer Voll- als auch bei einer Teilkostenrechnung werden Verrechnungskostenarten für

-   die Verrechnung der Einzelkosten auf die Kostenträger,
-   die innerbetriebliche Leistungsverrechnung zwischen Kostenstellen und
-   die Verrechnung von Gemeinkosten von den Kostenstellen auf die Kostenträger

benötigt.

Tabelle 5-3:   **Vergleich der Vollkostenrechnung mit der Teilkostenrechnung**

Vollkostenrechnung	Teilkostenrechnung
• drei Verrechnungskostenarten	• vier Verrechnungskostenarten
• keine Umlagezyklen	• Umlagezyklen
• sämtliche Kosten auf dem Kostenträger	• variable Kosten auf dem Kostenträger
• keine Deckungsbeitragsrechnung	• Deckungsbeitragsrechnung

Abb. 5-6 gibt einen Überblick über den gesamten Datenfluss der Kosten in der Fallstudie in SAP ERP und die dazu erforderlichen sekundären Kostenarten.

Die primären Gemeinkosten werden direkt durch Buchung der entsprechenden Aufwendungen im Modul FI auf die Kostenstellen verteilt. Es liegt ein Fall von *Datenintegration* vor. Im Rahmen der innerbetrieblichen Leistungsverrechnung werden die primären Gemeinkosten der Vorkostenstellen auf die Endkostenstellen verrechnet. Dort werden sie zu sekundären Gemeinkosten.

---

84 Sofern keine Kostenstellenabweichungen vorliegen.

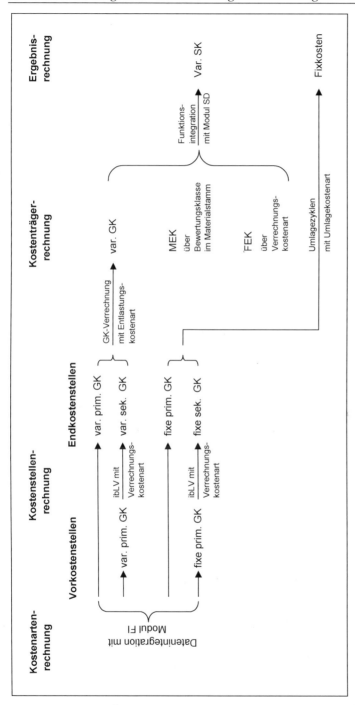

Abbildung 5-6: Überblick über den Datenfluss und erforderliche sekundäre Kostenarten

Die innerbetriebliche Leistungsverrechnung erfolgt über Leistungsarten der Vorkostenstellen, bei denen entsprechende sekundäre *Verrechnungskostenarten* zu hinterlegen sind. Die nach Abschluss der innerbetrieblichen Leistungsverrechnung auf den Endkostenstellen liegenden primären und sekundären Gemeinkosten lassen sich grundsätzlich in einen variablen und einen fixen Anteil aufspalten. Im Rahmen der Grenzplankostenrechnung werden nur die variablen Anteile auf die Kostenträger verrechnet. Hierfür werden im Rahmen der Kalkulation *Entlastungskostenarten* angelegt.

Die Fertigungseinzelkosten werden über Arbeitspläne auf den Kostenträger verrechnet. Hierfür sind Arbeitsplätze mit entsprechenden Leistungsarten und die bei diesen hinterlegten *Verrechnungskostenarten* erforderlich. Die Materialeinzelkosten werden dagegen direkt über die im Materialstamm hinterlegte *Bewertungsklasse* in die Kalkulation der Fertigprodukte eingespielt. Hierfür ist keine eigene Verrechnungskostenart notwendig.

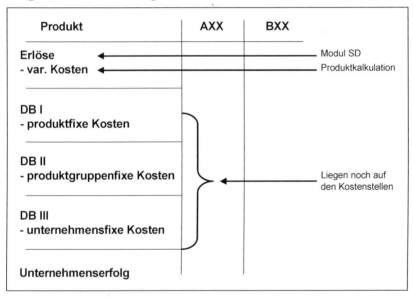

Abbildung 5-7:   Herkunft der Kosten und Erlöse in SAP ERP

Die Erlöse sowie die variablen Herstellkosten der fakturierten Mengen werden auf dem Wege der *Funktionsintegration* in die Ergebnisrechnung übernommen. Die Verrechnung der Fixkosten erfolgt über Umlagezyklen mit entsprechenden *Umlagekostenarten*.Abb. 5-7 gibt einen Überblick über die Herkunft der Kosten und Erlöse in SAP ERP am Beispiel der mehrstufigen Deckungsbeitragsrechnung. Die Erlöse werden im Modul SD durch die Fakturierung von Aufträgen gebucht. Die variablen Selbstkosten je Stück wurden in der Produktkalkulation ermittelt. Sie sind im Materialstamm hinterlegt. Die variablen Selbstkosten für die abgesetzten Produkte werden durch Funktionsintegration mit dem Modul SD gleichzeitig mit den Erlösen automatisch in die Ergebnisrechnung eingespielt. Die Fixkosten liegen nach Abschluss der Kostenstellenrechnung und der Produktkalkulation bei einer Teilkostenrechnung noch auf den Kostenstellen. Diese werden mit Hilfe von Umlagezyklen getrennt nach Produktfixkosten, Produktgruppenfixkosten und Unternehmensfixkosten in die Ergebnisrechnung übernommen.

Je stärker differenziert die Auswertungen bei der mehrstufigen Deckungsbeitragsrechnung sein sollen, desto mehr Umlagezyklen müssen für die Fixkosten eingerichtet werden. Dabei sind jedoch auch Aspekte der Wirtschaftlichkeit zu berücksichtigen, da eine große Anzahl an Umlagezyklen auch mit mehr Aufwand verbunden ist. Zunächst erfolgt eine Aufgliederung der Fixkosten gemäß der Tiefe der Berichte (im Beispiel Aufspaltung des Fixkostenblocks in Produktfixkosten, Produktgruppenfixkosten und Unternehmensfixkosten), dann die Aggregation.

5.2.4   Ablauf der Implementierung einer Ergebnisrechnung in SAP ERP

Die Implementierung einer Ergebnisrechnung in SAP ERP läuft grundsätzlich in folgenden Schritten ab:[85]

(1) Berichtsstruktur definieren
  Hier wird die Struktur der Deckungsbeitragsrechnung festgelegt.
(2) Erlöse buchen
  Die verkauften Mengen werden im Modul SD fakturiert. Dabei werden durch eine Funktionsintegration die variablen Selbstkosten und die Erlöse automatisch in die Erfolgsrechnung übernommen.
(3) Fixkosten in die Erfolgs-/Ergebnisrechnung buchen
  Mit Hilfe von Umlagezyklen werden die Fixkosten von den Kostenstellen in die Ergebnisrechnung umgelegt.

Die Vorgehensweise zur Implementierung der Fallstudie in SAP ERP in diesen Schritten wird im nächsten Abschnitt ausführlich erläutert.

5.3   Schrittweises Vorgehen zur Implementierung der Fallstudie in SAP ERP

5.3.1   Anlegen der Berichtsstruktur in SAP ERP

5.3.1.1   Formularbasierten Bericht anlegen

Zur Durchführung einer mehrstufigen Deckungsbeitragsrechnung muss ein Bericht erstellt werden. Da der Bericht in Zukunft häufiger zum Einsatz kommt, wird er mit einem entsprechenden Formular hinterlegt:[86]

---

85 Diese Schritte beziehen sich auf die Ermittlung von Istergebnissen. Zur Ermittlung von Planergebnissen in SAP vgl. Grob/Bensberg (2005), S. 345ff.

86 Zum Anlegen der entsprechenden Berichtsvorlagen vgl. Anhang A.3.

(1) Zunächst ist ein Formular anzulegen.

Anlage von eigenen benutzerdefinierten Formularen

Menüpfad:

SAP Menü/Rechnungswesen/Controlling/Ergebnis- und Marktsegmentrech-
nung/Infosystem/Bericht definieren/Ergebnisbericht anlegen

Transaktionscode: KE31

Eingaben:

- Ergebnisbereich: „IDEA"
- Form der Ergebnisrechnung: „kalkulatorisch"

Schaltfläche ✅ (Enter)

Menüpfad:

Umfeld/Formular/Anlegen

Oder: Schaltfläche 🗋 **Formular**

Oder: Transaktionscode KE34

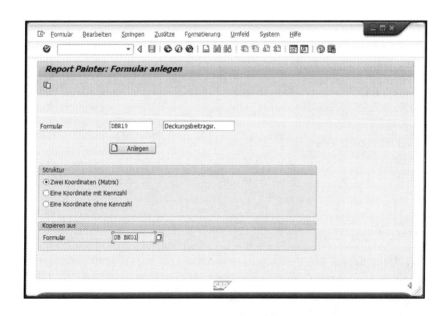

Eingaben:

- Formular: „DBRXX"
- Text: „Deckungsbeitragsr." (beliebiger Text)
- Struktur: „Zwei Koordinaten (Matrix)"
- Kopieren aus: Formular „DB BK01"

Schaltfläche 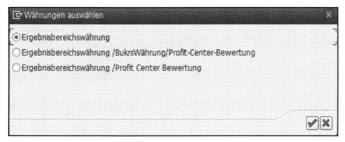 Anlegen

Im nun erscheinenden Fenster ist die Einstellung „Ergebnisbereichswährung" aus-zuwählen.

Schaltfläche ☑ (Enter)

Nun erscheint das Formular der Vorlage. Die Zeilen- und Spaltenköpfe können hier benutzerspezifisch angepasst werden. In der vorliegenden Fallstudie muss die An-passung nur für die Feldinhalte der Artikelbezeichnungen, also die Spaltenköpfe erfolgen. „A01", „B01" und „C01" sind zu ersetzen durch „AXX", „BXX" und „CXX". Die Zeilenköpfe sind bereits in ihrer richtigen Form in der Vorlage enthalten.

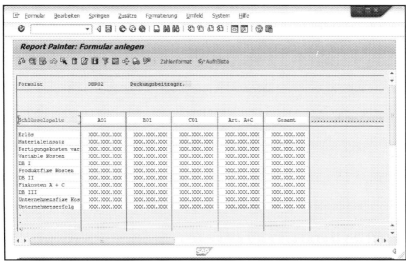

Eingaben:

Markieren des zu verändernden Spaltenkopfes: z. B. „A01"

Drücken der rechten Maustaste

Wahl des Menüpunktes *Ändern/Anzeigen (F2)*

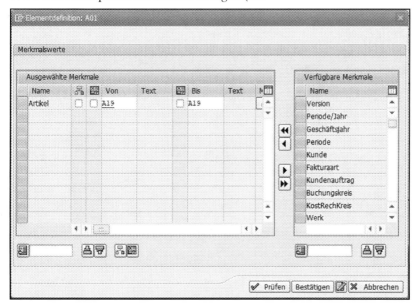

Eingaben:

Markieren von *Artikel* (innerhalb der linken Tabelle).

Schaltfläche

Eingaben:

- Kurz: „AXX"
- Mittel: „AXX"
- Lang: „AXX" (hier können auch ausführlichere Texte eingegeben werden)

Prüfen.

Bestätigen Schaltfläche (Enter)

Außerdem: In den Spalten „Von" und „Bis" die Einträge entsprechend ändern!

Genauso müssen die Spaltenköpfe für die Materialien „BXX" und „CXX" erstellt werden. Abschließend sichern.

Die Aufrissliste hat nun folgendes Aussehen:

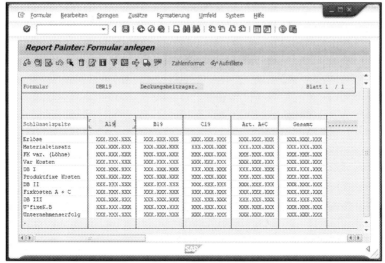

Schaltfläche ✅ (Enter)

Schaltfläche 💾 (Sichern)

Anmerkung: Auf dieselbe Weise könnten die Zeilennamen, deren Feldinhalte und Formate modifiziert werden. Auch die Eingabe von Formeln wäre kein Problem.

(2) Im zweiten Schritt wird ein Bericht angelegt. Die Auswertung soll differenziert nach den Merkmalen (Selektionskriterien)
- Kostenrechnungskreis und
- Kunde
möglich sein.

Anlegen eines Berichts

Menüpfad:

SAP Menü/Rechnungswesen/Controlling/Ergebnis- und Marktsegmentrechnung/Infosystem/Bericht definieren/Ergebnisbericht anlegen

Transaktionscode: KE31

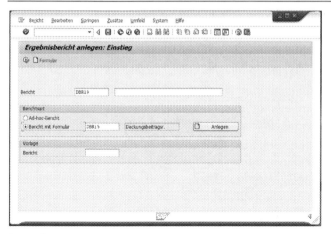

Eingaben:

- Bericht: „DBRXX"
- **Berichtsart: „Bericht mit Formular"**
- Formularname: „DBRXX"

Schaltfläche

Eingaben:

In der rechten Tabelle die beiden Merkmale „Kunde" und „KostRechKreis" markieren und mit dem Pfeil nach links zur linken Tabelle hinzufügen.

Schaltfläche 🖫 (Sichern)

Kundenhierarchieauswahlmaske mit „keine Hierarchie" bestätigen.

5.3.1.2 Zuordnung von Artikeln zu einer Artikelgruppe

Bei einer mehrstufigen Deckungsbeitragsrechnung werden Fixkosten auf unterschiedlichen Ebenen berücksichtigt. So ist es beispielsweise denkbar, dass Fixkosten für mehrere Artikel gemeinsam anfallen. Um dies in einer Deckungsbeitragsrechnung abbilden zu können, müssen die entsprechenden Artikel zu einer Artikelgruppe zusammengefasst werden. Diese Gruppierung erfolgt im Customizing.

Menüpfad:

SAP Menü/Werkzeuge/Customizing/IMG/Projektbearbeitung

Transaktionscode: SPRO

Klicken auf SAP Referenz-IMG.

Innerhalb des Customizing wählen Sie nun:

Menüpfad:

SAP Customizing Einführungsleitfaden/Controlling/Ergebnis- und Marktsegmentrechnung/Stammdaten:

    Merkmalsableitung definieren

Nun sieht man die Bestandteile der Standardableitungsstrategie (Zuweisungen, Tabellenzugriffe, Initialisierungen, Erweiterungen sowie Ableitungsregeln).

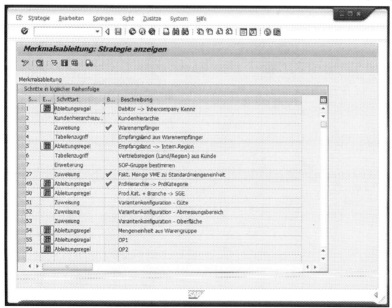

Schaltfläche ⛛ (Alle Schritte anz.) wählen.

Nun erhält man eine vollständige Übersicht sämtlicher Merkmalsableitungen.

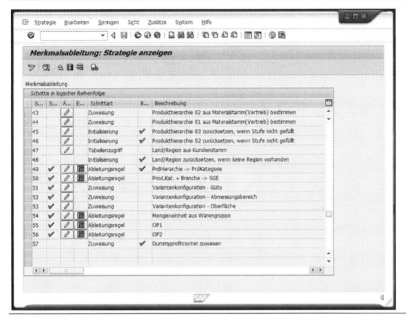

Die Standardableitungsstrategie kann verändert und ergänzt werden. Eine Veränderung bestehender Ableitungsregeln ist über das Markieren der entsprechen Zeile
in der Übersicht und Klicken des Buttons "Regeleinträge" möglich. Die für den Kurs
notwendigen Voreinstellungen werden in Abschnitt A.3.5 erläutert.

Eingaben:

In die Zeile Ableitungsregel „OP1" gehen.

Schaltfläche ▦ (Regeleinträge) wählen.

Schaltfläche 🖉 (Anzeigen <-> Ändern) wählen.

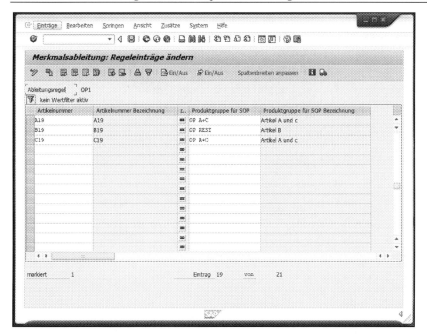

Jetzt können die Artikel AXX und CXX der Artikelgruppe „OP A+C" sowie der Artikel BXX der Artikelgruppe „OP REST" zugeordnet werden. **Dazu müssen die Regeleinträge unter den bestehenden Einträgen hinzugefügt und nicht die bestehenden Einträge überschrieben werden.**

Schaltfläche [icon] (Enter)

Schaltfläche [icon] (Sichern)

Schaltfläche [icon] (Zurück)

Abschließend Ableitungsregel „OP2" markieren und Button "Regeleinträge" wählen. Dann Button "Anzeigen <-> Ändern" anklicken. Hier können die Artikelgruppen „OP A+C" und „OP REST" der Produkthierarchie 00100 zugeordnet werden.

Hinweis: In manchen Fällen ist die Ableitungsregel „OP2" bereits korrekt voreingestellt. Dies muss aber geprüft werden.

Schaltfläche [icon] (Enter)

Schaltfläche [icon] (Sichern)

5.3.1.3 Zuordnung von Artikeln zu einer bestimmten Kalkulationsauswahl

Sollen innerhalb der Ergebnisrechnung die Wertfelder mit Daten aus der Produktkalkulation gefüllt werden (hier: z. B. Verwendung der kalkulierten variablen

Kosten pro Stück), dann müssen die einzelnen Endprodukte (Artikel) einer bestimmten Kalkulationsvariante zugeordnet werden.

Menüpfad:

SAP Menü/Werkzeuge/Customizing/IMG/Projektbearbeitung

Transaktionscode: SPRO

Klicken auf SAP Referenz-IMG.

Innerhalb des Customizing wählen Sie nun:

Menüpfad:

SAP Customizing Einführungsleitfaden/Controlling/Ergebnis- und Marktsegmentrechnung/Stammdaten/Bewertung/Bewertung mit Materialkalkulation einrichten:

     Kalkulationsauswahl → Artikel zuordnen

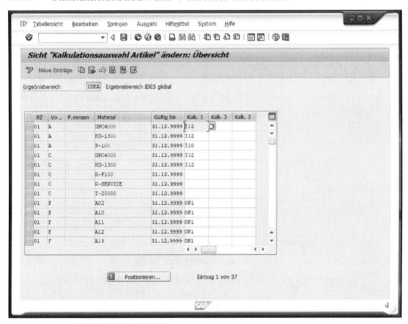

Schaltfläche **Neue Einträge** wählen.

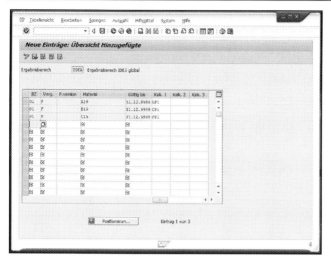

Folgende Daten sind einzupflegen:

BZ	Vorgang	Material	Gültig bis	Kalk. 1
01	F(Faktura)	AXX	31.12.9999	OP1
01	F	BXX	31.12.9999	OP1
01	F	CXX	31.12.9999	OP1

Eventuell ist auch hier ein Customizing-Auftrag anzulegen.

Schaltfläche (Enter)

Schaltfläche 🖫 (Sichern)

5.3.2   Buchung der Erlöse in SAP ERP

Erlöse und Einzelkosten entstehen durch Buchung von Verkäufen in der Materialwirtschaft. Durch die Buchung von Fakturen, die wiederum auf Kundenaufträgen
und entsprechenden Lieferungen aufsetzen, werden Verbuchungen im Rechnungswesen angestoßen.[87] Für den Bereich der Erlösrechnung erfolgt in unserer Konstel-
lation eine Einbuchung der den Erlösen entsprechenden Plankosten gemäß den hinterlegten Produktkalkulationen.

Der Ausgangspunkt für die Buchung eines Erlöses ist also in der Regel ein Kundenauftrag für einen bestimmten Artikel. Dieser kann beispielsweise als Sofortauftrag
angelegt werden. Bei der anschließenden Kommissionierung wird der Auftrag im
Lager zusammengestellt und aus diesem entnommen. Die Erstellung der Faktura in
Bezug auf die erstellte Lieferung ist der letzte Schritt, bei dem die entsprechenden
Daten ins Rechnungswesen übernommen werden. Eine wichtige Voraussetzung für
die Abwicklung des Kundenauftrags ist, dass die entsprechenden Artikel auch ver-

---

87 Für die Kundenauftragserfassung über das Internet vgl. Twardy (1997), S. 77.

fügbar sind. Daher muss sichergestellt sein, dass vor der Abwicklung des Kunden-auftrags eine ausreichende Anzahl an Artikeln in den Bestand gebucht wird. Die Reihenfolge der Schritte in SAP ERP ist also folgendermaßen:

(1) Buchung der Artikel in den Bestand
(2) Anlage eines Sofortauftrags
(3) Kommissionierung
(4) Erstellung der Faktura

(1) Bestandsbuchung

Aufgabe: Buchen Sie für die Produkte Adelheid, Berta und Cilli mindestens die Ab-satzmengen entsprechend der Fallstudie in den Bestand.

Menüpfad:

SAP Menü/Logistik/Materialwirtschaft/Bestandsführung/
Warenbewegung/Wareneingang/Sonstige

Transaktionscode: MB1C

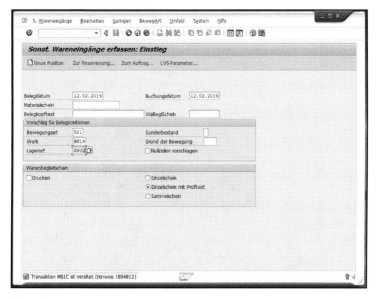

Eingaben:

- Belegdatum: Aktuelles Datum (z. B. „12.02.2019")
- Bewegungsart: „561"
- Werk: „BKXX"
- Lagerort: „0002" (**Hinweis:** An dieser Stelle ist relevant, dass zuvor der richtige Lagerort für die Fertigerzeugnisse angegeben wurde)

Schaltfläche (Enter)

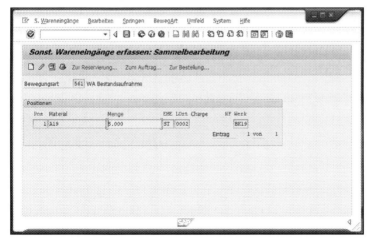

Eingaben:

- Material: „AXX"
- Menge: gemäß Fallstudie (Absatzmenge für Produkt AXX: „5.000")

Schaltfläche 🗸 (Enter).

Schaltfläche 🗋 (Neue Position)

Wiederholung der Schritte für BXX („10.000") und CXX („1.000")

Schaltfläche 🖫 (Sichern) **und auf gebuchte Belegnummer unten links achten!**

Aufgabe: Lassen Sie sich den Beleg für die Materialbuchung anzeigen.

Menüpfad:

Logistik/Materialwirtschaft/Bestandsführung/Materialbeleg/Anzeigen

Transaktionscode: MB03

Geben Sie in das Feld „Materialbeleg" die Materialbelegnummer ein. Ein Klick auf die Schaltfläche 🗻 (Übersicht) zeigt den Beleg an:

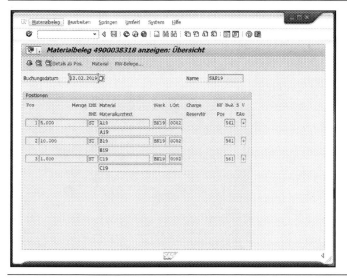

(2) Sofortauftrag

Aufgabe: Legen Sie im Vertrieb einen Auftrag des Kunden 1000 an, der die gesamte Absatzmenge des Produktes Adelheid (5.000) und die Hälfte des Produktes Berta (5.000) umfasst. Die Restmenge von Berta (5.000) und die Verkaufsmenge von Cilli (1.000) gehen an den Kunden 2000.

Menüpfad:

SAP Menü/Logistik/Vertrieb/Verkauf/Auftrag/Anlegen

Transaktionscode: VA01

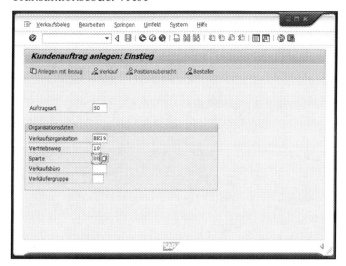

Eingaben:

- Auftragsart: „SO" (Sofortauftrag)
- Verkaufsorganisation: „BKXX"
- Vertriebsweg: „10" (**Hinweis:** An dieser Stelle ist relevant, dass zuvor der richtige Vertriebsweg angegeben wurde)
- Sparte: „00"

Schaltfläche 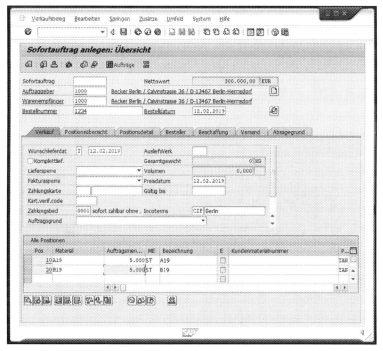 (Enter)

Eingaben:

- Auftraggeber: „1000"
- Bestellnummer: „1234"
- Bestelldatum: Aktuelles Datum (z. B. „12.02.2019")
- Zahlungsbedingung: „0001" (sofort)
- Materialnamen und Mengen des Auftrages eingeben (s.o.)

Schaltfläche (Enter)

Schaltfläche (Sichern) **und auf Liefernummer achten!**

Sie bekommen den Hinweis, dass der Beleg noch unvollständig ist. Klicken Sie auf „Bearbeiten". Mit Doppelklick auf die einzelnen Zeilen springt der Cursor automatisch in die noch auszufüllenden Felder. Mit der Schaltfläche kann man durch die verschiedenen Masken klicken.

Eingaben sind:

- Bruttogewicht: z. B. „20 kg"; Nettogewicht: z. B. „19 kg"; Werk: „BKXX", Versandstelle: „1000"

Nun kann gesichert werden: Notieren Sie die Nummern der erzeugten Lieferungen, um bei der Kommissionierung darauf zurückgreifen zu können!

Wenn Sie sich die Nummern nicht notieren, können Sie die Fallstudie später nicht weiter implementieren.

Die entsprechenden Eingaben sind für den Auftraggeber „2000" unter der Bestellnummer „1235" zu machen.

Schaltfläche (Enter)

Schaltfläche (Sichern)

Schaltfläche (Zurück)

(3) Kommissionierung

Aufgabe: Ändern Sie die automatisch generierte Lieferung, indem Sie die entsprechenden Kommissionierungsdaten erfassen. Buchen Sie anschließend den Warenausgang. (Die Lieferung muss geändert werden, weil sie bereits bei der Funktionsintegration angelegt wurde. Die zuletzt erzeugte Liefernummer ist bereits eingestellt.)

Menüpfad:

Logistik/Vertrieb/Versand und Transport/Auslieferung/Ändern/Einzelbeleg

Transaktionscode: VL02N

Im Feld „Auslieferung" die zuvor notierten Nummern der Lieferungen eintragen.

Schaltfläche oder

Schaltfläche (Enter).

Registerkarte *Kommissionierung* wählen.

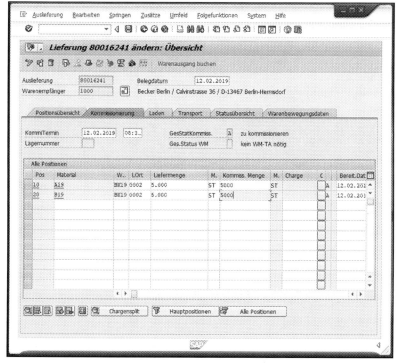

Eingaben:

- Lagerort: „0002"
- Kommiss. Menge: wie Liefermenge (z. B. „5.000")

Schaltfläche **Warenausgang buchen**

Für die zweite Lieferung ist analog zu verfahren. Hierzu müssen Sie die entsprechende Nummer der Lieferung in das Eingabefeld eingeben.

(4) Faktura

Aufgabe: Legen Sie eine Faktura für die erstellten Lieferungen an.

Menüpfad:

SAP Menü/Logistik/Vertrieb/Fakturierung/Faktura/Anlegen

Transaktionscode: VF01

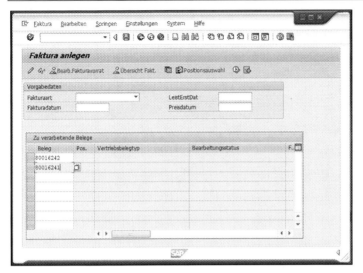

Eingabe:

- Beleg: Nummern der erzeugten Lieferungen

Schaltfläche ⊞ (Sichern)

Achten Sie beim Speichern der Faktura auf die Statusmeldung des Systems. Sie sollten die Meldung erhalten, dass der Beleg gesichert ist. Falls Probleme mit der Erstellung der Rechnungswesenbelege gemeldet werden, fand keine Kostenübernahme in
die Ergebnisrechnung statt. (Überprüfen Sie in diesem Fall, dass Sie die Fortschrei-
bungen am Ende des Kapitels 4 korrekt durchgeführt haben.)

Aufgabe: Überprüfen Sie die Auswirkung Ihrer Verbuchung auf die Ergebnisrechnung indem Sie den angelegten Bericht aufrufen.

Menüpfad:

SAP Menü/Rechnungswesen/Controlling/Ergebnis- und Marktsegmentrechnung/
Infosystem/Bericht ausführen

Transaktionscode: KE30

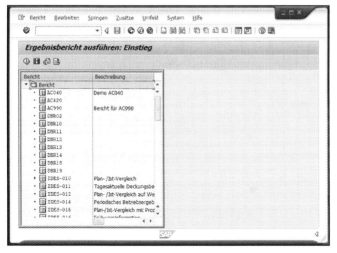

Eingabe:

Zeile des auszuführenden Berichtes „DBRXX" markieren

Schaltfläche: (Ausführen)

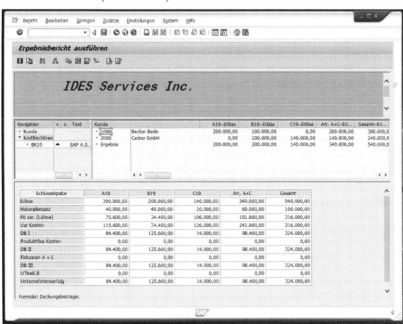

Anmerkung: Die Werte für die Erlöse und die variablen Herstellkosten in den Spalten für die Produkte AXX, BXX und CXX stimmen mit den zuvor manuell errechneten Werten der Fallstudie überein. **Die Wertfelder in der Spalte „Gesamt" enthalten u.U. noch Werte anderer Kostenrechnungskreise und sind daher zu hoch.** Um die Werte für den einzelnen Kostenrechnungskreis sowie den einzelnen Kunden ausweisen zu können, haben wir bei der Anlage des Berichts entsprechende Auswertungsmöglichkeiten angelegt.

Eingaben:

Schaltfläche (Doppelklick): `KostRechKreis`

Die Auswahl von BKXX (Doppelklick) zeigt uns den gewünschten Bericht. Jetzt stimmen die Werte in der Spalte „Gesamt" mit der Summe der drei Materialien des jeweiligen Kostenrechnungskreises überein.

Die Schaltfläche Kunde ermöglicht analog eine Auswertung für den einzelnen Kunden.

5.3.3   Fixkostenbuchung mittels Umlagezyklen in SAP ERP

Auf den Kostenstellen verbliebene Fixkosten können über eine Umlage von den Kostenstellen in die Ergebnisrechnung übernommen werden. Dadurch erfolgt eine vollständige Entlastung der Kostenstellen. In unserem Fall müssen sämtliche Gemeinkosten über die Umlage von den Kostenstellen in die Ergebnisrechnung gebucht werden. Abb. 5-8, Abb. 5-9 und Abb. 5-10 geben einen schematischen Überblick über die in der Fallstudie notwendigen Umlagezyklen für Produktfixkosten, Produktgruppenfixkosten und Unternehmensfixkosten mit den jeweils zugehörigen Kostenarten.

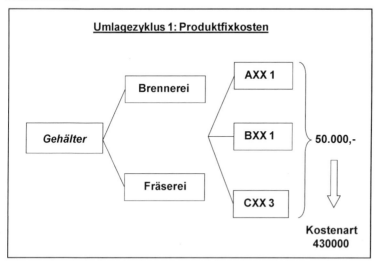

Abbildung 5-8:   Umlagezyklus für Produktfixkosten

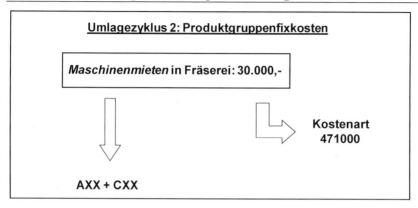

Abbildung 5-9:   Umlagezyklus für Produktgruppenfixkosten

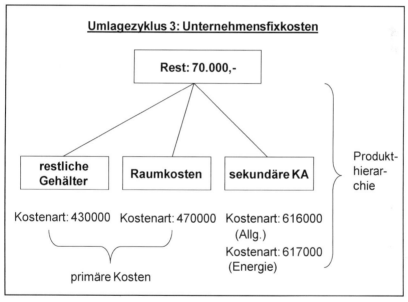

Abbildung 5-10:   Umlagezyklus für Unternehmensfixkosten

Wie in Abb. 5-8, Abb. 5-9 und Abb. 5-10 dargestellt, wird für jede Ebene von Fixkosten ein eigener Umlagezyklus angelegt. Ein Umlagezyklus kann jeweils ein oder mehrere Segmente umfassen.

Abb. 5-11 zeigt den Zusammenhang zwischen Umlagezyklus, Segment, Wertfeld und Verteilungsregel.

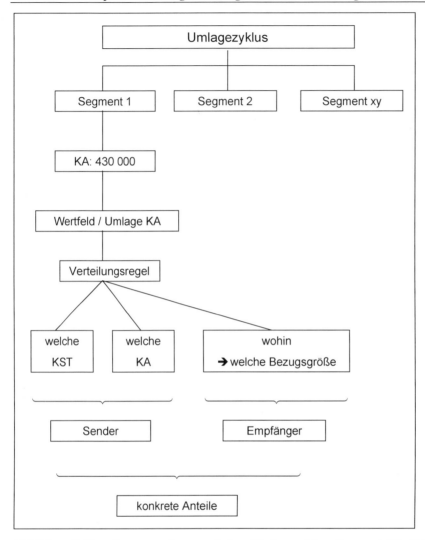

Abbildung 5-11: **Zusammenhang zwischen Umlagezyklus, Segment, Wertfeld und Verteilungsregel**

Bei der Anlage eines Segments innerhalb eines Umlagezyklus sind folgende Angaben erforderlich:

- Name des Segments (z. B. Produktfixkosten)
- Wertfeld der Ergebnisrechnung, in das die Fixkosten verrechnet werden sollen (z. B. Wertfeld für Produktfixkosten)
- Verrechnungskostenart (heißt beim Umlagezyklus Umlagekostenart)
- Sender: sendende (End-)Kostenstelle und Kostenart
- Empfänger: Produkt, Produktgruppe, Produkthierarchie u.a.
- Verteilungsregel: feste Anteile, feste Prozentsätze u.a.
- Konkrete Anteile (z. B. 1 : 1 : 3; 20% : 20% : 60%)

Als Sender eines Segments können mehrere Kostenstellen und Kostenarten gleichzeitig eingegeben werden, wobei die Fixkosten nach derselben Verteilungsregel mit denselben konkreten Anteilen auf dieselben Empfänger verrechnet werden müssen.

Im Prinzip könnten sämtliche Fixkosten der Fallstudie über einen einzigen Umlagezyklus mit entsprechend vielen Segmenten verbucht werden. Aus Gründen der Übersichtlichkeit und der schrittweisen Nachvollziehbarkeit legen wir für Produktfixkosten, Produktgruppenfixkosten und Unternehmensfixkosten jeweils einen eigenen Umlagezyklus mit den jeweils erforderlichen Segmenten an.[88]

Anlage von Umlagezyklen für Istbuchungen in der Ergebnisrechnung

Aufgabe: Erstellen Sie die erforderlichen Umlagezyklen für Istbuchungen in der Ergebnisrechnung. Achten Sie darauf, dass die Fixkosten der Kostenstellen so in die Ergebnisrechnung einfließen, dass die für die mehrstufige Deckungsbeitragsrechnung erforderlichen Merkmale entsprechend ausgewertet werden können.

Menüpfad:

SAP Menü/Rechnungswesen/Controlling/Ergebnis- und Marktsegmentrechnung/
Istbuchungen/Periodenabschluss/Kostenstellen-/
Prozesskosten übernehmen/Umlage (Transaktionscode: KEU5)

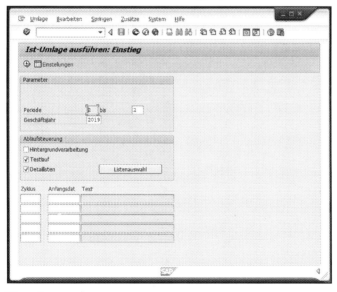

Eingaben:

- Periode: aktuelle Periode (z. B. „02") bis aktuelle Periode (z. B. „02")
- Geschäftsjahr: aktuelles Jahr (z. B. „2019")

---

88 Zu den notwendigen Vorbereitungen im Customizing vgl. Anhang A.3.2 und Anhang A.3.3.

Menüpfad:

Zusätze/Zyklus/Anlegen

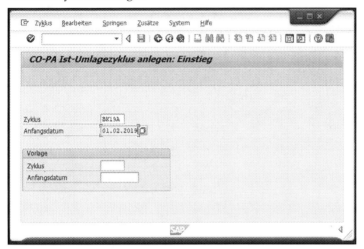

Eingaben:

- Zyklusname: „BKXXA" (prinzipiell beliebig wählbar; „A" bezieht sich an dieser Stelle nicht auf Produkt AXX!)
- Anfangsdatum: 01. des aktuellen Monats (z. B. „01.02.2019")

Schaltfläche ![Enter] (Enter)

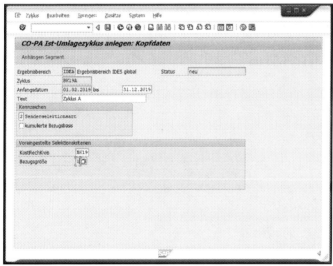

Eingaben:

- Text: „Zyklus A" (beliebig)
- KostRechKreis: „BKXX"
- Bezugsgröße: „1"

Schaltfläche **Anhängen Segment**

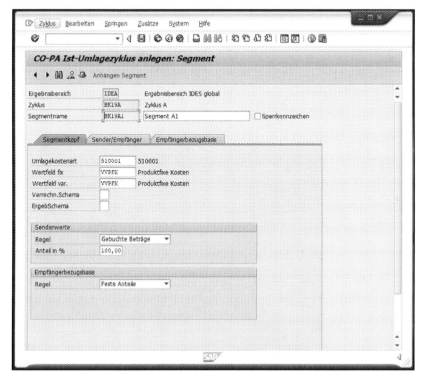

Eingaben:

- Segmentname: „BKXXA1", „Segment A1"
- Umlagekostenart: „510001"

Anmerkung: Die sekundäre Kostenart 510001 ist zuvor noch in einem zweiten Modus neu anzulegen. (Transaktionscode KA06). Es kann eine beliebige Bezeichnung eingegeben werden. Der Kostenartentyp ist „42".

- Wertfeld fix: „VVPFK" (Produktfixe Kosten)
- Wertfeld variabel: „VVPFK"
- Empfängerbezugsbasis: Regel: „Feste Anteile" (Angabe in der Fallstudie: Aufteilung 1:1:3)

Registerkarte: *Sender/Empfänger*

- Kostenstelle von „P_BRENXX" bis „P_FRÄSXX"
- Kostenart von „430000" bis „430000" (Gehälter)
- Artikel von „AXX" bis „CXX"

Schaltfläche 🗸 (Enter)

Registerkarte: *Empfängerbezugsbasis*

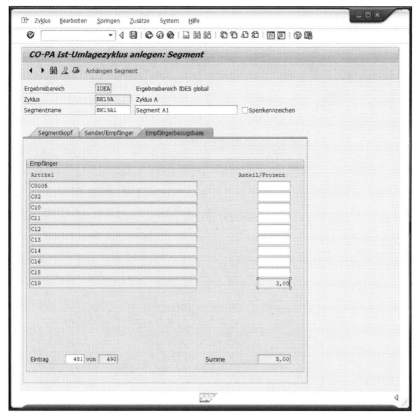

Eingaben:

Artikel:

- AXX: „1" (Hinweis beachten!)
- BXX: „1"
- CXX: „3"

Hinweis: Mit der Schaltfläche 🗘 (ganz oben rechts) bzw. den Bild-auf/Bild-ab-Tasten kann durch die Empfängerbezugsbasen geblättert werden.

Schaltfläche 🗹 (Enter)

Schaltfläche 🖫 (Sichern)

Auf die gleiche Weise ist der Umlagezyklus für die Umlage der Produktgruppenfixkosten anzulegen. Dieser kann beispielsweise „BKXXB" („Zyklus B") genannt werden. **Dabei darf nicht über den Button "Zurück" der Zyklus A überschrieben werden. Gehen Sie nur bis zur Ansicht „IST-Umlage ausführen: Einstieg" zurück.** Zyklus B ist dann über Zusätze/Zyklus/Anlegen anzulegen, so wie es oben für Zyklus A beschrieben wurde. Die Umbuchungsanweisungen im angehängten Segment können wieder über die Schaltfläche Anhängen Segment eingegeben werden.

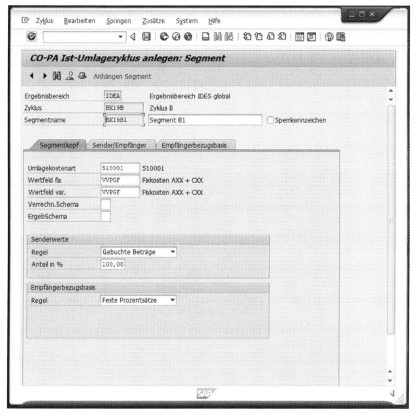

Eingaben:

- Segmentname: „BKXXB1", „Segment B1"
- Umlagekostenart: „510001"
- Wertfeld fix: „VVPGF" (Fixkosten A+C)
- Wertfeld variabel: „VVPGF"
- Empfängerbezugsbasis: Regel: „Feste Prozentsätze" (**keine fixen Anteile wie zuvor**)

Registerkarte: *Sender/Empfänger*

- Kostenstelle von „P_FRÄSXX" bis „P_FRÄSXX"
- Kostenart von „471000" bis „471000" (Maschinenmieten)

Anschließend ist über mehrmaliges Klicken der Schaltfläche ⬛ (Nächste Seite) bis an das Ende der Tabelle zu scrollen. In der Zeile „Prod.Gruppe für" ist in beide Felder („von" und „bis") der Eintrag „OP A+C" vorzunehmen.

Schaltfläche ⬛ (Enter)

Registerkarte: *Empfängerbezugsbasis*

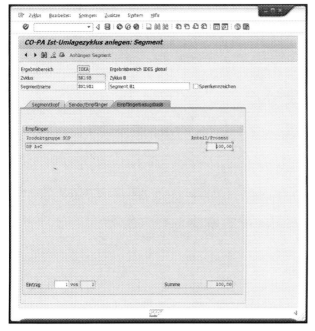

Eingaben:

- Produktgruppe „SOP"; OP A+C: „100"

Schaltfläche ⬛ (Enter)

Schaltfläche ⬛ (Sichern)

Schließlich muss noch der Umlagezyklus für die Umlage der Unternehmensfixkosten angelegt werden. Dieser kann beispielsweise „BKXXC" („Zyklus C") genannt werden.

Nachdem der Zyklus angelegt wurde, können auch hier die Umbuchungsanweisungen im angehängten Segment wieder über die Schaltfläche **Anhängen Segment** eingegeben werden. In diesem Zyklus sind jedoch drei Segmente notwendig, nämlich restliche Gehälter, Raumkosten und sekundäre Gemeinkosten.

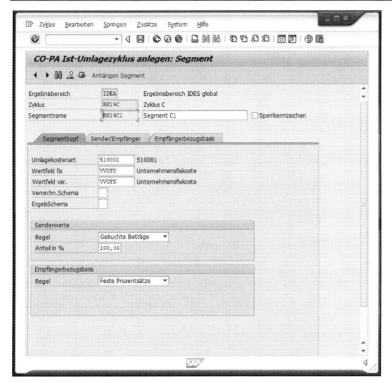

Eingaben:

- Segmentname: „BKXXC1", „Segment C1"
- Umlagekostenart: „510001"
- Wertfeld fix: „VVUFK" (Unternehmensfixkosten)
- Wertfeld variabel: „VVUFK"
- Bezugsbasis: Regel: „Feste Prozentsätze"

Registerkarte: *Sender/Empfänger*

- Kostenstelle von „P_MATXX" bis „VWXX"
- Kostenart von „430000" bis „430000" (Gehälter)
- Produkthierarch (erste so benannte Zeile) „00100" bei „von"

Schaltfläche ✅ (Enter)

Registerkarte: *Empfängerbezugsbasis*

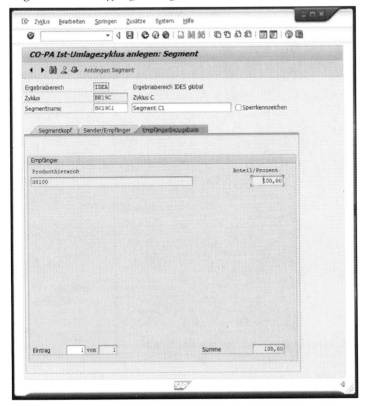

Eingabe:

- Anteil/Prozent: „100"

Schaltfläche ✅ (Enter) **und nicht speichern!**

Schaltfläche Anhängen Segment

Nun wird das zweite Segment für die Raumkosten angehängt.

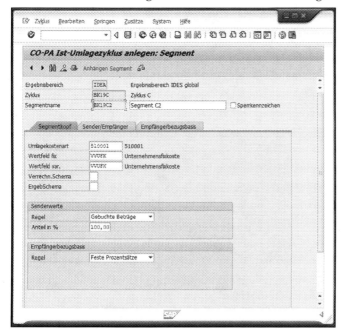

Eingaben:

- Segmentname: „BKXXC2", „Segment C2"
- Umlagekostenart: „510001"
- Wertfeld fix: „VVUFK" (Unternehmensfixkosten)
- Wertfeld variabel: „VVUFK"
- Bezugsbasis: Regel: „Feste Prozentsätze"

Registerkarte: *Sender/Empfänger*

- Kostenstelle von „P_BRENXX" bis „VWXX"
- Kostenart **von** „470000" (Raumkosten)
- Produkthierarch (erste so benannte Zeile) **von** „00100" (Maschinen)

Schaltfläche ✅ (Enter)

Registerkarte: *Empfängerbezugsbasis*

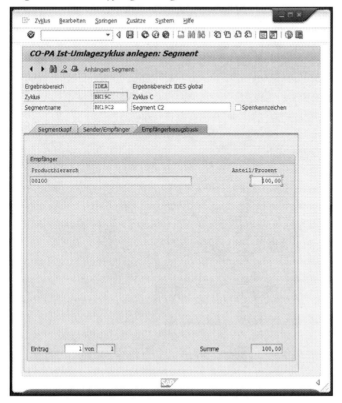

Eingabe:

- Anteil/Prozent „100"

Schaltfläche 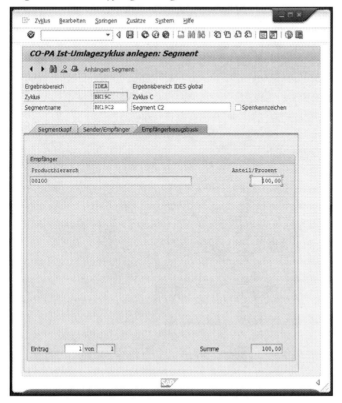 (Enter) **und nicht speichern!**

Schaltfläche Anhängen Segment

Es folgt das dritte Segment für die sekundären Gemeinkosten.

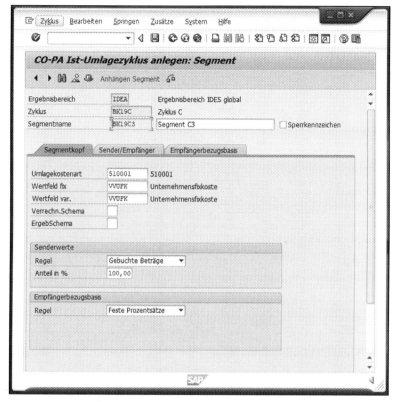

Eingaben:

- Segmentname: „BKXXC3", „Segment C3"
- Umlagekostenart: „510001"
- Wertfeld fix: „VVUFK" (Unternehmensfixkosten)
- Wertfeld variabel: „VVUFK"
- Bezugsbasis: Regel: „Feste Prozentsätze"

Registerkarte: *Sender/Empfänger*

- Kostenstelle von „P_BRENXX" bis „VWXX"
- Kostenart von „616000" bis „617000" (sekundäre Kosten)
- Produkthierarchie (erste so benannte Zeile) **von** „00100" (Maschinen)

Schaltfläche (Enter)

Registerkarte: *Empfängerbezugsbasis*

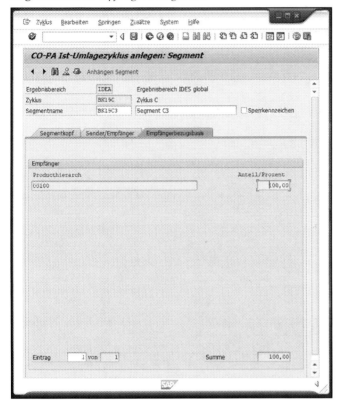

Eingabe:

- Anteil/Prozent: „100"

Schaltfläche ✅ (Enter)

Schaltfläche 💾 (Sichern) (Damit wird Zyklus BKXXC mit seinen drei Segmenten gesichert.)

Damit sind nun sämtliche Umlagezyklen angelegt. Die Umlage der Kostenstellen für die Ergebnisrechnung kann nun durchgeführt werden.

Umlage der Kostenstellen für die Ergebnisrechnung

Menüpfad:

SAP Menü/Rechnungswesen/Controlling/Ergebnis- und Marktsegmentrechnung/Istbuchungen/Periodenabschluss/Kostenstellen-/Prozesskosten übernehmen/Umlage

Transaktionscode KEU5

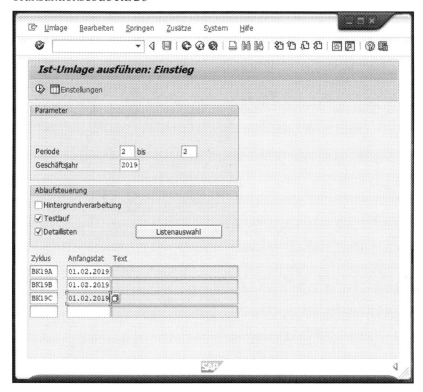

Eingaben:

Zunächst Testlauf markieren.

Zyklus:

- „BKXXA", Anfangsdat: 01. des aktuellen Monats (z. B. „01.02.2019")
- „BKXXB", Anfangsdat: 01. des aktuellen Monats (z. B. „01.02.2019")
- „BKXXC", Anfangsdat: 01. des aktuellen Monats (z. B. „01.02.2019")

Schaltfläche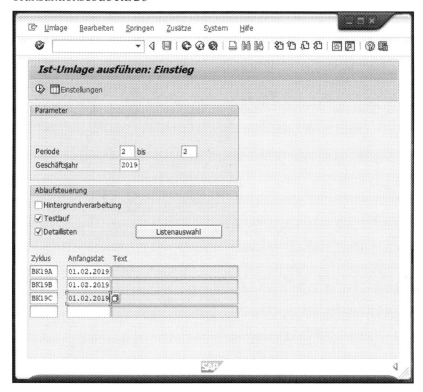

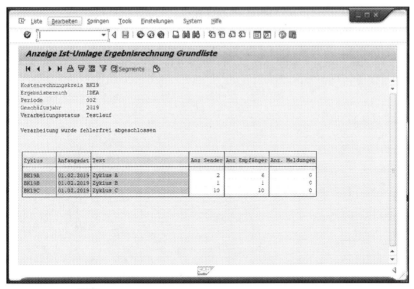

Schaltfläche 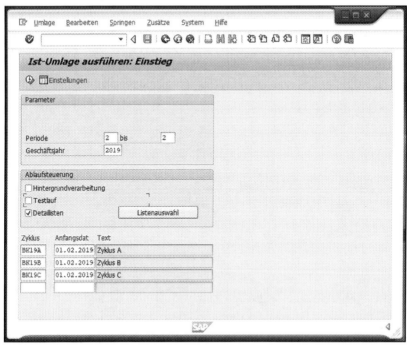 (Zurück)

Sofern der Testlauf fehlerfrei durchgeführt wurde, ist nun der Testlauf abzumarkieren. Schaltfläche (Ausführen)

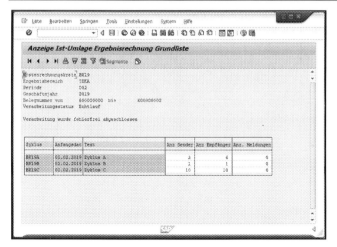

Abschließend kann über den Bericht DBRXX überprüft werden, ob die Ist-Umlage tatsächlich zu einer Übernahme der Kosten der Kostenstellen in die Ergebnisrechnung geführt hat. Dazu ist der Bericht DBRXX auszuführen.

Menüpfad:

SAP Menü/Rechnungswesen/Controlling/Ergebnis und Marktsegmentrechnung/Infosystem/Bericht ausführen

Transaktionscode: KE30

Nach Wahl des Berichts „DBRXX" erscheint folgendes Bild:

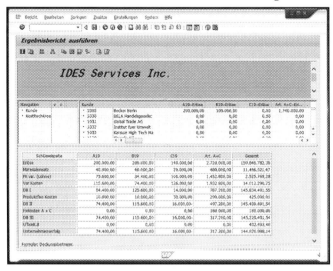

Eingabe:

Über die Navigationsschaltfläche **KostRechKreis** kann der eigene Kostenrechnungskreis „BKXX" ausgewählt werden.

Hier ist das Ergebnis für den eigenen Kostenrechnungskreis abzulesen.

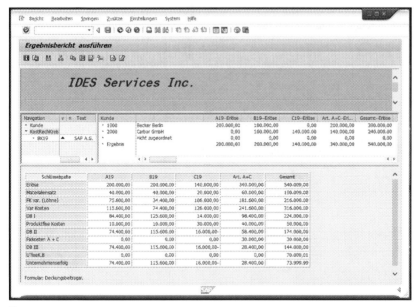

Über die Navigationsschaltfläche Kunde kann das Ergebnis auf den einzelnen Kunden herunter gebrochen werden.

Die Entlastung der Kostenstellen durch die Buchung der Umlagezyklen kann ebenfalls über das Berichtssystem kontrolliert werden.

Menüpfad:

SAP Menü/Rechnungswesen/Controlling/Kostenstellenrechnung/
Infosystem/Berichte zur Kostenstellenrechnung/
Plan/Ist-Vergleiche/Bereich: Kostenstellen

Transaktionscode: S_ALR_87013612

6 Integriertes Controlling mit SAP-Software

Die bisherigen Kapitel haben gezeigt, wie im Rahmen von SAP ERP ein System einer operativen internen Erfolgsrechnung aufgebaut und zur Unterstützung von Entscheidungen verwendet werden kann. Der Gegenstand des betriebswirtschaftlichen Bereichs Controlling ist jedoch weitergehend. Dieses Kapitel geht auf den Gegenstand des Controllings ein und zeigt auf, inwieweit SAP durch sein Produkt ERP bzw. weitere Software-Anwendungen den Anforderungen an ein modernes Controlling genügt.

6.1 Stand und Entwicklungstendenzen im Controlling

6.1.1 Kennzeichnung des koordinationsorientierten Controllings

In der betriebswirtschaftlichen Literatur gibt es keine einheitliche Auffassung über den Gegenstand des Controllings. Die meisten Autoren der gängigen Controlling-Lehrbücher vertreten jeweils eigenständige Controlling-Konzeptionen, die sich in einzelnen Punkten voneinander unterscheiden. Als Kern des Gegenstands des Controllings hat sich jedoch seit Anfang der 90er Jahre die Koordinationsaufgabe im Führungssystem einer Unternehmung herausgeschält.[89] Diese koordinationsorientierte Controlling-Konzeption wurde maßgeblich von Hans-Ulrich Küpper entwickelt und geprägt.[90]

Die Controlling-Funktion wird dabei „im Kern in der Koordination des Führungsgesamtsystems zur Sicherstellung einer zielgerichteten Lenkung"[91] gesehen. Unternehmen werden dabei zunächst gedanklich in ein Führungssystem und ein Leistungssystem getrennt. Während die Prozesse im Leistungssystem unmittelbar auf die Erstellung bzw. Verwertung von Gütern und Dienstleistungen gerichtet sind, beinhaltet das Führungssystem alle Maßnahmen und Regeln, die dazu dienen, die Handlungen aller in einem Unternehmen wirkenden Personen auf gemeinsame Ziele auszurichten. Um den Begriff Führung zu konkretisieren, wird das Führungssystem in der Regel in Teilsysteme untergliedert. Gängig ist eine Aufteilung in Planungssystem, Kontrollsystem, Informationssystem, Personalführungssystem und Organisation (vgl. Abb. 6-1). Dem Controlling als weiterem Führungsteilsystem kommt dabei die Aufgabe zu, die anderen Teilsysteme der Führung aufeinander

---

89 Vgl. insbesondere Küpper/Weber/Zünd (1990).

90 Vgl. zu einer ausführlichen Darstellung Küpper et al. (2013), S. 30ff.

91 Küpper/Weber/Zünd (1990), S. 283.

© Springer Fachmedien Wiesbaden GmbH, ein Teil von Springer Nature 2020
G. Friedl und B. Pedell, *Controlling mit SAP®*, https://doi.org/10.1007/978-3-658-27719-2_6

abzustimmen. Dazu gehört beispielsweise die Ausrichtung des Informationssystems auf die Planungsprozesse in einem Unternehmen. Für die Durchführung der
Planung werden bestimmte Informationen des Rechnungswesens benötigt. Das
Controlling muss den Informationsbedarf der Planung bestimmen und die geeigne-
ten Informationen bereitstellen.

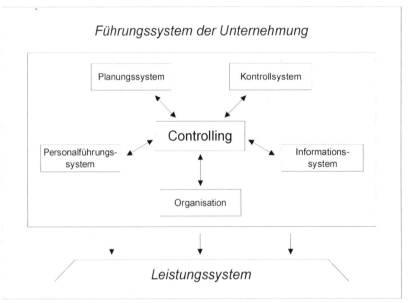

Abbildung 6-1:   Gliederung des Führungssystems der Unternehmung[92]

Die Koordinationsaufgabe bezieht sich dabei sowohl auf eine Abstimmung der Führungsteilsysteme untereinander als auch auf die Koordination innerhalb der einzelnen Führungsteilsysteme. Zur Erfüllung dieser Aufgaben stellt das Controlling eine
Reihe von Instrumenten bereit. Diese lassen sich entsprechend Abb. 6-2 je nach Um-
fang der wahrgenommenen Koordinationsaufgaben in isolierte und übergreifende
Koordinationsinstrumente einteilen. Isolierte Instrumente lassen sich weitgehend einem einzelnen Führungsteilsystem zuordnen, während übergreifende Controlling-
Instrumente der Koordination aller Führungsteilsysteme dienen.

---

92 Abbildung entnommen aus Küpper et al. (2013), S. 36.

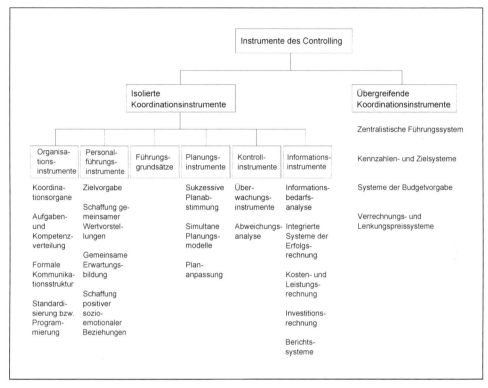

Abbildung 6-2:   Überblick über isolierte und übergreifende Koordinations-instrumente[93]

Unter den isolierten Koordinationsaufgaben hat die Integration des Informationssystems ein besonderes Gewicht. Hier hat das Controlling zum einen für eine Integration der Datenbasis zu sorgen. Zum anderen müssen Informationsbedarf und Informationsbereitstellung aufeinander abgestimmt werden. Daneben kommt dem Personalführungssystem ebenfalls eine immer stärkere Bedeutung zu. Das Controlling muss auf die Motivationswirkungen seiner Instrumente achten. Die übergreifenden Koordinationsinstrumente gelten als besonders typische Controlling-Instrumente und sind, zum Teil in Kombinationen, in vielen Unternehmen weit verbreitet. Insbesondere Budgetierungsverfahren und Kennzahlensysteme spielen in Unternehmen jeder Größenordnung und Branche eine bedeutende Rolle.

6.1.2   Bedeutung der Wertorientierung für das Controlling

Insbesondere seit den 1990er Jahren haben auch in Deutschland die Eigenkapitalgeber bzw. Shareholder für die Unternehmensführung stark an Bedeutung gewonnen. Die Strategie eines Unternehmens wird in zunehmendem Maße an den Interessen

---

93 Abbildung entnommen aus Küpper et al. (2013), S. 47.

dieser Anspruchsgruppe ausgerichtet. Diese Entwicklung wird auch als Wertorientierung bzw. Shareholder Value-Orientierung bezeichnet. Für das Controlling hat dies zahlreiche Konsequenzen. Insbesondere müssen die Systeme des operativen internen Rechnungswesens, die oft mit dem Controlling gleichgesetzt worden sind, mit den Systemen der Investitionsrechnung integriert werden.

Denn aus Sicht der Eigenkapitalgeber spielt die vergangene Performance eines Unternehmens nur eine untergeordnete Rolle. Sie interessieren sich stattdessen vor allem für die Zahlungsströme, die ihnen künftig aus dem Unternehmen zufließen. Die Ermittlung künftiger Cash Flows spielt daher in wertorientierten Konzepten die zentrale Rolle. Bezüglich dieser Cash Flows sind zwei Aspekte von besonderer Bedeutung, nämlich das Ausmaß an Unsicherheit über die Cash Flows und deren zeitlicher Anfall. Cash Flows, die in naher Zukunft anfallen, werden weniger stark abgezinst als Cash Flows, die noch nicht so bald zu erwarten sind. Cash Flows, die einer höheren Unsicherheit unterliegen, werden stärker abgezinst als Cash Flows mit einer niedrigen Unsicherheit. Beide Aspekte lassen sich über geeignete Kapitalkosten berücksichtigen.

Diesem veränderten Informationsbedarf hat ein wertorientiertes Controlling Rechnung zu tragen. Die Prognose künftiger Cash Flows und die Bestimmung von Kapitalkosten gewinnen gegenüber der Ermittlung eines realisierten Betriebsergebnisses an Bedeutung. Denn über diese Größen lässt sich der Discounted Cash Flow als zentrale Steuerungsgröße einer wertorientierten Unternehmensführung ermitteln. Die grundlegende Aufgabe eines wertorientierten Controllings besteht darin, Auswirkungen betrieblicher Entscheidungen auf diese zentrale Steuerungsgröße aufzuzeigen und damit eine Koordination der operativen, taktischen und strategischen Planung mit wertorientierten Steuerungsgrößen vorzunehmen.

Unternehmen sind aufgrund gesetzlicher Vorgaben zur externen Rechnungslegung verpflichtet. Dabei spielen die periodisierten Größen der Buchhaltung eine wichtige Rolle. Ein Konzept, das den Discounted Cash Flow mit buchhalterischen Größen verbindet, ist der Residualgewinn, der in der Praxis unter dem Namen Economic Value Added (EVA) als Konzept der Beratungsfirma Stern Stewart bekannt geworden ist. Der EVA errechnet sich aus dem Gewinn nach Steuern abzüglich der Kapitalkosten in Form von Zinsen auf das gebundene Kapital. Über zahlreiche Anpassungen lässt sich der EVA einer Periode damit aus buchhalterischen Größen bestimmen. Die Attraktivität dieser Größe besteht nun darin, dass unter bestimmten Voraussetzungen, die in vielen Fällen näherungsweise als gegeben unterstellt werden können, die Summe aller künftigen abgezinsten EVAs mit dem Discounted Cash Flow übereinstimmt. Damit stellt auch der realisierte EVA eine wertorientierte Steuerungsgröße dar, die vergleichsweise einfach aus den Daten des bisherigen Rechnungswesens ermittelt werden kann. Dies ist für viele Unternehmen attraktiv, da damit eine Größe zur Verfügung steht, die nahe an traditionellen Steuerungsgrößen wie dem Betriebserfolg liegt. Im Unterschied zu traditionellen Größen berücksichtigt der EVA Zinsen auf das gesamte eingesetzte Kapital.

Wertorientierung bedeutet gleichzeitig, Anreize dafür zu schaffen, dass alle Mitarbeiter eines Unternehmens dieses Ziel mit Nachdruck verfolgen. Ein Instrument hierfür stellen erfolgsabhängige Vergütungen für Mitarbeiter dar. Der EVA kann als Basis eines derartigen erfolgsabhängigen Vergütungssystems dienen. Damit wird die Bezahlung der Mitarbeiter unmittelbar an den erzielten Unternehmenserfolg im Sinne der Ziele der Eigenkapitalgeber gekoppelt.

6.1.3 Balanced Scorecard als modernes Controllinginstrument

Während die Wertorientierung der Unternehmensführung sich weitgehend auf die Betrachtung finanzieller Kenngrößen beschränkt, hat mit dem Konzept der Balanced Scorecard ein spezielles Controlling-Instrument größere Aufmerksamkeit erlangt, das auch nichtfinanzielle Bereiche eines Unternehmens berücksichtigt.[94] Im Kern handelt es sich dabei um ein Kennzahlensystem, das durch seinen strukturierten Aufbau Aussagen zu wichtigen Feldern eines Unternehmens liefern soll. Die Ableitung von Kennzahlen über Ursache-Wirkungs-Beziehungen aus übergeordneten Zielen soll eine Ausrichtung des Unternehmens an diesen Zielen und seine Steuerung ermöglichen. Die Balanced Scorecard hilft bei der Formulierung von Strategien und deren Operationalisierung. Sie stellt Informationen in Form von Kennzahlen für die verschiedenen Ebenen der Planung und der Kontrolle sowie zur Steuerung von Mitarbeitern bereit. Damit handelt es sich bei der Balanced Scorecard um ein übergreifendes Koordinations- und Steuerungsinstrument.[95]

Den grundsätzlichen Aufbau einer Balanced Scorecard zeigt Abb. 6-3. Vorab muss sich eine Unternehmung über ihre Vision und Strategie klar werden. Aus diesen werden im Rahmen der Balanced Scorecard Ziele abgeleitet und den vier Perspektiven Finanzen, Kunden/Produktmärkte, Interne Geschäftsprozesse sowie Potenziale/Ressourcen zugeordnet. Insgesamt sollten nicht mehr als 15 bis 20 Ziele für die Balanced Scorecard ausgewählt werden, um eine starke Priorisierung zu gewährleisten. Die Ziele der vier Perspektiven sind mit Kennzahlen zu operationalisieren. Für diese sind Vorgabewerte aufzustellen. Entscheidend ist, dass Maßnahmenpakete mit klaren Verantwortlichkeiten in die Balanced Scorecard aufgenommen werden, von denen erwartet wird, dass sie das Erreichen der Vorgabewerte ermöglichen.

---

94 Vgl. insbesondere Kaplan/Norton (1996).

95 Vgl. Küpper et al. (2013), S. 463.

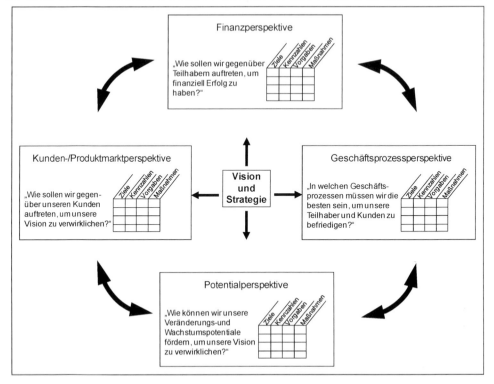

Abbildung 6-3:   Grundstruktur des Konzepts der Balanced Scorecard[96]

In der Finanzperspektive dominieren wertorientierte Spitzenkennzahlen wie beispielsweise der Discounted Cash Flow oder der Economic Value Added. In der Kunden- bzw. Produktmarktperspektive steht die Verwertung der Produkte des Unternehmens am Markt im Vordergrund. Die Leistungserstellung ist Gegenstand der Geschäftsprozessperspektive. Mögliche Kennzahlen können hier z. B. Produktionskosten, Time to Market und Durchlaufzeiten sein. Marktorientierte Kostenmanagementinstrumente wie das Target Costing zielen darauf ab, eine Brücke zwischen Kunden- und Prozessperspektive zu schlagen. Die zur Leistungserstellung benötigten Ressourcen werden in der Potenzialperspektive abgebildet. Für das Erreichen von Wettbewerbsvorteilen sind vor allem intangible Ressourcen wie das Wissen und die Fähigkeiten der Mitarbeiter oder auch Markenwerte geeignet.

Die Ziele und Kennzahlen der vier Perspektiven sind von der Finanz- über die Kunden- und Prozess- bis zur Potenzialperspektive mit Ursache-Wirkungs-Ketten zu verbinden. Über die vier Perspektiven hinweg trägt die Balanced Scorecard so zu einer integrierten Sicht von Ressourcen-, Produkt- und Kapitalmärkten bei. Ein wei-

---

96 Kaplan/Norton (1997), S. 9.

terer wesentlicher Vorteil dieses Ansatzes liegt in seiner pragmatischen Vorgehensweise und einfachen Kommunizierbarkeit. Damit lassen sich Diskussionsprozesse
in Gang setzen, die wiederum wesentlich für die weitere Strategiefindung sind.

6.1.4   Anforderungen an ein modernes Controlling

Aus den skizzierten Entwicklungen lässt sich eine Reihe von Anforderungen an ein
modernes Controlling ableiten. Dabei werden lediglich Schwerpunkte beleuchtet
und einzelne Gebiete, die für bestimmte Unternehmen möglicherweise eine größere
Bedeutung haben, ausgeklammert.

- *Integration des Informationssystems:* Die für alle Arten von unternehmerischen Entscheidungen benötigten Daten müssen zeitnah und in der notwendigen Quanti-
  tät und Qualität verfügbar sein sowie sich möglichst flexibel dynamischen Un-
  ternehmensstrukturen anpassen können.
- *Verknüpfung der operativen, taktischen und strategischen Planung:* Die unterschiedlichen Planungsebenen müssen miteinander verknüpft werden, um sicherzustellen, dass die kurzfristige Planung die langfristigen strategischen Ziele unterstützt. Gleichzeitig müssen die lang- und mittelfristige Planung die Rahmenbedingungen innerhalb des Unternehmens berücksichtigen. Nur so kann langfristig eine wertmaximierende Strategie umgesetzt werden.
- *Ausrichtung des Informationssystems auf wertorientierte Steuerungsgrößen:* Die Entwicklung und Umsetzung einer wertorientierten Unternehmensstrategie benötigt wertorientierte Steuerungsgrößen, mit denen Einfluss auf das Verhalten der
  Mitarbeiter genommen werden kann. Das Informationssystem muss derartige
  Informationen bereitstellen.
- *Aufbau und Anpassung wertorientierter Anreizsysteme:* Der Aufbau wertorientierter
  Anreizsysteme kann bei der Umsetzung unternehmenswertorientierter Strategien helfen. Dazu müssen geeignete Performancegrößen gefunden und in das
  Vergütungssystem integriert werden.
- *Kennzahlenbasierte Steuerung des Gesamtunternehmens:* Unternehmen nutzen in zu-
  nehmendem Maße die Vorteile einer Dezentralisation von Unternehmensstruk-
  turen. Das Controlling muss in der Lage sein, auch für dezentrale Einheiten finanzielle und auch nichtfinanzielle Ziele vorzugeben und deren Einhaltung zu
  kontrollieren. Dies wird durch eine Steuerung auf der Basis von Kennzahlen und
  Kennzahlensystemen wie beispielsweise der Balanced Scorecard ermöglicht. Die
  Werttreiber der Unternehmung werden in der Balanced Scorecard den vier Perspektiven Finanzen, Kunden, Prozesse und Potenziale zugeordnet und durch Ur-
  sache-Wirkungsketten über die Perspektiven hinweg verbunden. Damit wird
  eine integrierte Sichtweise von Finanz-, Produkt- und Ressourcenmärkten erreicht.[97]

---

97 Vgl. Pedell/Schwihel 2002, S. 47.

6.2   Unterstützung bedeutender Controlling-Aufgaben durch SAP ERP

Controlling-Aufgaben im Sinne einer Koordination von Führungsaufgaben stehen beim System SAP ERP nicht im Mittelpunkt. Vielmehr sollen mit diesem System die einzelnen betriebswirtschaftlichen Funktionsbereiche eines Unternehmens einschließlich der wichtigsten Querschnittsbereiche abgedeckt werden. Dies entspricht eher einer Koordination des Leistungssystems. Daneben liegt ein Fokus von SAP ERP in der Bereitstellung einer Datenbasis und von Strukturen für das Rechnungswesen. Im Folgenden wird untersucht, auf welche Koordinationsaufgaben im Führungssystem und damit Controlling-Aufgaben SAP ERP und hier insbesondere das Modul CO ausgerichtet ist und in welchen Bereichen Defizite herrschen.

6.2.1   Integration des Informationssystems

Ein wesentlicher Nutzen des Systems SAP ERP besteht in der Schaffung und Nutzung einer gemeinsamen Datenbasis. Die Integration von Daten erfolgt entlang der kompletten Wertschöpfungskette. Beispielsweise werden Stammdatensätze von Artikeln von der Beschaffung über die Produktion bis hin zum Vertrieb genutzt. Für das Controlling wichtig ist die Integration der Daten des Rechnungswesens. SAP ERP unterstützt eine Angleichung des internen und externen Rechnungswesens, da das interne Rechnungswesen (CO) ohnehin einen großen Teil der Daten aus der Finanzbuchhaltung (FI) bezieht. Dieser Teil der Datenintegration ist für viele Unternehmen ein Vorteil, deren interne Erfolgsrechnungen stärker an den Erfordernissen der externen Rechnungslegung angelehnt sind. Für international tätige Unternehmen besteht darüber hinaus ein wichtiger Vorteil darin, dass eine Bewertung eines gegebenen Mengengerüsts über einen Bewertungsvektor erfolgt, der vergleichsweise einfach an länderspezifische Gegebenheiten angepasst werden kann.

Die Datenintegration in SAP ERP beschränkt sich jedoch weitgehend auf die operativen Informationssysteme. Für die Finanzbuchhaltung, die Kosten- und Erlösrechnung, die Gewinn- und Verlustrechnung, die Bilanz und die Kapitalflussrechnung wird eine gemeinsame Datenbasis bereitgestellt. Die Verknüpfung mit strategischen Informationssystemen ist nur in geringem Maße, beispielsweise bei der Bereitstellung von Abschreibungen aus der in die Zukunft gerichteten Investitionsrechnung (IM), vorhanden.

Diese Tatsache lässt ein wertorientiertes Controlling nur sehr eingeschränkt zu. Ein wertorientiertes Controlling benötigt auch im operativen Bereich Daten, die Aufschluss über die Auswirkungen kurzfristiger Entscheidungen auf langfristige Ziele geben. Bei der Entscheidung über die Annahme eines Zusatzauftrags muss beispielsweise dessen Auswirkung auf den Discounted Cash Flow als zentrale wertorientierte Steuerungsgröße abgeschätzt werden können. Dies ist jedoch in SAP ERP ohne weitergehende Überlegungen und Anpassungen kaum möglich.

Eine wichtige Aufgabe des Controllings liegt in der Ausrichtung der Informationsbereitstellung auf den Informationsbedarf. SAP ERP unterstellt hinsichtlich des konkreten Informationsbedarfs einen Rahmen, der auf operative Informationen ausgerichtet ist. Der Anwender hat bezüglich einer Konkretisierung dieses Informationsbedarfs nur noch innerhalb dieses Rahmens Freiheitsgrade. Dies zeigen die zahlreichen Standardberichte, die im Modul CO bereitgestellt werden. Das bedeutet, dass mit dem Einsatz von SAP ERP grundlegende Fragen der Ausrichtung der Informationsbereitstellung auf den Informationsbedarf bereits als gelöst vorausgesetzt werden. Da dies jedoch nur für den operativen Bereich gilt, muss das Controlling darauf achten, dass der langfristige Informationsbedarf korrekt ermittelt und entsprechende Informationen bereitgestellt werden. Vor diesem Hintergrund fällt auch die Koordination von Customizing-Aktivitäten in den Aufgabenbereich des Controllings.[98]

SAP ERP integriert die operative Datenbasis eines Unternehmens sehr weitgehend. Die Integration beschränkt sich dabei nicht nur auf Daten, die für das Rechnungswesen relevant sind. Allerdings sind diese Daten vielfach vergangenheitsorientiert. Beim Blick in die Zukunft beschränkt sich SAP ERP weitgehend auf einen kurzfristigen Zeithorizont.

6.2.2 Verknüpfung der operativen, taktischen und strategischen Planung

Konsequente Wertorientierung bedeutet für die Planung, dass der operative, taktische und strategische Bereich zu verknüpfen sind. Aus den langfristigen Zielen und Plänen sind die mittel- und kurzfristigen abzuleiten. Die Auswirkungen von Abweichungen der kurzfristigen Pläne auf die langfristige Strategie sind zu analysieren und transparent zu machen.

Während die langfristigen Pläne häufig vor allem qualitativ formuliert werden, werden die kurzfristigen Pläne z. B. in Form von Erlös- und Kostenbudgets in aller Regel quantifiziert. Eine Verknüpfung kann nur gelingen, wenn auch für den langfristigen Bereich quantitative Ziele formuliert werden. Diese können beispielsweise mit Hilfe von Investitionsrechnungen konkretisiert werden.

Moderne kapitalwertorientierte Investitionsrechenverfahren berücksichtigen das Risiko einer Investition über risikoangepasste Zinssätze, die auch von der Art der Finanzierung abhängen. Unterschiedlich riskante Projekte werden mit unterschiedlichen Diskontierungsfaktoren bewertet. Eine Verknüpfung der operativen und strategischen Planung muss zur Folge haben, dass sowohl in den operativen Rechnungen als auch in den Investitionsrechnungen mit denselben Zinssätzen gearbeitet wird.

---

98 Vgl. Baumeister (1999), S. 11ff.

Das System SAP ERP bietet eine Verknüpfung der Investitionsrechnung und der Kosten- und Erlösrechnung. Die nach speziellen Verfahren ermittelten Abschreibungen von Investitionen werden unmittelbar in die operativen Periodenerfolgsrechnungen übernommen. Dies gilt allerdings nicht in derselben Weise für die Zinskosten. Hier werden in SAP ERP keine Möglichkeiten bereitgestellt, Zinssätze risikoadäquat zu bestimmen und in den kurz- und langfristigen Rechnungen gleichermaßen zu verwenden.

6.2.3   Ausrichtung des Informationssystems auf wertorientierte Steuerungsgrößen

Der Discounted Cash Flow bildet die zentrale Zielgröße in wertorientierten Unternehmen. Als Steuerungsgröße ist er jedoch nur bedingt geeignet. Das liegt insbesondere daran, dass er sich aus prognostizierten und damit manipulierbaren Größen, nämlich den künftigen Einzahlungsüberschüssen, zusammensetzt. Größen, die zur Steuerung geeignet sind, sollten dagegen manipulationsfrei sein, aber trotzdem einen Bezug zu wertorientierten Zielgrößen aufweisen.

Eine Steuerungsgröße, die diese Eigenschaften erfüllt, ist der Residualgewinn. Unter bestimmten Voraussetzungen stimmen die abgezinsten zukünftigen Residualgewinne nämlich mit dem Discounted Cash Flow überein. In seiner Form als Economic Value Added kann der Residualgewinn durch zahlreiche Modifikationen direkt aus den Daten des externen Rechnungswesens bestimmt werden.

SAP ERP stellt eine breite Datenbasis für die externe Rechnungslegung zur Verfügung. Das Rechnungsziel in SAP ERP ist jedoch ein Periodenerfolg, der höchstens einen zufälligen Bezug zu einem wertorientierten Performancemaß aufweist. Dagegen ist die Berechnung eines Residualgewinns standardmäßig nicht vorgesehen. Auch die notwendigen Modifikationen der Daten des externen Rechnungswesens muss sich der Anwender selbstständig ohne Systemunterstützung erarbeiten. Damit ist das Informationssystem nur unzureichend auf wertorientierte Steuerungsgrößen ausgerichtet.

6.2.4   Aufbau und Anpassung wertorientierter Incentivierungssysteme

Wertorientierte Strategien lassen sich nur durchsetzen, wenn ein starkes Augenmerk auf die beteiligten Mitarbeiter gerichtet wird. Um die Interessen der Mitarbeiter mit denen der Eigenkapitalgeber in Einklang zu bringen, müssen entsprechende Anreize geschaffen werden. Dies kann durch Zielvereinbarungen oder die unmittelbare Kopplung der Vergütung an wertorientierte Performancemaße geschehen.

Die Bereitstellung von solchen Informationen für erfolgsabhängige Vergütungen und die Unterstützung von Zielvereinbarungen ist in SAP ERP nicht vorgesehen. Es werden weder konzeptionelle Vorschläge für die Gestaltung erfolgsabhängiger Vergütungssysteme gemacht noch Instrumente zu deren Aufbau bereitgestellt. Bei dieser wichtigen Controllingaufgabe bietet SAP ERP keine Softwareunterstützung.

6.2.5   Kennzahlenbasierte Steuerung des Gesamtunternehmens

Um flexibel auf Umweltentwicklungen reagieren zu können, werden Unternehmen in immer kleinere organisatorische Einheiten untergliedert. Eine Steuerung dieser Einheiten findet in zunehmendem Maße über Kennzahlen statt. In vielen Unternehmen wird das Konzept der Balanced Scorecard angewendet, weil es eine kennzahlenbasierte Gesamtsteuerung des Unternehmens in verschiedenen Perspektiven ermöglicht (vgl. Abschnitt 6.1.3).

Die gemeinsame Datenbasis, auf die SAP ERP aufbaut und die Daten aus den verschiedensten Bereichen umfasst, stellt eine hervorragende Grundlage für den Aufbau von Kennzahlensystemen wie der Balanced Scorecard dar. In vielen Fällen hält SAP ERP wichtige Kennzahlen schon bereit. Sie müssen lediglich in geeigneter Weise aufbereitet und dem System entnommen werden. Dies gilt allerdings weniger für Kennzahlen, die weiche Faktoren abbilden.

In der Bereitstellung einer Fülle verschiedener Kennzahlen liegt jedoch auch eine Schwäche des SAP ERP-Systems. In vielen Bereichen sind Kennzahlen in einem hohen Detaillierungsgrad verfügbar. Beispielsweise bereitet es keine Probleme, in einer mehrdimensionalen Deckungsbeitragsrechnung die Deckungsbeiträge eines Produkts regional, kundenspezifisch oder auf den Vertriebsweg bezogen genau zu analysieren. Die Aufbereitung dieser Kennzahlen und deren Zusammenstellung mit anderen Kennzahlen in Form von Berichten muss der Anwender jedoch weitgehend ohne Unterstützung von SAP ERP vornehmen bzw. kann nur auf die vordefinierten Standardberichte zurückgreifen, die kaum weitere Analysen erlauben.

6.2.6   Fazit zum System SAP ERP

Das System SAP ERP stellt zahlreiche Instrumente für das operative Controlling zur Verfügung. Diese Instrumente sind als Koordinationsinstrumente insbesondere dem Informationssystem und der operativen Planung und Kontrolle zuzurechnen und durch eine starke Orientierung am traditionellen Rechnungswesen gekennzeichnet. Eine Ausrichtung der Organisation auf die genannten drei Führungsteilsysteme wird ebenfalls hergestellt. Diese erfolgt weitgehend bei der Einführung eines SAP ERP-Systems, bei der insbesondere die Ablauforganisation mit den Möglichkeiten von SAP ERP abgeglichen wird. Dabei kommt es häufig zu einer Änderung bisheriger Geschäftsprozesse, also einer Anpassung der Ablauforganisation an die Software.[99] Die Aufbauorganisation kann dagegen in SAP ERP weitgehend unverändert abgebildet werden und muss demnach mit einer Einführung von SAP ERP nicht angepasst werden.

---

[99] Vgl. für zwei ausführliche Analysen der Implementierung eines SAP-Systems Lodh/ Gaffikin (2003), S. 85ff., sowie Scapens/Jazayeri (2003), S. 201ff.

Der für das Controlling wichtige Bereich der Personalführung und der Bereich der strategischen Controlling-Aufgaben werden von SAP ERP kaum abgedeckt. In diesem Bereich bietet das System SAP ERP praktisch keine Koordinationsinstrumente an.

Über eine Reihe von Anpassungen des SAP ERP-Systems könnte ein wertorientiertes Controlling realisiert werden. Allerdings ist hierfür eine Reihe von komplizierten Anpassungen notwendig, für die möglicherweise ein hoher Preis zu bezahlen ist. Übersteigen diese unternehmensspezifischen Anpassungen eine bestimmte Schwelle, wird ein schneller Releasewechsel unmöglich. Damit wird dem Unternehmen aber genau die Flexibilität genommen, die es durch unternehmensspezifische Anpassungen erhalten hat.

6.3   Zusammenhänge mit weiteren Komponenten des Gesamtsystems von SAP

Die ERP-Software SAP ERP wurde als integriertes System konzipiert, mit dem in Echtzeit betriebswirtschaftliche Transaktionen bereichs- und geschäftsübergreifend erfasst werden können. ERP-Systeme sind dadurch gekennzeichnet, dass mehrere betriebswirtschaftliche Anwendungen auf eine gemeinsame Datenbasis zugreifen. Über die Weiterentwicklung von SAP R/3 zu SAP ERP wurde die gemeinsame Datenbasis nicht nur auf unternehmensinterne, sondern auch auf Geschäftsprozesse zwischen einzelnen Unternehmen erweitert. Mithin erfolgt eine Integration von Daten aus unternehmensinternen und unternehmensübergreifenden Geschäftsprozessen, was wiederum neue Herausforderungen und Anforderungen an das Controlling definiert. Die Integriertheit hat den Vorteil, dass eine einheitliche Datenbasis sichergestellt ist und nur betriebswirtschaftlich konsistente Transaktionen vom System akzeptiert werden. Auf der anderen Seite ist SAP ERP dadurch nur sehr begrenzt offen für externe Informationsquellen, was z. B. Benchmarking mit anderen Unternehmen erschwert. Alternativrechnungen, Szenarien und Simulationen, z. B. für unterschiedliche Strategien, können innerhalb des Systems nur sehr begrenzt durchgespielt werden. Die Entscheidungsunterstützungsfunktion ist damit eingeschränkt.

An diesen Kritikpunkten setzen weitere Komponenten des Gesamtsystems von SAP an, welche den Vorteil der Integrität der betriebswirtschaftlichen Transaktionen erhalten und gleichzeitig durch zusätzliche separate Applikationen eine Öffnung sowie eine stärker strategische und entscheidungsunterstützende Ausrichtung des Gesamtsystems ermöglichen.[100] In einem Data Warehouse (SAP Netweaver Business Warehouse (kurz: SAP BW)) können interne und externe Daten entsprechend dem Informationsbedarf der Entscheidungsträger zusammengeführt werden. Daten aus

---

100 Vgl. Kagermann/Reinhart (1999), S. 343.

externen Informationsquellen können dadurch automatisch mit in die Planung einbezogen werden, ohne dass die Daten der tatsächlichen Transaktionen in SAP ERP davon berührt werden.[101] Die Auswertung der Daten soll mit der Software-Anwendung SAP BusinessObjects wesentlich erweitert werden. Abb. 6-4 zeigt, wie sich die Ebenen SAP ERP, SAP BW und SAP BusinessObjects zu einem Gesamtsystem zusammenfügen.[102]

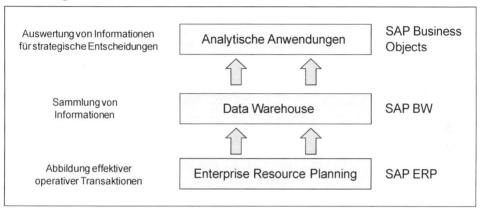

Abbildung 6-4: **Ebenen des SAP-Gesamtsystems**

In SAP ERP werden die operativen Transaktionen auf der Ebene eines Enterprise Resource Planning erfasst und mit Standardberichten aufbereitet. Im Data Warehouse werden Daten aus SAP ERP und aus anderen internen und externen Informationsquellen zusammengeführt und mit ihrem zeitlichen Verlauf gespeichert. Auf der Ebene von SAP BusinessObjects werden die Daten von SAP BW analytisch ausgewertet, um Entscheidungen zu unterstützen und unterschiedliche Strategien zu bewerten. Durch den Rückgriff auf die Daten von SAP ERP wird insgesamt eine Verzahnung von operativer und strategischer Planung erreicht.[103]

Im Lösungsportfolio von SAP spiegelt sich dies aktuell wie in Abb. 6-5 dargestellt wider. Danach werden die beiden Bereiche SAP Business Suite für Geschäftsprozesse und SAP BusinessObjects für Geschäftsanalyse unterschieden. Zur SAP Business Suite gehören neben SAP ERP noch die Anwendungen Customer Relationship Management (CRM), Product Lifecycle Management (PLM), Supply Chain Management (SCM) sowie Supplier Relationship Management (SRM).

---

101 Vgl. auch Schumann (2001), S. 107.

102 Zur Erweiterung um Ebenen, die sich aus Internet-Anwendungen ergeben, vgl. Twardy (1997), S. 75.

103 Vgl. auch Sinzig (2001), S. 109.

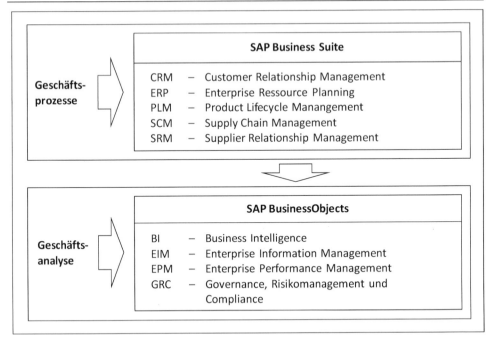

Abbildung 6-5:   **SAP-Lösungsportfolio**

SAP BusinessObjects besteht aus den vier Bausteinen (1) Business Intelligence (BI), (2) Enterprise Information Management (EIM), (3) Enterprise Performance Management (EPM) sowie (4) Governance, Risikomanagement und Compliance (GRC).[104] Der Baustein Business Intelligence zielt darauf ab, eine einheitliche Informationsinfrastruktur zu schaffen, die vielen Entscheidungsträgern im Unternehmen einen zeitnahen Zugriff auf die für sie relevanten Informationen ermöglichen soll. Dazu gehört die Erstellung von Berichten ebenso wie spezielle Datenauswertungen und Prognosen. Die Aufgabe von Enterprise Information Management besteht darin, eine zuverlässige Datenbasis für die drei anderen Bausteine zu schaffen. Dazu dienen die Funktionen Datenintegration, Datenqualitätsmanagement, Stammdatenverwaltung sowie Metadatenmanagement, mit denen Informationen aus verteilten Datenquellen zusammengeführt werden sollen. Die Bausteine Enterprise Performance Management sowie Governance, Risikomanagement und Compliance sind stärker inhaltlich auf Aufgaben und Anforderungen zugeschnitten, wie sie oben für ein modernes Controlling diskutiert wurden. Diese beiden Bausteine werden daher im Anschluss an den folgenden Abschnitt 6.3.1 zum Data Warehouse von SAP jeweils in eigenen Abschnitten im Überblick dargestellt und daraufhin überprüft, ob sie dazu beitragen können, die Lücken zu schließen, die SAP ERP im Hinblick auf ein modernes Controlling offen lässt.

---

104 Vgl. zum Überblick SAP AG (2010).

6.3.1 SAP Netweaver Business Warehouse (SAP BW)

SAP BW, das Werkzeug von SAP zur Umsetzung eines unternehmensindividuellen Data Warehouse, bietet die Möglichkeit, über die in SAP ERP erfassten operativen Transaktionen hinaus Daten aus weiteren internen und externen Informationsquellen zu erfassen. Es ist Bestandteil des SAP NetWeaver. Externe Datenquellen können mit offenen Schnittstellen angebunden werden. Interne und externe sowie Vergangenheits- und Prognosedaten können auf diese Weise in einer vom OLTP (Online Transaction Processing)-System separierten Datenbank automatisch zusammengeführt und gespeichert werden.

Ein Data Warehouse ist allgemein eine harmonisierte Datensammlung zur Entscheidungsunterstützung auf einer einheitlichen, aussagefähigen und vertrauenswürdigen Datenbasis. Es ist durch folgende vier Merkmale gekennzeichnet:[105]

- *Themenorientierung der Datenspeicherung:* Die Speicherung der Daten orientiert sich an den Geschäftsobjekten einer Unternehmung, wie z. B. Kunden, Produkten, Regionen und nicht an den Geschäftsprozessen.
- *Integration der Datenbasis:* Die Daten aus unterschiedlichen internen und externen Datenquellen, insbesondere aus den operativen internen Systemen, werden zusammengespielt und konsolidiert, um eine einheitliche, integrierte Datenbasis für Auswertungen sicher zu stellen.
- *Zeitbezug der erfassten Daten:* Das Data Warehouse enthält auch historische Daten, die langfristig gespeichert werden. Aus den operativen Systemen werden in bestimmten Zeitabständen Daten kopiert und mit "Zeitstempeln" gekennzeichnet. Dies ermöglicht Abweichungs- und Zeitreihenanalysen.
- *Dauerhafte Speicherung der eingegebenen Daten:* Einmal erfasste Daten werden in der Regel nicht mehr verändert oder gelöscht, sondern dauerhaft gespeichert. Die Daten können insbesondere durch die auf ihnen aufbauenden Analysen nicht verändert werden.

Ein Data Warehouse besteht i.d.R. aus mehreren Schichten (vgl. Abb. 6-6). In der ETL (Extraction/Transformation/Loading)-Schicht werden die Daten in das Data Warehouse eingespielt. Im Core Data Warehouse wird die Datenhaltung angelegt und gepflegt. In der Schicht darüber kann die Auswertung der Daten z. B. über einen OLAP (Online Analytical Processing)-Server laufen. Unter dem Data Warehouse liegt die Schicht der operativen und externen Systeme, darüber die Präsentationsschicht.

---

[105] Vgl. Inmon (2005).

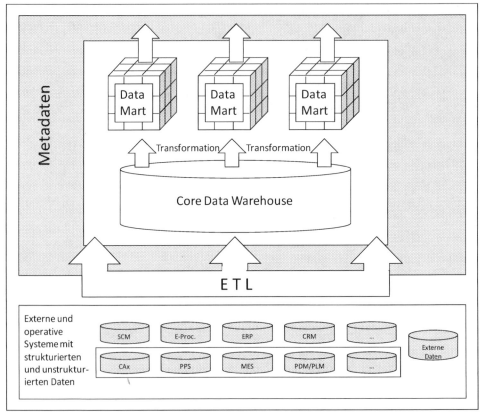

Abbildung 6-6:   Data Warehouse-Architektur[106]

Ausgangspunkt für die Definition der Datenbank ist die Feststellung des Informationsbedarfs[107] der Informationsempfänger in und außerhalb der Unternehmung. Zu diesem Zweck ist zunächst eine systematische Informationsbedarfsanalyse durchzuführen. Danach sind in weiteren Schritten die Struktur der Datenbank, die Datenquellen sowie der Aufbau der Berichte festzulegen.

Die beschriebene Data Warehouse-Architektur findet sich auch im Aufbau von SAP BW wieder (vgl. Abb. 6-7). Daten können aus SAP ERP sowie aus Nicht-SAP-Systemen, z. B. auch aus dem Internet, extrahiert und in die Datenbank eingespielt werden. Abgelegt werden die Daten in so genannten Data Marts. Diese sind für dezidierte Anwendungsbereiche ausgelegt, z. B. Controlling oder Vertrieb.[108] Data Marts können z. B. OLAP-Cubes sein, welche nach Merkmalen unterschiedlicher Dimensionen wie z. B. Kunde, Kostenstelle oder Jahr strukturiert sind, die zugehörigen

---

106 Quelle: Kemper/Baars/Mehanna (2010), S. 11 und S. 25 (jeweils in Ausschnitten übernommen).

107 Zur Informationsbedarfsanalyse vgl. Küpper et al. (2013), S. 215ff.

108 Vgl. Kemper/Lasi/Zahn (2011), S. 433.

Bewegungsdaten wie z. B. Umsätze speichern und entsprechende mehrdimensionale Auswertungen ermöglichen. In diesen OLAP-Cubes lassen sich auch alternative Rechnungen für unterschiedliche Zwecke oder Strategien ablegen. Durch die Speicherung historischer Daten werden Abweichungs- und Zeitreihenanalysen erleichtert.

Für die Auswertung der Daten stehen unterschiedliche Abfrage- und Analysewerkzeuge zur Verfügung. Für Routinetätigkeiten im operativen Controlling können Standardberichte entsprechend dem Informationsbedarf der Berichtsempfänger vordefiniert werden, die dann zu bestimmten Zeitpunkten automatisch erstellt und den Berichtsempfängern zur Verfügung gestellt werden. Abweichungsberichte werden dagegen im Sinne eines Management by Exception nur dann automatisch erstellt, wenn vorab definierte Schwellenwerte bestimmter Kennzahlen überschritten sind. Damit wird der Gefahr der Informationsüberflutung bei den Empfängern entgegengewirkt. Darüber hinaus besteht aber in SAP BI vor allem die Möglichkeit für Entscheidungsträger, bei Bedarf Ad-hoc-Berichte selbstständig mit einer relativ intuitiven Benutzeroberfläche zu konfigurieren. In einem permanentem Wandel unterworfenen Controlling-Umfeld ist dies besonders wichtig, um in veränderten Situationen schnell über eine zuverlässige und aussagekräftige Datenbasis für Entscheidungen zu verfügen. Abweichungen bzw. das Überschreiten von Toleranzgrenzen für bestimmte Kennzahlen in Standardberichten haben hier eine Indikatorfunktion und zeigen den Bedarf für tiefergehende Analysen an.

Das Erstellen entscheidungsrelevanter Ad-hoc-Berichte wird durch die OLAP-Technologie erheblich erleichtert. Diese ermöglicht die mehrdimensionale Auswertung des Datenbestands des Data Warehouse von der Front End-Seite her. Mit der OLAP-Technologie können Abfragen, sog. Queries, gestartet werden, die es erlauben, einzelne Daten der OLAP-Cubes selektiv anzusteuern und für die Auswertung herauszugreifen. Dicing bezeichnet die Selektion von Teilwürfeln, Slicing diejenige von ganzen Scheiben der OLAP-Cubes. Die selektierten Teile der OLAP-Cubes werden zu so genannten QueryCubes. Durch Queries werden das Setzen von Selektionskriterien sowie Zeitreihenanalysen und Aufrisse möglich. Mit dieser Technik lassen sich beispielsweise Umsatzzahlen je nach Entscheidungssituation und Informationsbedarf zeitlich und sachlich beliebig aggregieren und disaggregieren.

In der Präsentationsschicht von SAP BW können Daten für den Anwender aufbereitet und bearbeitet werden. Dazu dienen der Business Explorer und die aktuellere SAP BusinessObjects Analysis Edition für Microsoft Office. Dabei lassen sich Daten sowohl in Microsoft Excel als auch in Microsoft Powerpoint darstellen und bearbeiten. Wie zur Schicht der operativen Systeme bestehen auch zur Präsentationsschicht offene Schnittstellen, um Auswertungen mit anderen Programmen zu erleichtern. Abb. 6-7 gibt einen Überblick über den Aufbau von SAP BW.[109]

---

[109] Zu einer detaillierteren Darstellung des technischen Aufbaus vgl. www.sap.com.

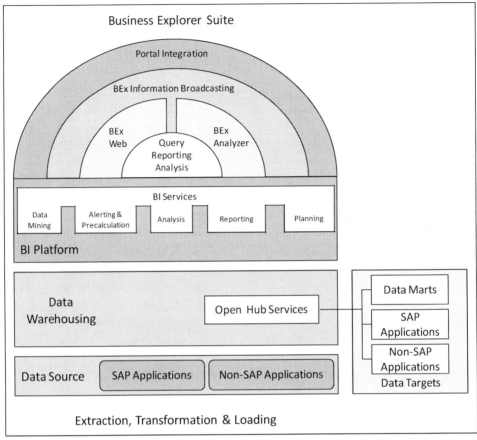

Abbildung 6-7:   Aufbau von SAP BW[110]

6.3.2 SAP Enterprise Performance Management (SAP EPM)

SAP Enterprise Performance Management (EPM) zielt darauf ab, den Prozess der Strategieentwicklung und -umsetzung sowie die Performancesteuerung zu unterstützen. Es ist mit SAP Governance, Risikomanagement und Compliance (GRC), das im folgenden Abschnitt behandelt wird, verzahnt, um die gemeinsame Betrachtung von Chancen und Risiken im Unternehmen zu fördern. Tabelle 6-1 gibt einen Überblick über die Funktionalitäten von SAP EPM.[111]

110 Quelle: www.sap.com, Stand: März 2012 (ausschnittsweise Übernahme).

111 Vgl. www.sap.com, Stand: März 2012.

Tabelle 6-1:   **Komponenten von SAP BusinessObjects EPM**

SAP BusinessObjects EPM		
• Strategy Management	• Planning and Consolidation • Financial Consolidation • Disclosure Mangement • Financial Information Mangement	• Profitability and Cost Management • Spend Performance Management • Supply Chain Performance Management

Die Anwendung **Strategy Management** soll die Performance des Unternehmens ausgehend von der Festlegung der Ziele und der Strategie durchgehend bis hin zu operativen Kennzahlen steuern und ermöglicht z. B. die Implementierung einer Balanced Scorecard (vgl. Abb. 6-8). Hier erfolgt eine Verknüpfung der Strategie mit Zielen, Maßnahmen und Mitarbeitern. Da unterschiedliche Versionen der Kennzahlen- und Zielsysteme im System vorgehalten werden können, lassen sich die Auswirkungen von Daten- und Strategieänderungen auf die Kennzahlen- und Zielsysteme der Unternehmung im Rahmen von Sensitivitäts- und Szenarioanalysen untersuchen. Verbunden damit sind Anwendungen wie z. B. Risk- und Value Based Management mit einzelnen Strategy Templates möglich.

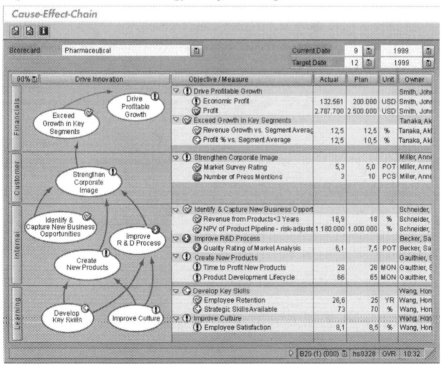

Abbildung 6-8:   **Beispiel für die Ursache-Wirkungs-Kette einer Balanced Scorecard[112]**

---

112 Abbildung entnommen aus Wefers (2000), S. 14.

Die Performancesteuerung erfolgt sowohl über finanzielle als auch nicht-finanzielle Kennzahlen. Im System angelegt sind wertorientierte Spitzenkennzahlen wie der DCF, der CFRoI und der EVA sowie die sie beeinflussenden Werttreiber. Diese Treiberbäume lassen sich entsprechend den unternehmensspezifischen Ursache-Wirkungs-Zusammenhängen modifizieren. Über das Management-Dashboard bzw. den Value Driver Tree werden die Managementinformationen strukturiert und visualisiert. Dadurch sollen die Akteure im Unternehmen ein besseres Verständnis dafür entwickeln, wie sich ihre Handlungen auf ihre eigene Performance, auf die Performance anderer Bereiche sowie auf die Unternehmensperformance auswirken.

Die Komponente **Planning and Consolidation** unterstützt die finanzielle Planung und Budgetierung in Bottom-Up- und Top-Down-Richtung sowie die Konsolidierung der internen und externen Unternehmensrechnung. Im Rahmen der Planung sind unter anderem rollierende Planungen, die Analyse von Abweichungsursachen, Alternativplanungen, Simulationen und Szenario-Analysen möglich. Verschiedene Planungsgebiete wie Umsatz-, Kapazitäts-, Bilanz-, Finanz-, Investitions- und Personalplanung sowie unterschiedliche Geschäftsbereiche können damit integriert geplant werden. Die Auswirkungen der Änderung von Größen wie Preisen, Prozessen und Investitionen auf diese Planungen lassen sich darauf basierend simulieren. Dabei kommen auch Methoden des Operations Research wie Constraint Based Planning und System Dynamics zum Einsatz.[113] Die Integration der verschiedenen Planungsebenen soll realisiert werden. Dazu trägt u.a. die Möglichkeit des Datentransfers mit SAP ERP in beide Richtungen bei. Darüber hinaus ist die dynamische Modellierung von Wettbewerbsinteraktion mit anderen Marktteilnehmern vorgesehen. Soweit dieser hohe Anspruch umgesetzt werden kann, werden die Bewertung und der Vergleich verschiedener Strategien unterstützt. Erschwert und gleichzeitig erleichtert wird die Einführung durch die Tatsache, dass sämtliche Verknüpfungen in SAP-Planning and Consolidation bei der Implementierung neu angelegt werden müssen. Dies bezieht sich auf Verknüpfungen in der GuV, Bilanz- und Finanzrechnung. Allerdings öffnet dies die Möglichkeit und verlangt sogar explizit, Simulationsanforderungen genau zu definieren. Fragen wie „Soll sich bei der Simulation des Umsatzes retrograd der Preis oder die Menge verändern?" müssen zwangsläufig im Vorfeld der Implementierung geklärt werden. Korrekt eingeführt ermöglicht damit SAP-Planning and Consolidation dynamische Simulationen und ist ein Instrument, um das Risiko und die Validität eines Geschäftsmodells betriebswirtschaftlich abschätzen zu können.

Anstelle von SAP-Planning and Consolidation können auch Konkurrenzprodukte wie z. B. der Professional Planner zusammen mit SAP ERP eingesetzt werden. Der Professional Planner setzt auf dem Datenbestand von SAP ERP auf und integriert

---

113 Vgl. Sinzig (2000), S. 152.

GuV, Bilanz- und Finanzrechnung. Abgestimmte Simulationen können dann aus dem Professional Planner wieder in SAP zurückgeladen werden.

Im Bereich der Konsolidierung können Aufrechnungen automatisiert werden. Wird eine Vereinheitlichung der Datenbasis für interne und externe Konsolidierung angestrebt, so bietet sich für die interne wertorientierte Steuerung das Konzept des EVA an, der sich aus den Daten des externen Rechnungswesens gewinnen lässt. Die notwendigen Korrekturen der Jahresabschlussdaten für eine Überleitung in die EVA-Rechnung sind bereits im System angelegt. Das investierte Kapital der Unternehmung kann zur Berechnung des EVA auf einzelne Profit Center verteilt werden. Damit wird eine wertorientierte Steuerung auch auf Bereichsebene unterstützt. Ferner besteht die Möglichkeit, dass neben der legalen und testierfähigen Konsolidierung auch parallel eine Managementkonsolidierung durchgeführt wird. Ein relativ weit verbreitetes Konkurrenzprodukt stammt hier von Hyperion.

Damit eng verknüpft zielt die Anwendung **Financial Consolidation** darauf ab, einen schnellen Abschluss (fast close) zu ermöglichen und dabei gleichzeitig die Einhaltung von (ggf. mehreren unterschiedlichen) Rechnungslegungsstandards sicherzustellen. **Disclosure Management** dient dabei dazu, den gesamten Abschlussprozess über Unternehmensebenen, Standorte und Systeme hinweg zu koordinieren und prüfungssicher zu gestalten. Die Funktion von **Financial Information Management** besteht im Management der Daten, die für die finanzielle Konsolidierung und für die Performancesteuerung benötigt werden und die in der Regel aus ganz unterschiedlichen Quellsystemen stammen. Zum Aufgabenbereich der Konsolidierung gehört auch die Anwendung **Intercompany**, welche die Optimierung konzerninterner Abstimmungsprozesse automatisieren und damit den Abschlussprozess beschleunigen und zuverlässiger machen soll.

Die Anwendung **Profitability and Cost Management** dient dazu, diejenigen Faktoren zu identifizieren, welche die Unternehmensperformance maßgeblich beeinflussen, um auf dieser Basis Maßnahmen für die Optimierung von Kosten und Profitabilität zu entwickeln und die Auswirkungen dieser Maßnahmen zu prüfen. Dabei soll eine Transparenz über die Profitabilität nach unterschiedlichen Sichten wie Kunden, Produkten und Regionen geschaffen werden. Ergänzt wird diese Anwendung durch die Funktionalität **Spend Performance Management**, die darauf ausgerichtet ist, Einsparmöglichkeiten im Einkauf zu realisieren und gleichzeitig Lieferantenrisiken nicht aus den Augen zu verlieren. Die Anwendung **Supply Chain Performance Management** schließlich erweitert den Blick auf die gesamt Supply Chain und soll die Auswirkungen einzelner Aktivitäten innerhalb der Supply Chain auf zentrale Performancemaße wie Kapitalbindung, Beschaffungskosten und Qualitätskennzahlen transparent machen. In der Anwendung ist unter anderem das Supply Chain Operations Reference-Model (SCOR-Modell) hinterlegt, das für die Steuerung von Supply Chains eine breite Anwendung in der Unternehmenspraxis findet.

6.3.3 SAP Governance, Risikomanagement und Compliance (SAP GRC)

SAP Governance, Risikomanagement und Compliance ist darauf ausgerichtet, ein unternehmensweites Risikomanagement zu unterstützen und die Einhaltung von internen und externen Regeln, insbesondere für die Rechenschaftslegung, durch ein entsprechendes Internes Kontrollsystem sicherzustellen. Die Bedeutung dieser Aufgaben hat, unter anderem ausgelöst durch den Sarbanes-Oxley-Act, die 8. EU-Richtlinie und das Bilanzrechtsmodernisierungsgesetz, über die letzten Jahre deutlich zugenommen. Zu diesem Aufgabenbereich gehört IT-seitig auch die Verwaltung von Zugriffsberechtigungen. Im Einzelnen werden von SAP GRC folgende Funktionalitäten abgedeckt (vgl. Tabelle 6-2).[114]

Tabelle 6-2: Komponenten von SAP BusinessObjects GRC

SAP BusinessObjects GRC
• Risk Management
• Access Control
• Process Control
• Global Trade Services
• Umwelt-, Gesundheits- und Arbeitsschutz

Die Anwendung **Risk Management** deckt ausgehend von einem unternehmensweiten Risikokatalog die Aufgabenbereiche Risikoidentifikation, -analyse, -überwachung sowie -dokumentation ab. Dazu gehört auch die laufende Überwachung der jeweils festgelegten Grenzwerte von Risikokennzahlen. Durch eine automatisierte Risikoaggregation sollen Risikointerdependenzen transparent gemacht werden. Zum Instrumentarium gehören unter anderem Risiko-Scorecards und eine Risikoeintritts- und Schadensdatenbank. Die Daten können auch im Strategiemanagement genutzt werden, um die Chancen und Risiken von Geschäftsstrategien gegeneinander abzuwägen. Abb. 6-9 zeigt ein Beispiel für einen Risikoüberwachungsbericht.

114 Vgl. www.sap.com, Stand: März 2012.

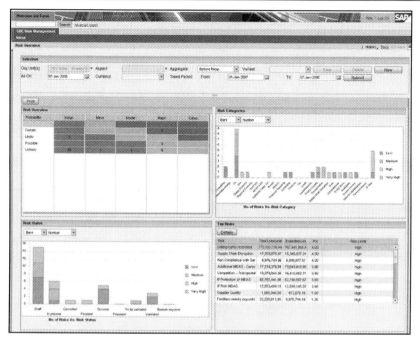

Abbildung 6-9: **Risikomonitoring**[115]

Access Control soll durch das Management von Zugriffsrechten und die Definition von Rollen dafür Sorge tragen, dass erforderliche Funktionstrennungen eingehalten werden. Durch die Anwendung Process Control können in den Geschäftsprozessen automatisierte Kontrollen implementiert werden, um bspw. die Einhaltung der Erfordernisse der Sektion 404 des Sarbanes-Oxley Acts zu gewährleisten, welche die Prüfung des Internen Kontrollsystems für die Rechnungslegung betrifft, oder auch um die IT-Governance zu verbessern. Global Trade Services ist dafür konzipiert, bei grenzüberschreitenden Geschäften, die jeweiligen Gesetze und Außenhandelsvorschiften einzuhalten und die erforderlichen Dokumentationen zu erstellen. Dazu gehört insbesondere auch die Zollabwicklung. Schließlich sind Funktionalitäten für den Umwelt-, Gesundheits- und Arbeitsschutz Teil von SAP GRC. Diese umfassen unter anderem die Kontrolle über eingesetzte Stoffe sowie über die Einhaltung von Recycling-Gesetzen.

6.3.4 Abdeckung von Controlling-Funktionen durch SAP BW, SAP Enterprise Performance Management sowie SAP Governance, Risikomanagement und Compliance

Durch SAP BW und SAP BusinessObjects werden die informationstechnischen Unterstützungsmöglichkeiten von Controllingfunktionen und -instrumenten im Vergleich mit dem SAP ERP-System stark erweitert. Die Zusammenführung von SAP-

---

115 Vgl. SAP AG (2009), S. 4.

Datenquellen mit Nicht-SAP- und externen Datenquellen verbreitert die Datenbasis sowohl quantitativ als auch qualitativ. Dadurch werden beispielsweise das Benchmarking mit anderen Unternehmungen im Hinblick auf den Anteil einzelner Kostenblöcke an den Gesamtkosten sowie die Ermittlung von Kennzahlen wie Kapitalrendite und -umschlag im System möglich. Der Einfluss externer Faktoren wie gesamtwirtschaftliche Entwicklung und Wettbewerberverhalten kann abgebildet werden. Durch den Rückgriff auf andere Datenquellen können z. B. auch nichtfinanzielle Kennzahlen erfasst und in Berichte integriert werden.

Prognosedaten können mit historischen Daten kombiniert werden, wodurch sich eine wesentlich bessere Zukunfts- und Entscheidungsorientierung des Informationssystems verwirklichen lässt. Vor allem bei grundlegenden Änderungen wie der Einführung neuer Produkte können sich Entscheidungen nicht allein auf die Fortschreibung von Vergangenheitsdaten stützen, sondern benötigen explizite Prognosen der damit erzielbaren Cash Flows. Durch den Rückgriff auf die Daten der operativen Systeme wird eine Integration von operativer und strategischer Planung vorangetrieben. Die Separierung von den operativen Systemen ermöglicht andererseits Alternativplanungen, Szenarien und Simulationen, ohne dass die Daten in den operativen Systemen dadurch verändert werden. Alternativrechnungen sind in SAP ERP nur sehr eingeschränkt möglich. Zwar können für ein Produkt verschiedene Kalkulationen durchgeführt werden, als Standard im Materialstamm kann jedoch nur eine Kalkulation hinterlegt werden. Ergebnisse von Szenarioanalysen in BusinessObjects können dann allerdings auch in SAP ERP transferiert werden.

Die Integration von externen und Prognosedaten ist eine wichtige Voraussetzung für die Sicherstellung einer durchgängigen Wertorientierung im Controlling; schließlich hängt die Umsetzung von Erfolgspotenzialen in finanziell zählbare Erfolge in aller Regel vom Wettbewerberverhalten und der Entwicklung gesamtwirtschaftlicher Einflussfaktoren wie Preisentwicklung, Zinssätze, Wechselkurse und Wachstum ab. Um langfristig werterhöhende Entscheidungen treffen zu können, ist die Prognose der mit einer Strategie erzielbaren Cash Flows erforderlich. Die Wertorientierung kann durch die Verteilung von Kapitalkosten bis auf die Profit Center-Ebene hinunter verwirklicht werden. Mit Szenario- und Sensitivitätsanalysen sind bereits Ansätze für ein Risikocontrolling vorhanden. Durch den integrativen Aufbau können diese Analysen schnell verfügbar gemacht werden. Durch die Funktionalitäten von SAP GRC werden darüber hinaus Strategie- und Risikomanagement miteinander verknüpft, so dass eine Abwägung der Chancen und Risiken von Geschäftsstrategien unterstützt wird. Die automatisierte Risikoaggregation im Risk Management verbessert die Transparenz über Risikointerdependenzen und zeigt damit Ansatzpunkte für das Risikocontrolling auf.

Durch die Integration von Teilplanungen über Unternehmensebenen und -bereiche hinweg in Planning and Consolidation wird die Koordination der Teilplanungen verbessert, und einzelne Entscheidungsträger erhalten durch Balanced Sorecards und insbesondere durch Werttreiberbäume, die in Strategy Management angelegt werden können, ein besseres Verständnis dafür, wie sich ihre Entscheidungen auf die eigene Performance, die Performance anderer Bereiche und des Unternehmens auswirken. Dadurch wird ebenfalls eine verbesserte Abstimmung ermöglicht.

Sowohl SAP BW als auch SAP EPM und SAP GRC orientieren sich explizit an betriebswirtschaftlichen Entscheidungen, d. h., für bestimmte Entscheidungen (z. B. Investitionsentscheidungen, Preisentscheidungen) benötigte Informationen sind systemseitig zu vorgefertigten Berichten verknüpft. Im Business Content in SAP BW sind über den NetWeaver Rollen und zugehörige Informationsmodelle definiert, welche für bestimmte Entscheidungsträger ein bestimmtes Informationsangebot vorsehen. Ob diese Rollen und Modelle im konkreten Einzelfall für eine Unternehmung adäquat oder änderungsbedürftig sind, ist in der Konzeptionsphase des Informationssystems kritisch zu hinterfragen, um der Gefahr vorzubeugen, dass eine Unternehmung sich dem Standard des Systems anpasst statt umgekehrt und damit u.U. Wettbewerbsvorteile verliert. Das Gleiche gilt für die in den einzelnen Modulen von EPM und GRC bereits vorkonfigurierten Strukturen, Berichte und Rollen. Durch den Aufbau eines maßgeschneiderten Benutzerkonzeptes können strategisch relevante Informationen einem weiteren Anwenderkreis als zuvor zugänglich gemacht werden.[116] Mit dem Übergang auf die Version 10.0 von SAP EPM wurden auch die Informationsbedürfnisse von Entscheidungsträgern außerhalb des Finanzbereichs stärker berücksichtigt.

Insgesamt werden durch SAP BW und SAP BusinessObjects die Anforderungen eines modernen Unternehmenscontrollings deutlich besser erfüllt als durch das CO-Modul von SAP ERP, das sich im Wesentlichen auf die Abbildung der Kosten- und Erlösrechnung der Unternehmung beschränkt. Besonders vorteilhaft ist, dass SAP BW und SAP BusinessObjects über die Daten von SAP ERP auf die operativen Prozesse abstellen und damit eine einheitliche Datenbasis für die operativen und die analytischen Systeme erreicht wird. Die Integration von operativer und strategischer Planung wird dadurch verbessert, ohne dass die Integrität der operativen Datenbasis davon betroffen ist. Die Strategiefindung wird durch SAP EPM nur indirekt über die Kommunikationswirkung unterstützt. Hierfür bieten sich komplementäre Systeme an, deren Fokus noch stärker auf qualitativen Informationen liegt.[117]

In den Abschnitten 6.1 bis 6.3 wurde aufgezeigt, dass das SAP ERP-System allein nicht mehr oder nur unter umfangreichen und kostenintensiven Anpassungen in der Lage ist, die von einem zeitgerechten Controlling gestellten Anforderungen zu erfüllen. Das SAP ERP-System zielt lediglich auf ein operatives Controlling mit einem eindeutigen Fokus auf die operative Planung und Kontrolle sowie das Infor-

---

116 Vgl. Raps (2000), S. 613.

117 Vgl. Raps (2001), S. 521.

mationssystem ab. Dagegen erfolgt über SAP ERP kaum eine Unterstützung bei strategischen Fragestellungen im Controlling sowie im Bereich der Personalführung. Diese für den zukünftigen Unternehmenserfolg zentralen Parameter werden größtenteils ausgeblendet. Mit Hilfe von SAP BW und SAP BusinessObjects wird die Erfüllung der Anforderungen eines modernen Controllingsystems hingegen deutlich weiter abgedeckt. Diese Produkte ermöglichen die informationstechnische Implementierung eines wertorientierten Controllings sowie den Aufbau einer Balanced Scorecard unter Rückgriff auf eine einheitliche Datenbasis für operative und strategische Entscheidungen.

6.4   Weiterentwicklungen durch SAP S/4HANA

SAP S/4HANA, die neueste Generation der SAP Business Suite, verwendet In-memory Technologien, um so einen deutlichen Sprung in der Geschwindigkeit der Datenverarbeitung zu realisieren. Darüber hinaus ist die Datenorganisation spaltenorientiert angelegt und es werden keine bereits verdichteten Daten vorgehalten, um eine redundanzfreie Datenhaltung zu erreichen. Die Daten für Finanzen und Controlling befinden sich in einer einzigen Tabelle, dem Universal Journal. Auf dieses greifen Analysen und Berichte sowohl im internen als auch im externen Rechnungswesen als Single Source of Truth zu. [118]

Abbildung 6-10 zeigt die Komponenten eines derartigen In-memory-basierten Rechnungswesens. Die Buchungsbelege des Universal Journal beruhen auf den operationalen Transaktionen. Das Universal Journal basiert auf den Prinzipien der doppelten Buchhaltung und enthält neben Rechnungslegungsvorschriften auch die notwendigen Daten für die interne Unternehmenssteuerung, z. B. eine detaillierte Kontierung von Kostenträgern, Kostenstellen, Prozessen, Aufträgen und Projekten, wobei ein Kostenträger z. B. ein Marktsegment mit zugehörigen Produktgruppen, Kundengruppen, Regionen und Vertriebswegen sein kann. [119] Das Universal Journal stellt damit eine zweckneutrale Grundrechnung dar, wie sie von Riebel im Rahmen der Relativen Einzelkosten- und Deckungsbeitragsrechung entwickelt wurde[120]. Auswertungen des internen und externen Rechnungswesens greifen darauf zurück.

---

118 Vgl. Sinzig (2015), S. 236f. sowie Abschnitt 1.1.2.

119 Vgl. Sinzig (2015), S. 238.

120 Vgl. Schweitzer et al. (2016), S. 544ff.

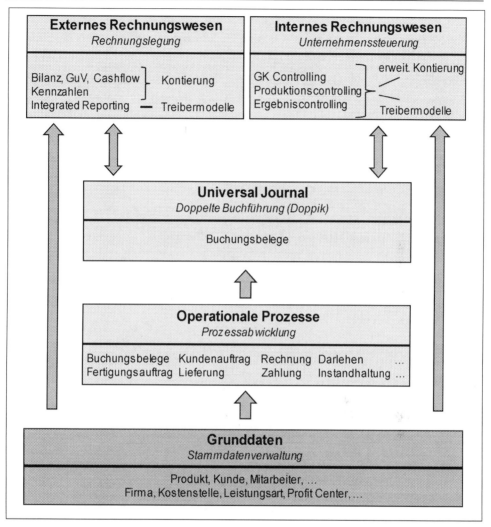

Abbildung 6-10:   Komponenten eines In-memory-basierten Rechnungswesens[121]

Die beschriebenen Eigenschaften von SAP S/4HANA sollen also eine hohe Verarbeitungsgeschwindigkeit und eine konsistente Datenbasis sicherstellen. Letzteres lässt aufwändige Rechnungsabstimungen entfallen und macht die Zusammenhänge zwischen unterschiedlichen Rechnungen transparenter. [122] Dadurch, dass das Universal Journal auf Einzelbelegbasis besteht, lassen sich die Daten flexibel auswerten und kombinieren, auch durch den Anwender selbst (Self Controlling). Auch die Planung respektive Budgetierung sowie Kennzahlensysteme in Form von Treiberbäumen

---

121 Abbildung entnommen aus Sinzig (2015), S. 237.

122 Zu den beschriebenen Potenzialen vgl. Sinzig (2015), S. 238ff.

lassen sich dadurch innerhalb des Systems abbilden sowie flexibel und unternehmensspezifisch gestalten. Simulationen sowie Alternativ- und Bandbreitenplanungen lassen sich dadurch ebenfalls einfacher umsetzen.

Die beschriebenen Potenziale spiegeln sich auch in einer empirischen Untersuchung wieder, die Ende 2015 bis Anfang 2016 im deutschsprachigen Raum durchgeführt wurde.[123] Die größten Nutzenpotenziale wurden dabei in flexiblen und detaillierten Analysemöglichkeiten sowie einem verbesserten Ad hoc-Reporting gesehen. Besonders hohe Erwartungen werden mit SAP S/4HANA darüber hinaus hinsichtlich einer Erhöhung der analytischen Geschwindikeit und einer abgestimmten Datenbasis im Sinne einer Single Source of Truth verbunden.

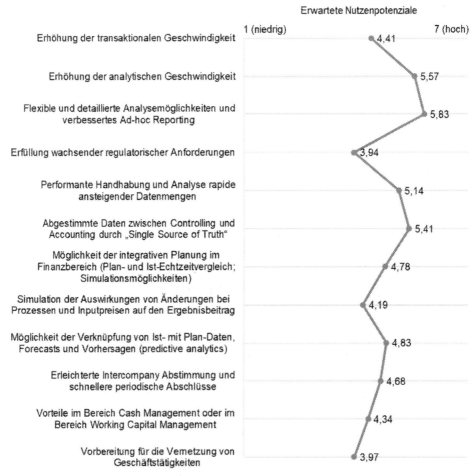

Abbildung 6-11:   **Erwartete Nutzenpotenziale durch SAP S/4HANA Finance**[124]

---

123 Vgl. Pedell et al. (2017).

124 Abbildung entnommen aus:Pedell et al. (2017), S. 58.

Im Zuge der Einführung von SAP S/4HANA wurde auch die Benutzeroberfläche von SAP deutlich verändert, um durch eine benutzerfreundlichere Gestaltung dazu beizutragen, dass die beschriebenen Potenziale von SAP S/4HANA gehoben werden können. SAP orientiert sich dabei an fünf Designprinzipien: [125] (1) Orientierung an Rollen der Benutzer, (2) Anpassungsfähigkeit, (3) Einfacheit, (4) Kohärenz im Sinne einer konsistenten Benutzererfahrung über alle Funktionalitäten und (5) Ansprechende Gestaltung mit intuitiven Apps. Abbildung 6-12 zeigt exemplarisch das SAP Fiori Launchpad. Auf der Launchpad-Startseite werden Kacheln und Links angezeigt, mit denen Applikationen gestartet werden können. Die Launchpad Startseite kann individuell an den Benutzer angepasst werden und bildet den Haupteinstiegspunkt für SAP Fiori Anwendungen auf Mobil- und Desktopgeräten.

Abbildung 6-12: SAP Fiori Launchpad[126]

---

125 Vgl. sap.com, Stand Juli 2019.

126 https://experience.sap.com, Stand Juli 2019.

7 Aufgaben- und Lösungsteil

Die folgenden Aufgaben dienen der Wiederholung und Diskussion der Inhalte der einzelnen Kapitel. In den von uns durchgeführten Kursen hat es sich bewährt, die Aufgaben jeweils am Ende des jeweiligen Kurstages von den Kursteilnehmern in Kleingruppen bearbeiten und zu Beginn des darauf folgenden Kurstages präsentieren zu lassen. Auf diese Weise wird auch während eines Blockkurses laufende Wiederholung sichergestellt und kreative Interaktion gefördert.

7.1 Aufgaben zu Controlling mit SAP ERP

7.1.1 Aufgaben zu den Grundlagen von SAP ERP

(a) In welcher Art gehen Daten aus anderen Modulen in die einzelnen Teilkomponenten des CO-Moduls ein? Argumentieren Sie anhand der Darstellung der Werteflüsse in der Kosten- und Erlösrechnung (Abbildung 1-13) und geben Sie für jedes Modul jeweils ein Beispiel an.

7.1.2 Aufgaben zur Kostenstellenrechnung

(a) Diskutieren Sie im Projektteam kurz das Vorgehen zur Implementierung der Kostenstellenrechnung.
(b) Überlegen Sie, durch welche Schritte sich die Implementierung im System von Ihrem Vorgehen bei der manuellen Berechnung unterscheidet.
(c) Was ist bei der Bildung von Kostenstellen zu beachten?

7.1.3 Aufgaben zur Produktkalkulation

(a) Strukturieren Sie in der Projektgruppe die notwendigen Arbeitsschritte zur Implementierung einer Produktkalkulation. Berücksichtigen Sie dabei auch, welche Stammsätze im System für die Produktkalkulation herangezogen werden und wodurch diese miteinander verbunden sind.
(b) Vergleichen Sie die Produktkalkulation mit der Kostenträgerrechnung.
(c) Diskutieren Sie die Aussagefähigkeit der Produktkalkulation der Fallstudie für Zwecke eines Produktkostencontrollings.
(d) Welche Änderung müsste in der Fallstudie durchgeführt werden, wenn zusätzlich zu den Einzelkosten auch variable Gemeinkosten auf den Kostenträger verrechnet werden sollen?
(e) Wie werden nach Durchführung des Istlaufs noch verbleibende Kostenabweichungen auf den Kostenstellen bzw. den Kostenträgern behandelt?
(f) Zeigen Sie detailliert anhand der Verteilungsprobleme der Kostenrechnung die Notwendigkeit der Bildung von Verrechnungskostenarten auf.

© Springer Fachmedien Wiesbaden GmbH, ein Teil von Springer Nature 2020
G. Friedl und B. Pedell, *Controlling mit SAP®*, https://doi.org/10.1007/978-3-658-27719-2_7

(g) Wie viele Verrechnungskostenarten benötigt man bei der Durchführung einer Grenzplan- bzw. einer Vollkostenrechnung?

7.1.4 Aufgaben zur Ergebnis- und Marktsegmentrechnung

(a) Strukturieren Sie die durchgeführten Arbeitsschritte bei der Anlage eines Formularberichts für das Umsatzkostenverfahren bzw. für eine mehrstufige Deckungsbeitragsrechnung.

(b) Erklären Sie, in welcher Weise der Datenfluss im System abgewickelt wird.

7.1.5 Aufgaben zur Controlling-Konzeption

(a) Nehmen Sie Stellung zu der These: Die koordinationsorientierte Controlling-Konzeption ist enger (weiter) als das in SAP ERP vorzufindende Controlling.

7.2 Lösungshinweise zu den Aufgaben zu Controlling mit SAP ERP

7.2.1 Lösungshinweise zu den Aufgaben zu den Grundlagen von SAP ERP

(a) In welcher Art gehen Daten aus anderen Modulen in die einzelnen Teilkomponenten des CO-Moduls ein. Argumentieren Sie anhand der Darstellung der Werteflüsse in der Kosten- und Erlösrechnung (Abbildung 1-13) und geben Sie für jedes Modul jeweils ein Beispiel an.

Tabelle 7-1:   Datenintegration in der Kosten- und Erlösrechnung

Modul	Beispiel
FI = Finanzwesen	Gesamte Kostendaten
MM = Material	Fracht, Materialgemeinkosten
HR = Personalwesen	Gehälter
PP = Produktionsplanung	Stücklisten / Arbeitspläne
SD = Verkauf & Vertrieb	Erlöse

7.2.2 Lösungshinweise zu den Aufgaben zur Kostenstellenrechnung

(a) Diskutieren Sie im Projektteam kurz das Vorgehen zur Implementierung der Kostenstellenrechnung.

Vorgehen bei der Implementierung der Kostenstellenrechnung

(1) Erstellung der Kostenstellenhierarchie: Knoten, Kostenstellen anlegen (Zuordnung der Knoten zu den Vor-/ Endkostenstellen).

(2) Primäre Gemeinkosten auf die Kostenstellen im Hauptbuch (Modul FI) buchen (Soll / Haben). Die Fertigungslöhne bleiben unberücksichtigt, diese kommen über die Arbeitspläne und die Arbeitsplätze in die Kalkulation.

(3) Innerbetriebliche Leistungsverrechnung

    - Verwendung von Leistungsarten

- Leistungsart und Kostenstelle werden über Plantarife miteinander gekoppelt.
- Erfassung der Leistungsbeziehungen zwischen den Kostenstellen (Buchung der Istmengen, Bewertung zu Plantarifen).
- Ermittlung des Isttarifs mittels Splittung
  a) Splittungsschema zuordnen (wie werden die Primärkosten der Vorkostenstellen auf die Kostenarten verteilt). Danach wird die Splittung durchgeführt.
  b) Isttarifermittlung (Testlauf, Echtlauf bedeutet Isttarifermittlung und Entlastung der Vorkostenstellen)
     Ergebnis:
     - Vorkostenstellen: Centbeträge
     - Endkostenstellen: Primäre und sekundäre Gemeinkosten

(b) Überlegen Sie, durch welche Schritte sich die Implementierung im System von Ihrem Vorgehen bei der manuellen Berechnung unterscheidet.

Unterschiede bei der manuellen Berechnung

- Beim manuellen Verfahren gibt es keine Kostenstellenhierarchie.
- Die Leistungsarten werden Bezugsgrößen genannt.
- Es gibt nur eine direkte Berechnung des Isttarifs.
- Es gibt keine Splittung. Diese ist auch nicht notwendig, da sich die Zuordnung der Kosten durch eine mehrvariablige lineare Kostenfunktion darstellen lässt.

(c) Was ist bei der Bildung von Kostenstellen zu beachten?

- Eine detaillierte Kostenstellenaufteilung ist für eine genaue Kostenrechnung unabdingbar (allerdings: Grundsatz der Wirtschaftlichkeit muss berücksichtigt werden).
- Möglichst nur eine Leistungsart pro Kostenstelle: Splittung ist wegen des Aufteilungsverhältnisses ungenau.
- Für eine sinnvolle innerbetriebliche Leistungsverrechnung müssen sinnvolle Leistungsbeziehungen definiert werden.
- Homogene Kostenverursachung: klare Zuordnung zu einer betrieblichen Stelle.
- Für jede Kostenstelle sollte es einen Kostenstellenverantwortlichen geben.

7.2.3 Lösungshinweise zu den Aufgaben zur Produktkalkulation

(a) Strukturieren Sie in der Projektgruppe die notwendigen Arbeitsschritte zur Implementierung einer Produktkalkulation. Berücksichtigen Sie dabei auch, welche Stammsätze im System für die Produktkalkulation herangezogen werden und wodurch diese miteinander verbunden sind.

Arbeitsschritte zur Implementierung einer Produktkalkulation

(1) Kalkulation der Materialeinzelkosten
  - Stücklisten anlegen (Mengenkomponente)

- Standardpreise der Einsatzgüter aus dem Materialstamm (Bewertungskomponente)

→ die Kostenart wird automatisch über die Bewertungsklasse hinter-legt.

(2) Kalkulation der Fertigungseinzelkosten
  - Ermittlung der Verrechnungssätze
  - Arbeitsplan im Arbeitsplatz anlegen
(3) Anlegen einer Zuschlagskalkulation
  - Zuschlagsbasis definieren
  - Zuschlagssätze einpflegen
  - Entlastung durchführen
(4) „echte" Produktkalkulation mit Mengengerüst
(5) Kalkulatorische Selbstkosten als Standardpreis in den Materialstamm übernehmen

(b) Vergleichen Sie die Produktkalkulation mit der Kostenträgerrechnung.

Tabelle 7-2:   **Vergleich von Produktkalkulation und Kostenträgerrechnung**

Produktkalkulation	Kostenträgerrechnung
Auftragsneutral, d. h., es liegt noch kein konkreter Kundenauftrag vor. (Simulation)	Auftragsbezogen, d. h., ein Kunde und eine Bestellmenge sind notwendig.
Es handelt sich um eine Kalkulation eines Musterproduktes.	Es handelt sich um einen konkreten Istlauf.
Es findet keine Entlastung der Endkostenstellen statt.	Es findet eine Entlastung der Endkostenstellen statt.
Das Ergebnis der Produktkalkulation wird als Standardpreis in den Materialstamm eingestellt.	Es wird auf den Standardpreis in der Produktkalkulation zurückgegriffen.

(c) Diskutieren Sie die Aussagefähigkeit der Produktkalkulation der Fallstudie für Zwecke eines Produktkostencontrollings.

Aussagefähigkeit der Produktkalkulation

Es ist nicht erkennbar, wie sich die Gemeinkosten zusammensetzen, die von anderen Kostenstellen auf die Endkostenstellen verrechnet werden. Insofern ist kein zweckmäßiges Gemein- und damit auch Produktkostencontrolling anwendbar.

Die Lösung dieses Problems liefert die Primärkostenrechnung, da dort bei der Kostenstellenrechnung die Primärkosten (z. B. Personalkosten) von einer Kostenstelle auf die andere Kostenstelle verrechnet werden. Die Verrechnung auf den Kostenträger erfolgt dabei ebenfalls primärkostenorientiert. Mithin kann man aus der Produktkalkulation genau ablesen, wie viel Personalkosten insgesamt auf den Kostenträger gebucht werden. Die sekundären Kosten werden demnach nicht in einer Summe, sondern differenziert nach ihrer Herkunft auf den Kostenträger verrechnet. Dies führt zu einer deutlichen Erhöhung der Transparenz im Produktkostencontrolling. Nachfolgende Abbildungen 7-1 und 7-2 zeigen dies am Beispiel der Kostenstellenrechnung auf.

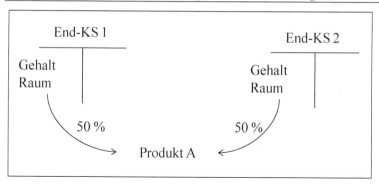

Abbildung 7-1: **Vorteile der Primärkostenrechnung (a)**

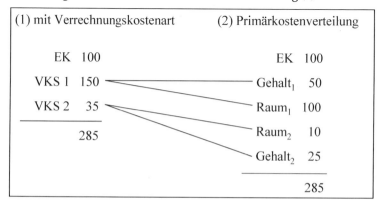

Abbildung 7-2: **Vorteile der Primärkostenrechnung (b)**

(d) Welche Änderung müsste in der Fallstudie durchgeführt werden, wenn zusätzlich zu den Einzelkosten auch variable Gemeinkosten auf den Kostenträger verrechnet werden sollen?

Verrechnung von variablen Gemeinkosten in der Produktkalkulation

Beim Anlegen der Leistungsarten in der Kostenstellenrechnung darf der Plantarif nicht fix, sondern er muss variabel gesetzt werden (Hinweis: in der Regel hat man sich dann mit der Problematik einer heterogenen Kostenverursachung in den Kostenstellen auseinander zu setzen. Der Auswahl des Splittungsschemas sowie der Splittung kommt im Istlauf demnach eine zentrale Bedeutung für die Qualität der aus der Kostenrechnung gewonnenen Daten zu).

(e) Wie werden nach Durchführung des Istlaufs noch verbleibende Kostenabweichungen auf den Kostenstellen bzw. den Kostenträgern behandelt?

„Restkosten" auf den Kostenstellen bzw. den Kostenträgern

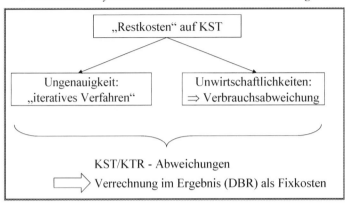

Abbildung 7-3:   **Kostenstellen- und Kostenträgerabweichungen**

(f) Zeigen Sie detailliert anhand der Verteilungsprobleme der Kostenrechnung die
Notwendigkeit der Bildung von Verrechnungskostenarten in SAP ERP auf.

Verrechnungskostenarten

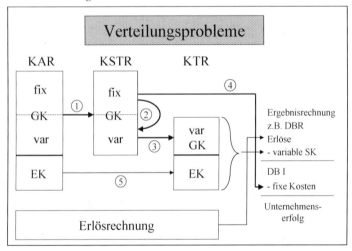

Abbildung 7-4:   **Verteilungsprobleme in der Kostenrechnung**

Ad (1)   Kostenartenrechnung (KAR) → Kostenstellenrechnung (Primärkosten-
verteilung)

Es ist keine Verrechnungskostenart notwendig, da direkt auf die Kostenstellen
gebucht wird.

Ad (2)   Vorkostenstellen (VKS) → Endkostenstellen (EKS) in der Kostenstellenrechnung (innerbetriebliche Leistungsverrechnung)

Man benötigt eine Verrechnungskostenart, um die Vorkostenstellen zu entlasten.

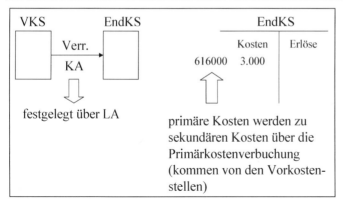

Abbildung 7-5:   **Verrechnungskostenarten in der Kostenstellenrechnung**

Ad (3)   variable Gemeinkosten → Kostenträgerrechnung (KTR)

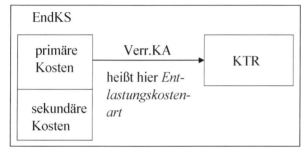

Abbildung 7-6:   **Verrechnungskostenarten in der Produktkalkulation und Kostenträgerrechnung**

Ad (4)   fixe Gemeinkosten → Ergebnisrechnung (DBR)

Es wird eine Verrechnungskostenart benötigt, um die Kostenstellen vollständig zu entlasten. Die Verrechnung der fixen Gemeinkosten in die verschiedenen Stufen der Deckungsbeitragsrechnung erfolgt mit Hilfe von mehreren Umlagezyklen. Aus diesem Grund wird diese sekundäre Verrechnungskostenart auch als Umlagekostenart bezeichnet.

Ad (5)   Kostenartenrechnung (KAR) → Kostenträgerrechnung (KTR)

Hier wird bei der Ermittlung der Fertigungseinzelkosten eine Verrechnungskostenart angelegt, um die Fertigungseinzelkosten auf den Kostenträger zu verrechnen. Die Verrechnungskostenart wird benötigt, wenn die Leistungsarten der Arbeitsplätze angelegt werden. Bei der Kalkulation der MEK wird hingegen keine sekundäre Kostenart verwendet. Hier erfolgt die Verrechnung über Bewertungsklasse als primäre Kostenarten (400000).

(g) Wie viele Verrechnungskostenarten benötigt man bei der Durchführung einer Grenzplan- bzw. einer Vollkostenrechnung?

Grenzplankostenrechnung vs. Vollkostenrechnung

Insgesamt werden bei der Grenzplankostenrechnung vier Verrechnungskosten-arten benötigt. Die Vollkostenrechnung unterscheidet sich von der Grenzplan-kostenrechnung in zweierlei Hinsicht. So werden erstens bei der Kostenstellen-rechnung nicht nur die variablen, sondern sämtliche Gemeinkosten mit Hilfe einer Verrechnungskostenart auf den Kostenträger verrechnet. Zweitens sind dadurch, dass sämtliche Gemeinkosten auf den Kostenträger verteilt werden, sämtliche Umlagekostenarten nicht mehr notwendig. In der Vollkostenrechnung gibt es keine Deckungsbeitragsrechnung. Demnach werden nur drei Verrech-nungskostenarten benötigt.

7.2.4 Lösungshinweise zu den Aufgaben zur Ergebnis- und Markt-segmentrechnung

(a) Strukturieren Sie die durchgeführten Arbeitsschritte bei der Anlage eines For-mularberichts für das Umsatzkostenverfahren bzw. für eine mehrstufige De-ckungsbeitragsrechnung.

Formularbericht zum Umsatzkostenverfahren bzw. zur mehrfach gestuften Deckungs-beitragsrechnung

(1) Bericht anlegen
  - Formular anlegen
  - Kopplung Bericht – Formular
(2) Sofortauftrag generieren
  Funktionsintegration → Lieferschein → Lieferung kommissionieren → Wa-renausgang buchen → Faktura → Funktionsintegration (automatische Bu-chung der variablen Selbstkosten in die Ergebnisrechnung)
(3) Umlagezyklen
  Die Fixkosten werden von den Endkostenstellen in die Ergebnisrechnung ge-bucht. Für die Umlagezyklen sind dafür Segment, Name, Sender (sendende Kostenart, sendende Kostenstelle), Empfänger, Wertfeld, Verteilungsregel notwendig.
(b) Erklären Sie, in welcher Weise der Datenfluss im System abgewickelt wird.

Graphische Darstellung der Informationsflüsse bei der Ergebnisrechnung in SAP ERP

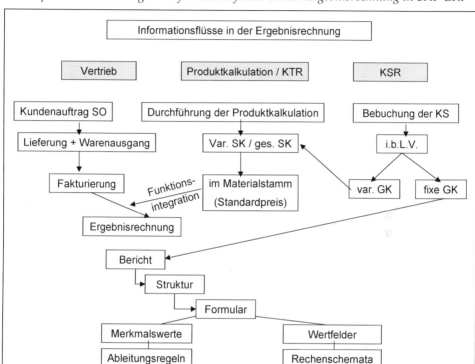

Abbildung 7-7:   **Informationsfluss in der Ergebnisrechnung**

7.2.5   Lösungshinweise zu den Aufgaben zur Controlling-Konzeption

(a) Nehmen Sie Stellung zu der These: Die Controlling-Konzeption nach Küpper ist enger (weiter) als das in SAP ERP vorzufindende Controlling.

Koordinationsorientierte Controllingkonzeption weiter als SAP ERP:

- alle Führungsteilsysteme werden berücksichtigt
- Verwendung von übergreifenden Koordinationsinstrumenten (SAP verwendet nur Verrechnungspreise als übergreifende Koordinationsinstrumente)

Koordinationsorientierte Controllingkonzeption enger als SAP ERP:

- Die Kosten- und Erlösrechnung wird nicht komplett abgebildet, sondern nur die koordinierenden Teile. (In SAP ERP befindet sich die Kosten- und Erlösrechnung komplett im Modul CO)

Fazit:

Grundsätzlich ist die koordinationsorientierte Controlling-Konzeption weiter gefasst als SAP ERP. Lediglich bei der Kosten- und Erlösrechnung ist SAP ERP weiter als die koordinationsorientierte Controllingkonzeption.

A   Vorbereitende Tätigkeiten

Für die Durchführung der Fallstudie ist eine Reihe vorbereitender Tätigkeiten, v.a. im Customizing, erforderlich. Sie können grundsätzlich zwar auch im Kurs durchgeführt werden, dies ist jedoch äußerst zeitaufwendig, da im Customizing häufig über Buchungskreise hinweg auf dieselben Tabellen zugegriffen wird und damit zu einem bestimmten Zeitpunkt jeweils nur eine Gruppe die erforderlichen Tätigkeiten durchführen kann.

Es hat sich bewährt, insbesondere

- die Definition und Zuordnung von Organisationselementen (Abschnitt A.1.),
- das Anlegen von Kalkulationsschema, Kostenelementeschema und Kalkulationsvariante für die Produktkalkulation (Abschnitt A.2.) sowie
- das Anlegen von Merkmalswerten, Ableitungsregeln, Rechenschemata, Wertfeldern und Ableitungsstrukturen sowie von Formularen in der Ergebnisrechnung (Abschnitt A.3.)

vor der Durchführung eines Kurses vorzunehmen.

Darüber hinaus sind einige administrative Tätigkeiten (Abschnitt A.4.) erforderlich.

Wichtiger Hinweis: Nach Abschluss der vorbereitenden Tätigkeiten unbedingt eine Kopie des Mandanten erstellen, um den vorbereiteten Mandanten für spätere Kurse wieder verwenden zu können!

A.1   Definition und Zuordnung von Organisationselementen im Customizing

Hinweis: Bei einigen der durchzuführenden Schritte ist es möglicherweise erforderlich, einen Customizing-Auftrag anzulegen. Dabei ist wie folgt vorzugehen:

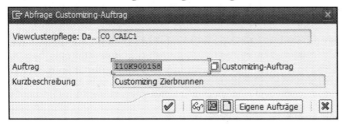

Eingaben:

Schaltfläche ☐ (Auftrag anlegen)

© Springer Fachmedien Wiesbaden GmbH, ein Teil von Springer Nature 2020
G. Friedl und B. Pedell, *Controlling mit SAP®*, https://doi.org/10.1007/978-3-658-27719-2

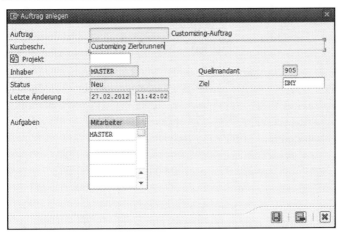

Eingaben:

- Kurzbeschreibung: z. B. „Customizing Zierbrunnen"

Schaltfläche ⊞ (Sichern)

Schaltfläche ✅ (Enter).

A.1.1 Definition globaler Organisationselemente

Die für die Fallstudie erforderlichen Organisationselemente können entweder - wie in den folgenden Abschnitten im Detail beschrieben – einzeln angelegt werden oder zusammen mit der Transaktion EC16 von im IDES-Mandanten bereits angelegten Organisationselementen kopiert werden.

Mausklick auf den Button Struktur, dann auf Navigation.

Hier können die benötigten Organisationselemente von IDES 1000 nach BKXX kopiert werden. Bei der Auswahl der zu kopierenden Organisationselemente sind immer die übergeordneten Hierarchieebenen mit zu markieren, so dass sich durchgehende Pfade ergeben. Hierbei ist folgendermaßen vorzugehen: Mit einem Doppelklick auf „1000 CO Europe" öffnen sich die diesem Objekt untergeordneten Organisationselemente. Die zu markierenden Objekte zeigen sich nach einem Mausklick auf das Pluszeichen neben dem Eintrag „1000 Ides AG". In dieser Ansicht sind nun die Elemente zu markieren (Mausklick darauf, anschließend Taste F9), die in der folgenden Auflistung gefettet sind:

- **1000 CO Europe**
- **1000 IDES AG**
- Gesellschaft: **001000 IDES AG**
- Kostenrechnungskreis: **1000 CO Europe**
- Werk: **1000 Werk Hamburg**
- Verkaufsorganisation: **1000 Deutschl. Frankfurt**
- Einkaufsorganisation: **1000 IDES Deutschland**

Zurück. Organisationsstruktur kopieren (F6) und die erscheinende Tabelle folgendermaßen ausfüllen:

Organisationsobjekt	Von	Nach
Kostenrechnungskreis	1000	BKXX
Buchungskreis	1000	BKXX
Verkaufsorganisation	1000	BKXX
Einkaufsorganisation	1000	BKXX
Werk	1000	BKXX
Gesellschaft	001000	BKXX

Der Ergebnisbereich IDEA wird nicht mitkopiert, da er mandantenunabhängig ist; die Verknüpfung wird automatisch erstellt.

Beim ersten Customizing ist ein Customizing-Auftrag anzulegen.

Fehlerhinweise alle bestätigen.

Die Frage, ob die Buchungskreisdaten der Sachkonten mitkopiert werden sollen, ist zu bestätigen; dem Zielbuchungskreis ist keine andere Hauswährung zuzuordnen.

Die Meldung „Bitte Intervalle überlappungsfrei angeben" mit einem Klick auf das rote Kreuz (Abbrechen) quittieren, auch die Intervalle der restlichen Objekte sind nicht weiter zu kopieren.

Die Schritte zur Einrichtung der einzelnen Organisationselemente in den Abschnitten A.1.1.1, A.1.1.2, A.1.1.7, A.1.1.8 und A.1.1.9 sowie ihre Zuordnung im Abschnitt 1.2 sind dann nicht mehr erforderlich!

Hinweis: Es empfiehlt sich, die Schritte A.1.1.1. bis A.1.1.6. (bzw. A.1.1.3 bis A. 1.1.5, wenn wie beschrieben mit der Transaktion EC16 gearbeitet wird) für jeden einzelnen anzulegenden Buchungskreis vollständig zu durchlaufen, ehe mit der Anlage eines neuen Buchungskreises begonnen wird. Die darauf folgenden Schritte können jeweils für sämtliche anzulegenden Buchungskreise gemeinsam gemacht werden.

A.1.1.1 Anlage eines Buchungskreises

Zweck: Mit einem Buchungskreis (BKS) ist die Abbildung einer rechtlich selbstständigen Organisationseinheit für das externe Rechnungswesen (eigene Firma innerhalb eines Konzerns) möglich.

Hinweis: Ins Customizing kommt man über Werkzeuge/Customizing/IMG/   Projektbearbeitung (Transaktionscode: SPRO) und Klicken auf SAP Referenz-IMG

Pfad: SAP Customizing Einführungsleitfaden/Unternehmensstruktur/ Definition/Finanzwesen:

    Buchungskreis bearbeiten, kopieren ... anklicken.

Hinweis: Zur Ausführung immer auf das Symbol klicken!

Als Aktion "Buchungskreis kopieren, löschen ..." durch Doppelklick auswählen ("Buchungskreis definieren" ist prinzipiell auch möglich, allerdings aufwendiger).

Im neuen Fenster den Button "Org.Objekt kopieren" anklicken oder Eingabe F6. Nach längerer Zeit erscheint das Fenster "Kopieren". Hier Eingabe von BKS: "0001" nach BKS: "BKXX". Weiter. Sachkonten mitkopieren? "Ja". Andere Hauswährung zuordnen? "Nein". Weiter (Informationshinweise ignorieren). Transportmeldung: Weiter. Sofern bereits einmal eine entsprechende Anfrage zur Anlage eines Änderungsauftrages bestätigt wurde (was dann auch immer mit „Ja" zu beantworten ist), erscheint eine „übliche" Abfrage Änderungsauftrag mit Nummer "S9XXXXXXXX", die auch in zukünftig anderen Fällen immer mit Enter zu bestätigen ist. Achtungshinweis mit Enter ignorieren.

Informationshinweis "Buchungskreis 0001 wurde ohne xx Nummernkreisobjekte kopiert nach BKXX" mit Enter bestätigen.

Mit F3 oder Klick auf grünen Pfeil zurück. Aktion "Buchungskreisdaten bearbeiten" doppelklicken. In Tabelle neuen BKS "BKXX" suchen, um durch doppeltes Anklicken der Zeile "BKXX" in die Sicht "Buchungskreis ändern" zu gelangen. Gewünschte Änderungen von Firmennamen, Ort etc. vornehmen. Anklicken des Adresssymbols (Kuvert) in Symbolleiste ermöglicht Eingaben weiterer Adressdaten. Sämtliche Eingaben mit "Sichern"-Button (= F11) abspeichern. Enter. Zurück mit F3 oder grünem Pfeil bis Aktion "Abbrechen" (= rotes Kreuz).

Die voreingestellten BKS-Daten könnten falls nötig in SAP Customizing Einführungsleitfaden/Finanzwesen/Grundeinstellungen Finanzwesen/Buchungskreis:

     "Globale Parameter prüfen und ergänzen"

verändert werden.

A.1.1.2 Anlage eines Kostenrechnungskreises

Zweck: Mit eigenen Kostenrechnungskreisen (KRK) vereinfachen wir unsere Controlling-Prozeduren. Wir legen daher für jeden Buchungskreis einen eigenen Kostenrechnungskreis an.

Pfad: SAP Customizing Einführungsleitfaden/Unternehmensstruktur/ Definition/Controlling:

     „Kostenrechnungskreis pflegen" anklicken.

Auswahl „Kostenrechnungskreis pflegen" doppelklicken.

Im Änderungsfenster Button "Neue Einträge" und dort Button "Kokrs = Bukrs" klicken. Auswahl BKS aus Liste "BKXX". Weiter. Es werden dann automatisch die relevanten Felder aus den Daten des BKS ergänzt. Im Feld „Zuordnungssteuerung" ist der Eintrag „Kostenrechnungskreis analog Buchungskreis" auszuwählen. Sichern. Zurück. Ggf. nochmals beim Verlassen sichern.

Im Feld „Abstimmungsledger" ist als Belegart „SA" (Sachkontenbeleg) einzutragen.

A.1.1.3   Zuordnung von Buchungskreis zu Kostenrechnungskreis

Zweck: Verknüpfung von BKS und KRK.

Pfad: SAP Customizing Einführungsleitfaden/Unternehmensstruktur/
Zuordnung/Controlling:

      Buchungskreis – Kostenrechnungskreis zuordnen

Zeile "BKXX" markieren, "Zuordnung Buchungskreis(e)" doppelklicken, Klick auf „Neue Einträge", Eingabe von BKXX erzeugt die gewünschte Zuordnung. Sichern. Enter.

A.1.1.4   Zuordnung von Kostenrechnungskreis zu Ergebnisbereich

Zweck: Verknüpfung von KRK und Ergebnisbereich "IDEA".

Pfad: SAP Customizing Einführungsleitfaden/Unternehmensstruktur/
Zuordnung/Controlling:

      Kostenrechnungskreis – Ergebnisbereich zuordnen.

In der Tabelle die Spalte „BKXX" auswählen und in der Spalte „ERGB" den Ergebnisbereich „IDEA" eintragen. Enter. Sichern.

A.1.1.5   Einrichtung einer Standard(Kostenstellen)hierarchie und Komponentenaktivierung

Zweck: Die spätere Anlage von Kostenstellen erfordert eine im KRK angelegte Basisstruktur sowie die Aktivierung benötigter Komponenten für Controllingobjekte.

Pfad: SAP Customizing Einführungsleitfaden/Controlling/
Controlling Allgemein/Organisation:

      Kostenrechnungskreis pflegen

Hinweis: Ins Customizing kommt man über Werkzeuge/Customizing/IMG/   Projektbearbeitung (Transaktionscode: SPRO) und Klicken auf SAP Referenz-IMG.

Doppelklicken auf Auswahl „Kostenrechnungskreis pflegen".

Doppelklick in Zeile "BKXX" führt zu den bereits bekannten Grunddaten. Neu auszufüllendes Pflichtfeld ist "KStellenStandardhierarchie". Beliebiger Eintrag z. B. "SHXX". Enter. Frage nach Anlage SHXX mit „Ja" bestätigen. Sichern. Enter. Zurück.

Zeile BKXX markieren und Doppelklick auf „Komponenten aktivieren/Steuerungskennzeichen". Button "Neue Einträge" klicken und Formular ausfüllen: Geschäftsjahr: aktuelles Geschäftsjahr eingeben, Kostenstellen: Komponente aktiv.

Die Ergebnisrechnung muss auf „Aktiv für kalkulat. und buchhalt. Ergebnisrechnung" stehen. Falls dies nicht der Fall ist, muss diese Einstellung wie folgt geändert werden:

Pfad: SAP Customizing Einführungsleitfaden/Controlling/
Ergebnis- und Marktsegmentrechnung/Werteflüsse im IST:

 Ergebnisrechnung aktivieren

Hier für alle BKXX in Spalte Aktivkennzeichen eine „4" für „Aktiv für kalkulat. und buchhalt. Ergebnisrechnung" eintragen. Sichern. Zurück. Unter obigem Pfad prüfen, ob Einstellung korrekt übernommen wurde.

Hinweis: Die Veränderung der Einstellung für die Ergebnisrechnung wirkt sich mandantenübergreifend aus. Sie kann daher u.U. nicht verändert werden, wenn nur mit einzelnen Mandanten und nicht mit einem gesamten SAP-System gearbeitet wird. Die Veränderung der Einstellung kann dann nur in Abstimmung mit dem Systembetreuer bzw. mit dem HCC erfolgen.

Pfad: SAP Customizing Einführungsleitfaden/Controlling/
Controlling Allgemein/Organisation:

 Nummernkreise für CO-Belege pflegen

Klicken auf Symbol "Kopieren". Eintrag von "0001" nach "BKXX". Kopieren. Enter.

Kopierte Daten werden durch Klicken, z. B. auf "Intervalle" oder "Gruppen", angezeigt.

Hinweis: Im IDES-Mandanten existieren die Nummernkreise unter Umständen bereits.

A.1.1.6 Maschinelle Anlage von primären und sekundären Kostenarten

Zweck: Für Buchungen in der Finanzbuchhaltung, in der Logistik oder im Controlling werden spezifische Kostenarten benötigt.

Pfad: SAP Customizing Einführungsleitfaden/Controlling/Kostenartenrechnung/
Stammdaten/Kostenarten/Primäre und sekundäre Kostenarten maschinell anlegen:

 Voreinstellung vornehmen

Eintrag Kontenplan "INT". Enter. Folgende Übersicht der Kontenintervalle sichern. Zurück.

 Batch-Input-Mappe erzeugen

Sicherstellen, dass richtiger KRK "BKXX" eingestellt ist. Den Gültigkeitszeitraum vom ersten Januar des aktuellen Jahres bis zum 31.12.9999 anlegen (z. B. wegen möglicher Probleme bei der Anlage von Leistungsarten). Anklicken „Ausführen" (F6) erzeugt Batch Input-Mappe. Zurück. Zurück.

 Batch-Input-Mappe ausführen

Markieren der neuen / noch zu verarbeitenden Mappen. Klicken auf „Abspielen". "Nur Fehler anzeigen" markieren.

Evtl. Fehlermeldung "...VB-Header .." ignorieren. Enter.

Ggf. nächste Frage mit „Wiederaufnehmen" bejahen.

Hinweis: Unter Umständen sind Kostenarten schon vorhanden, zumindest in einem Teil des Zeitraums.

A.1.1.7 Anlage eines betriebseigenen Werkes

Zweck: Das Werk ist der organisatorische Ort für viele logistische Objekte (Produktion, Arbeitsplätze, Material etc.).

Pfad: SAP Customizing Einführungsleitfaden/Unternehmensstruktur/ Definition/Logistik Allgemein:

 Werk definieren, kopieren ...

Aktionsauswahl "Werk kopieren ..". Klicken auf Symbol "Org.Objekt kopieren". Eintrag von "0001" nach "BKXX". Weiter. Mehrmals Enter. Meldung „Werk 0001 wurde ohne xx Nummernkreisobjekte kopiert nach BKXX" bestätigen. Zurück. Aktionsauswahl "Werk definieren" auswählen. Editieren des neuen Werk-Eintrages "BKXX" mit gewünschtem Name 1 und optional Name 2. Enter. Sichern. Zurück. Verlassen mit "Abbrechen" (rotes Kreuz).

 Standort festlegen:

durch Kopieren Werk bereits erledigt (siehe Einträge für BKXX: Standort 1-3)

 Sparte definieren, kopieren, ...

Aktionsauswahl „Sparte definieren" zeigt uns in Übersicht, dass weitere Sparten nicht angelegt werden brauchen (wir verwenden 00 = Spartenübergreifend).

A.1.1.8 Anlage von Einkaufsorganisationen

Hinweis: Die Anlage von Einkaufsorganisationen ist in unserer Fallstudie optional.

Zweck: Für spätere Auswertungszwecke können differenzierte Organisationsobjekte im Einkauf nötig sein.

Pfad: SAP Customizing Einführungsleitfaden/Unternehmensstruktur/

Definition/Materialwirtschaft:

        Lagerort pflegen

Keine neuen Einträge notwendig. Lagerorte 0001 bis 0006 sind ausreichend.

        Einkaufsorganisation pflegen

Entweder Button "Neue Einträge" klicken und Werte (EinkOrganisation: „BKXX"
und Bezeichnung für EkOrg: „EkOrg für BKXX") eingeben oder Kopieren von 0001
nach BKXX. Enter. Sichern.

A.1.1.9 Anlage von Verkaufsorganisationen

Zweck: Für spätere Auswertungszwecke sind differenzierte Organisationsobjekte
im Vertrieb nötig.

Pfad: SAP Customizing Einführungsleitfaden/Unternehmensstruktur/
Definition/Vertrieb:

        Verkaufsorganisationen definieren, kopieren, …

Aktionsauswahl "Verkaufsorganisation kopieren ...". Klicken auf Symbol "Org.Ob-
jekt kopieren". Eintrag von VO "0001" nach VO "BKXX". Transportmeldung bestätigen.

Aktionsauswahl „Verkaufsorganisation definieren". Änderung Bezeichnung in
„BKXX". Enter. Sichern.

Cursor in Zeile BKXX und Klicken auf Lupe (=Detail bzw. F2) führt zu weiteren Ein-
stellungsmöglichkeiten: Im Bereich "ALE" das Feld „EinkOrganisation" auf „1000"
und das Werk auf „BKXX" ändern. Die restlichen Eintragungen können übernommen werden. Enter. Sichern.

A.1.1.10 Anlage von Vertriebswegen

Pfad: SAP Customizing Einführungsleitfaden/Unternehmensstruktur/
Definition/Vertrieb:

        Vertriebsweg definieren, kopieren, …

Keine Eingaben nötig. Uns reichen 01 = Direktverkauf, 02 = Großhandel, 03 = Einzel-
handel, 08 = Service und 10 = Endkundenverkauf.

Pfad: SAP Customizing Einführungsleitfaden/Unternehmensstruktur/
Definition/Logistics Execution:

        Lagernummer definieren, kopieren …

Durch Kopieren des Werks bereits erledigt: keine neuen Einträge notwendig, bereits angelegtes Zentrallager "001" ist ausreichend.

 Versandstelle definieren, kopieren,...

Aktionsauswahl „Versandstelle kopieren, …" auswählen, dann kopieren von Versandstelle „0001" nach Versandstelle „BKXX". Anschließend Auswahl „Versandstelle definieren" doppelklicken, Zeile „BKXX" markieren und auf den Button „Detail" klicken (F2). Bezeichnung auf „BKXX" ändern, dann auf den Kuvert-Button (Umschalt + F5) klicken. In der sich öffnenden Maske die Transportzone auf „D000080000" ändern. Enter. Zurück.

 Ladestelle pflegen

Eintrag Versandstelle BKXX und Button "Neue Einträge" klicken. Neueintrag: "01, Hr. Stapler, Rampe" und "02, Fr. Kran, Gleis". Enter. Sichern. Zurück.

Hinweis: Evtl. bereits vorhandene Einträge entsprechend obiger Angaben anpassen.

Pfad: SAP Customizing Einführungsleitfaden/Unternehmensstruktur/ Zuordnung/Logistics Execution:

 Versandstelle - Werk zuordnen

Es muss für alle Werke BKXX ergänzend die Versandstelle 1000 Hamburg zugeordnet werden. Scrollen zu Werk BKXX. Doppelklick auf BKXX. Häkchen bei 1000 Hamburg. Enter. Sichern. Enter.

A.1.2 Zuordnung aller definierten Organisationselemente

Zweck: Um gegenseitige Abhängigkeiten eindeutig zu identifizieren, müssen die oben genannten Organisationselemente einander systematisch zugeordnet werden.

A.1.2.1 Zuordnung Logistik Allgemein

Pfad: SAP Customizing Einführungsleitfaden/Unternehmensstruktur/ Zuordnung/Logistik Allgemein:

 Werk-Buchungskreis zuordnen

Über „Neue Einträge" Zuordnungen hinzufügen.

Alle Buchungskreise BKXX zu Werken BKXX zuordnen. Sollte dies nicht möglich sein, sind die Werke BKXX vermutlich noch der Kopiervorlage BKS 0001 zugeordnet. Zeilen mit falschen Zuordnungen löschen und danach erneut die Zuordnung durchführen. Sichern.

Hinweis: Nach Löschen der falschen Zuordnung muss die Maske *Zuordnung Werk – Buchungskreis* verlassen und neu geöffnet werden, damit die Änderungen übernommen werden.

Es empfiehlt sich, die soeben vorgenommene Zuordnung nochmals aufzurufen, um zu kontrollieren, ob Fehler aufgetreten sind. Nochmaliges Sichern würde diese ggf. beheben.

 Werk/Bewertungskreis - Sparte -> Geschäftsbereich zuordnen

Kein Handlungsbedarf. Laut Liste ist alles richtig eingestellt.

Pfad: SAP Customizing Einführungsleitfaden/Logitics Execution/Versand/ Grundlagen/Versand-/Warenannahmenstellenfindung:

 Versandstellen zuordnen

Über „Neue Einträge" für alle BKXX folgende Eintragungen vornehmen:

- VB: "10"
- LGrp: "0002"
- Werk: "BKXX"
- VSteD: "1000"

Enter. Sichern.

Pfad: SAP Customizing Einführungsleitfaden/Materialwirtschaft/Bewertung und Kontierung/Kontenfindung/Kontenfindung ohne Assistent:

 Bewertungskreise gruppieren:

Für alle BKXX in Spalte BewModifKonst „0001" eintragen. Enter. Sichern.

A.1.2.2 Zuordnung Vertrieb

Pfad: SAP Customizing Einführungsleitfaden/Unternehmensstruktur/ Zuordnung/Vertrieb:

 Verkaufsorganisation – Buchungskreis zuordnen

BKS BKXX suchen und VO „BKXX" zuordnen (falls VO nicht vorhanden - siehe Vorgehensweise unter A.1.1.9. oben).

 Vertriebsweg - Verkaufsorganisation zuordnen

Über „Neue Einträge" der VO BKXX den Vertriebsweg „10" (Endkundenverkauf) zuordnen. Enter. Sichern.

 Sparte - Verkaufsorganisation zuordnen

Über „Neue Einträge" der VO BKXX die Sparten „00" (Spartenübergreifend) und „90" (Zubehör) zuordnen.

Hinweis: Sollten andere/zusätzliche Spartenbezeichnungen gewünscht sein, können diese unter Schritt A.1.1.7 angelegt werden.

     Vertriebsbereich (VB) bilden

Über „Neue Einträge" der VO BKXX den Vertriebsweg „10" mit den jeweiligen Sparten (00 = Spartenübergreifend und 90 = Zubehör) verknüpfen. Die Zuordnungen sind um die im vorigen Schritt angelegten Sparten zu ergänzen.

     Verkaufsorganisation - Vertriebsweg - Werk zuordnen

Über „Neue Einträge" der VO BKXX und dem VW 10 das entsprechende Werk BKXX zuordnen. Evtl. nicht benötigte Werke aus der Zuordnung löschen. Enter. Sichern.

A.1.2.3   Zuordnung Materialwirtschaft

Hinweis: Die folgenden Zuordnungen sind in unserer Fallstudie optional.

Pfad: SAP Customizing Einführungsleitfaden/Unternehmensstruktur/ Zuordnung/Materialwirtschaft:

     Einkaufsorganisation - Buchungskreis zuordnen

EinkOrganisation BKXX suchen und „BKXX" zuordnen. Enter. Sichern.

     Einkaufsorganisation - Werk zuordnen

Über „Neue Einträge" der EinkOrganisation BKXX das Werk „BKXX" zuordnen. Enter. Sichern.

     Standardeinkaufsorganisation - Werk zuordnen

Werk BKXX suchen und in Spalte EinkOrganisation „BKXX" einpflegen. Enter. Sichern.

     Referenzeinkaufsorganisation - Einkaufsorganisation zuordnen

Über „Neue Einträge" die Eingaben EinkOrganisation „BKXX" und Referenzeinkaufsorganisation „BKXX" tätigen. Enter. Sichern.

Pfad: SAP Customizing Einführungsleitfaden/Unternehmensstruktur/ Zuordnung/Logistics Execution:

     Lagernummer zu Werk/Lagerort zuordnen

Ein Eintrag hier kann zu Problemen bei der Warenausgangsbuchung führen. Aus diesem Grund sollten hier keine Eintragungen vorgenommen werden.

A.2 Vorbereitung der Produktkalkulation

Die umfangreichen Einstellungen für die Produktkalkulation sind überwiegend im Customizing vorzunehmen. Zentrale Objekte sind das Kalkulationsschema, das Kostenelementeschema sowie die Kalkulationsvariante.

A.2.1 Kalkulationsschema

Pfad: SAP Customizing Einführungsleitfaden/Vertrieb/Grundfunktionen/ Preisfindung/Steuerung der Preisfindung:

 Kalkulationsschemata definieren und zuordnen

Doppelklick auf Kalkulationsschemaermittlung festlegen. Folgende Eintragungen über „Neue Einträge" für alle BKXX vornehmen:

- VkOrg: „BKXX"
- VWeg: „10"
- SP: „00"
- BeSm: „A"
- KuSm: „1"
- Kal.SM: „RVAA01"
- KArt: „PR00"

Enter. Sichern.

Hinweis: Im IDES-Mandanten existieren diese Einträge unter Umständen bereits.

Pfad: SAP Customizing Einführungsleitfaden/Controlling/ Produktkosten-Controlling/Produktkostenplanung/ Grundeinstellungen für die Materialkalkulation/Gemeinkostenzuschläge:

 Kalkulationsschemata definieren

Zur Anlage eines neuen Kalkulationsschemas: Neue Einträge. Kalkulationsschema „Tontei" und Bezeichnung „Tonteile Eigenfertigung". Sichern. Zeile mit Schema markieren. Doppelklick auf Kalkulationsschemazeilen. Neue Einträge.

Das Schema ist für unsere Zwecke tabellarisch wie folgt zu pflegen:

Zeile	Basis	Zuschlag	Bezeichnung	Von	Bis	Entlastung
10	B000		Material			
20		C030	GK Material/ BuKrs	10		E01
30	B009		FL Fräserei			
40		C034	GK Fräserei	30		E11
50	B011		FL Brennerei			

Zeile	Basis	Zuschlag	Bezeichnung	Von	Bis	Entlastung
60		C036	GK Brennerei	50		E12
70			Herstellkosten	10	60	
80		C032	GK-Verwaltung/ BuKrs	70		E03
90			Selbstkosten	70	80	

Enter. Sichern. Im Falle einer Fehlermeldung die Maske mit „Abbrechen" verlassen. Hinweis ignorieren. Sichern.

Hinweis: Systemseitig kann jeweils nur ein User Veränderungen innerhalb des Kalkulationsschemas vornehmen.

Die Pflege der Zuschlagsbasen, Zuschlagssätze und Entlastungskostenarten wird in Abschnitt 4.3.3.2 beschrieben. Je nach der im Kurs zur Verfügung stehenden Zeit, ` kann sie auch vor dem Kurs durchgeführt werden, da jeweils nur eine Gruppe gleichzeitig auf die entsprechenden Tabellen zugreifen kann. Aus unserer Sicht hat es sich bewährt, die Zuschlagsbasen, Zuschlagssätze und Entlastungskostenarten für die Buchungskreise der Kursteilnehmer bereits vor dem Kurs einzupflegen und die entsprechenden Eingaben für den Buchungskreis des Dozenten im Kurs exemplarisch zu zeigen.

A.2.2 Kostenelementeschema

Zweck: Design unserer Sicht auf die Kostenelemente in der Kalkulation.

Pfad: SAP Customizing Einführungsleitfaden/Controlling/
Produktkosten-Controlling/Produktkostenplanung/
Grundeinstellungen für die Materialkalkulation:

  Elementeschema definieren

Im Übersichtsbild finden wir einige bereits eingetragene Elementeschemata vor. Über Button "Neue Einträge" kann ein neues Elementeschema angelegt werden. Dieses nennen wir „OP" mit der Bezeichnung "Beispielfirma". Nach dem Sichern der Eingaben sind auf der Ebene "Elementeschema" die Kästchen "Aktiv" und "Primärkostenschichtung" für das Elementeschema „OP" zu aktivieren. Mit markierter Zeile bringt uns ein Doppelklick auf „Elemente mit Eigenschaften" in die nächste Tabelle. Hier sind wie folgt Elementeschema, Element und Bezeichnung einzugeben:

Elementeschema	Element	Bezeichnung Element
OP	10	Materialkosten
OP	20	Materialgemeinkosten
OP	30	Löhne Fräserei
OP	40	GK Fräserei
OP	50	Löhne Brennerei
OP	60	GK Brennerei
OP	80	GK VW/Vertrieb

Sichern. Zurück. Mit markierter Zeile Doppelklick auf „Zuordnung: Element – Kostenartenintervall". In dieser Tabelle sind als Elementeschema „OP", als Kontenplan „INT" sowie die folgenden Eintragungen einzugeben:

Kostenart von	Kostenart bis	Element
400000	410000	10
655101	655102	20
619001	619001	30
655201	655201	40
619002	619002	50
655202	655202	60
655301	655301	80

Enter. Sichern. Zurück. Klicken auf die Lupe "Zuordnung: Organisationseinheiten - Elementeschema" führt uns in eine Tabelle, in der wir über den Button „Neue Einträge" folgende Eintragungen vornehmen: Buchungskreis: „BKXX" (bzw. „++++" für alle Buchungskreise), für Werk und Kalkulationsvariante jeweils „++++", für das Gültigkeitsdatum „01.01.2000" (muss den gesamten relevanten Zeitraum umfassen, daher am besten dieses Datum eingeben) und für das Elementeschema „OP". Enter. Sichern.

Wichtiger Hinweis: Ggf. Kästchen „aktiv" bei Elementeschema „OP" nach der Bearbeitung erneut aktivieren!

Besteht das Elementeschema „OP" bereits, so können wir es uns zur Kontrolle bzw. bei der Präsentation im Kurs ansehen. Wir markieren die Zeile „OP" und klicken doppelt auf "Elemente mit Eigenschaften". Im folgenden Bild sehen wir einen Überblick über die eingestellten Elemente, die wir für unsere Zwecke akzeptieren können. Markieren der Zeile "Löhne Fräserei" und doppelklicken auf " --> Zuordnung: Element – Kostenartenintervall" zeigt uns z. B. die dort zugeordneten Kostenarten (wie Quellwertfelder). Analoges gilt für die anderen Kostenelemente.

A.2.3   Kalkulationsvariante

Zweck: Mit der Kalkulationsvariante steuern wir die wichtigsten Parameter der Produktkalkulation, indem wir eine Verknüpfung mit dem oben angelegten Kalkulationsschema herstellen.

Pfad: Customizing/Controlling/Produktkosten-Controlling/ Produktkostenplanung/Materialkalkulation mit Mengengerüst:

    Kalkulationsvarianten definieren

Ist die Kalkulationsvariante „OP1" für den Kurs noch nicht angelegt, so ist der Button "Neue Einträge" anzuklicken. Eingabe Kürzel „OP1" und Bezeichnung „Beispielvariante 1".

In der Registerkarte *Steuerung* sind darüber hinaus folgende Eintragungen vorzunehmen:

-   Kalkulationsart: „Plankalkulation (Mat.)"
-   Bewertungsvariante: „Aktuelle Bewertung – Mat."
-   Terminsteuerung: „Plankalkulation Periode"
-   Auflösungssteuerung: „Standard-Auflösung 1"

Sichern.

Klick auf Kalkulationsart und folgende Eintragungen vornehmen:

Registerkarte: *Fortschreibung*

-   Preisfortschreibung: „Standardpreis"
-   Bewertungssicht: „Legale Bewertung"

Registerkarte: *Verbuchung*

-   Kalkulation mit Mengengerüst: „mit Periodenbeginn"
-   additive Kalkulationen: „mit Periodenbeginn"

Registerkarte: *Sonstiges*

-   Zuschlagsbasis: „Herstellkosten"

Sichern.

Wieder in Registerkarte *Steuerung* zurück, Klick auf Bewertungsvariante und folgende Eintragungen vornehmen:

Registerkarte: *Materialbewertung*

-   Priorität 1: „Bewertungspreis laut Preissteuerung im Materialstamm"
-   Priorität 2: „Planpreis 1"
-   Priorität 3: „Standardpreis"
-   Priorität 4: „Standardpreis der Vorperiode"
-   Bei allen vier Häkchen bei „incl. additive Kosten" setzen

Registerkarte: *Leistungsarten/Prozesse*

-   Priorität 1: „Isttarif der Vorperiode"
-   Priorität 2: „Plantarif der Vorperiode"
-   Priorität 3: „Aktuellster Plantarif"
-   CO-Version Plan/Ist „0" Plan/Ist-Version

Registerkarte: *Lohnbearbeitung*

-   Priorität 1: „Effektivpreis aus Bestellung"
-   Priorität 2: „Nettoangebotspreis"
-   Quotierung im Einkauf: „Plan-Quotierung"

Registerkarte: *Fremdbearbeitung*

-   Priorität 1: „Nettobestellpreis"

Registerkarte: *Gemeinkosten*

- Kalkulationsschema „Tonteile Eigenfertigung" sowohl bei Gemeinkostenzu-schläge auf Halb.-u. Fertigmaterialien als auch auf Einsatzmaterialien auswählen

Sichern.

Wieder in Registerkarte *Steuerung* zurück, Klick auf Terminsteuerung und folgende Eintragungen vornehmen:

- Vier Häkchen bei manuelle Eingabe setzen
- Kalkulationsdatum ab: „Anfang der nächsten Buchungsperiode"
- Kalkulationsdatum bis: „Ende der nächsten Buchungsperiode"
- Auflösungstermin: „Kalkulationsdatum ab"
- Bewertungstermin: „Kalkulationsdatum ab"

Sichern.

Wieder in Registerkarte *Steuerung* zurück, klick auf Auflösungssteuerung und folgende Eintragungen vornehmen:

- Stücklistenanwendung: „Bestandsführung"

Sichern.

Wieder in Registerkarte *Steuerung* zurück, wechseln zu Registerkarte *additive Kosten* und folgende Eintragung vornehmen:

- additive Kostenelemente: „Additive Kosten berücksichtigen"

Wechseln zu Registerkarte *Verbuchung* und Häkchen bei „Abspeichern erlaubt" setzen.

Wechseln zu Registerkarte *Sonstiges* und bei Fehlersteuerung „Meldungen im Protokoll sammeln, speichern, Mail aktiv" auswählen.

Sichern.

Ist die Kalkulationsvariante „OP1" bereits angelegt, so markieren wir „OP1", klicken auf die Lupe (Detail) und sehen uns nacheinander die Inhalte der einzelnen Menüs an. Nach Klicken des Buttons "Bewertungsvariante" gelangen wir zur Registerkarte *Gemeinkosten*, wo als Kalkulationsschema unser "Tonteile Eigenfertigung" bereits eingetragen ist. Hier könnte ein evtl. alternativ angelegtes Schema zugeordnet werden. Ein Klick auf den Button führt uns unmittelbar zu den entsprechenden Customizing-Menüs.

Nachdem wir nur übernehmen und nichts geändert haben, können wir den Bereich "Kalkulationsvariante" ohne Sichern wieder verlassen.

A.3   Vorbereitung der Ergebnisrechnung

A.3.1   Anlage von Kundenstammsätzen

Zweck: Unsere Endprodukte sollen natürlich an reale Kunden verkauft werden können. Deren Daten sind deshalb in SAP zentral zu hinterlegen. Vorhandene Kunden wie z. B. 1000 (BKS 0001) können benutzt werden, müssen aber für eigene spezifische Kombination „BKS/VO/VW/Sparte" nochmals angelegt werden. Die folgenden Eingaben sind deshalb doppelt zu durchlaufen, einmal für den Debitor 1000, ein zweites Mal für den Debitor 2000.

Pfad: SAP Menü/Logistik/Vertrieb/Stammdaten/Geschäftspartner/
Kunde/Anlegen/Gesamt:

Transaktionscode: XD01

Erforderliche Eingaben:

- Kontengruppe: 0001 „Auftraggeber"
- Debitor: „1000" bzw. „2000"
- Buchungskreis: „BKXX"
- Verkaufsorganisation: „BKXX"
- Vertriebsweg: „10"
- Sparte: „00"

Feld *Vorlage*:

- Debitor: „1000" bzw. „2000"
- Buchungskreis: „0001"

Enter.

Feld *Kontoführung*:

- Abstimmkonto: „140000" (Debitoren-Forderungen Inland)

Reiter *Zahlungsverkehr*:

- Zahlungsbedingung: „0001" (sofort zahlbar ohne Abzug)

Reiter *Korrespondenz*:

- Mahnverfahren: „0001" (Vierstufige Mahnung, 14-tägig)

Klick auf Button Vertriebsbereichsdaten:

Reiter *Verkauf*:

- Kundenbezirk: „000001" (Bezirk Nord)

Reiter *Versand*:

- Versandbedingung: „02" (Standard)
- Auslieferungswerk: „BKXX"

Reiter *Faktura*:

- Incoterms: „EXW" (ab Werk)
- Kontierungsgruppe: „01" (Erlöse Inland)
- Steuerklassifikation: „1"

Enter. Sichern.

Nun wenden wir uns der eigentlichen Ergebnisrechnung zu. Dort benötigen wir für unsere Fallstudie neue Wertfelder, Merkmalswerte und Ableitungsstrukturen. Um unsere Ergebnisse anschaulich darstellen zu können, wollen wir darüber hinaus auch Reports mit eigenen Formularen (Layouts) entwickeln.

A.3.2   Anlage neuer Wertfelder in der Ergebnisrechnung

Zweck: Um unsere generierten Daten wie gewünscht kombinieren/aggregieren zu können, sind für unsere Zwecke neue Wertfelder notwendig.

Pfad: SAP Customizing Einführungsleitfaden/Controlling/Ergebnis- und Marktsegmentrechnung/Strukturen/Ergebnisbereich definieren:

    Ergebnisbereich pflegen

Im Einstiegsbild geben wir als Ergebnisbereich „IDEA" vor. Enter.

Hinweis: Ein Ergebnisbereich ist das wichtigste Organisationselement in der Ergebnisrechnung. Er steht mit BKS und KRK in folgender Beziehung: 1:n:n. In unserem Beispiel haben wir keinen eigenen Ergebnisbereich angelegt, sondern schließen uns der Einfachheit halber dem des IDEA an. Zu beachten ist hier allerdings, dass dem IDEA noch viele andere BKS und KRK zugeordnet sind und wir deshalb immer unsere explizit angeben müssen.

Wir klicken auf „Anzeigen <-> Ändern", den Informationshinweis nehmen wir bestätigend zur Kenntnis. Innerhalb des Teilobjektes „Datenstruktur" klicken wir auf „Ändern". Im Merkmals-Grundbild sind keine Feldnamen zu ergänzen, da sie für uns ausreichend vorhanden sind. Deshalb blättern wir durch Klicken auf die Registerkarte *Wertfelder* zu den Wertfeldern VVXXX. Wir blättern das Formular abwärts und gelangen schließlich zum Ende der Einträge. Hier können wir nun unsere benötigten zusätzlichen Wertfelder einpflegen (über Button "Wertfelder anlegen" (F7)). In einem ersten Schritt ist jeweils der Feldname und die Bedeutung anzugeben (siehe Tabelle unten), das Feld „Betrag" ist auszuwählen. Enter. In der sich nun öffnenden Maske können die Einträge nochmals korrigiert werden. Schließlich ist das Wertfeld über den Button „Aktivieren" (Strg + F3) noch zu aktivieren.

Folgende Wertfelder sind auf diese Weise anzulegen und zu aktivieren:

Wertfeld/ Feldname	Bedeutung	Kurzwort	Erläuterung
VVPFK	Produktfixe Kosten	Produktfix	Zusammenfassung produktspezifischer Fixkosten
VVPGF	Fixkosten AXX + CXX	Fixe K. A + C	Zusammenfassung der Fixkosten beider Produkte auf höherer Stufe
VVUFK	Unternehmensfix-kosten Beispielfirma	U'fixe K. Bsp.firma	Zusammenfassung unternehmensfixer Kosten

Hinweis: Im IDES-Mandanten existieren diese Einträge unter Umständen bereits und müssen lediglich noch aktiviert werden.

Schließlich sind in der Übersichtsmaske die neu angelegten Wertfelder noch aus der Liste „Vorlage" in die Liste „Datenstruktur" zu übernehmen.

Tabellen der Wertfelder des Ergebnisbereichs müssen ggf. separat aktiviert werden, damit der Ergebnisbereich wieder den Status aktiv hat.

Vorgehensweise:

Im SAP-Menü die Transaktion SE11 aufrufen (data dictionary).

Dort nacheinander die Tabellen bzw. Strukturen aus der Detailansicht (in obiger Maske Rechtsklick auf Wertfeld: Objekt anzeigen, dann Detailanzeige (alle Felder) auswählen) eingeben bzw. hineinkopieren. Button „Aktivieren" anklicken.

Wenn alle Tabellen aktiviert wurden, die Transaktion mit den Wertfeldern verlassen, noch mal aufrufen und erneut die Detailansicht aufrufen. Alle Tabellen sollten dann aktiviert sein und die Ampel daneben müsste auf Grün stehen.

Danach kann die Umgebung des Ergebnisbereichs (der mandantenabhängige und der mandantenübergreifende Teil) generiert werden.

Hinweis: Die Veränderung von Datenstrukturen innerhalb des gesetzten Ergebnisbereiches wirkt sich mandantenübergreifend aus und sollte daher nur in Abstimmung mit dem Systembetreuer erfolgen. Darüber hinaus sind derartige Eingriffe sehr zeitintensiv und bergen die Gefahr des Systemabsturzes.

Hinweis für HCC-Kunden, die nur einzelne Mandanten eines SAP-Systems nutzen: Die Veränderung mandantenübergreifender Einstellungen ist nur in Abstimmung mit dem HCC möglich.

Hinweis: Alternativ kann auch mit bestehenden Wertfeldern gearbeitet werden, z. B. VV171 statt VVPFK, VV251 statt VVPGF und VV367 statt VVUFK. In diesem Fall ist auch die im nachfolgenden Abschnitt A.3.3 beschriebene Einstellung der Leistungsverrechnung entsprechend anzupassen.

A.3.3   Einstellung der Leistungsverrechnung aus CO

Zweck: Damit Ergebnisobjekte direkt aus FI heraus bebucht werden können, muss dies ausdrücklich im Customizing eingestellt werden. Das gleiche gilt für die Möglichkeit, Leistungsverrechnungen in CO direkt in die kalkulatorische Ergebnisrechnung durchschreiben zu können. Wichtig sind diese Einstellungen v.a. für die direkte Bebuchbarkeit von Wertfeldern aus Umlagezyklen heraus. Außerdem erscheinen die Wertfelder komfortabel in den dortigen Auswahlmenüs.

Pfad: SAP Customizing Einführungsleitfaden/Controlling/Ergebnis- und Marktsegmentrechnung/Werteflüsse im Ist/Gemeinkosten übernehmen/Leistungen direkt/indirekt verrechnen:

    Ergebnisschema für Template- und Leistungsverrechnung pflegen

Nach Markieren der Zeile „CO" können wir uns durch einen Doppelklick auf "Zuordnungen" und nach Eingabe von „BKXX" das relevante Ergebnisschema "CO" detailliert ansehen. Über "Neue Einträge" können neue Zuordnungen vorgenommen werden. Durch Markieren einer der neu angelegten Zeilen und einem Doppelklick auf "Wertfelder" können über "Neue Einträge" die entsprechenden Wertfelder zugeordnet werden.

Die folgende Tabelle gibt einen Überblick über die notwendigen Eintragungen:

Ergebnis-schema	Zuord-nung	Text / Bezeichnung	Menge / Wert-KZ	Fix / Var KZ	Wertfeld
CO	21	Produktfixkosten	Wertfeld	3	VVPFK
CO	22	Fixkosten A+C	Wertfeld	3	VVPGF
CO	23	Unternehmensfix-kosten	Wertfeld	3	VVUFK

Enter. Sichern.

A.3.4   Anlage neuer Merkmalswerte

Zweck: Für spätere Auswertungszwecke (z. B. Periodenerfolgsrechnung nach dem Umsatzkostenverfahren oder mehrstufige Deckungsbeitragsrechnung) benötigen wir geeignete Ergebnisobjekte, die unsere Feldwerte aufnehmen und repräsentieren können.

Pfad: SAP Menü/Rechnungswesen/Controlling/Ergebnis- und Marktsegmentrechnung/Stammdaten/Merkmalswerte/Merkmalswerte ändern:

Transaktionscode: KES1

Im Auswahlbild auf „Produktgruppe für SOP" klicken. Im folgenden Übersichtsbild können wir wieder über "Neue Einträge" zwei neue Produktgruppen anlegen, die später unsere Endprodukte aufnehmen sollen:

Produktgruppe für SOP	Bezeichnung
OP A+C	Artikel A und C
OP REST	Artikel B

Enter. Sichern. Zurück.

Analog verfahren wir mit der „Produkthierarchie 1 vor 4.5". Hier genügt uns der Eintrag "00100" mit der Bezeichnung „Maschinen".

A.3.5 Anlage/Änderung von Ableitungsregeln

Zweck: Mit den Ableitungsregeln wird festgelegt, welche Merkmalswertkombinationen der Quellfelder zu welchen Werten der Zielfelder führen.

Systemseitig ist eine Standardableitungsstrategie hinterlegt. In ihr sind sämtliche Abhängigkeiten zwischen Merkmalen hinterlegt. Man kann sie sich anzeigen lassen unter:

Pfad: SAP Customizing Einführungsleitfaden/Controlling/Ergebnis- und Marktsegmentrechnung/Stammdaten:

 Merkmalsableitung definieren

In der Auswahlmaske ist der Ergebnisbereich IDEA einzugeben, sowie "kalkulatorisch" zu markieren.

Im folgenden Übersichtsbild sieht man die Bestandteile der Standardableitungsstrategie (Zuweisungen, Tabellenzugriffe, Initialisierungen, Erweiterungen sowie Ableitungsregeln). Über Klicken auf Button "Alle Schritte anz." erhält man eine vollständige Übersicht sämtlicher Merkmalsableitungen.

Die Standardableitungsstrategie kann verändert und ergänzt werden. Eine Veränderung bestehender Ableitungsregeln ist über Markieren der entsprechen Zeile in der Übersicht und Klicken des Buttons ▦ (Regeleinträge) möglich.

Die Anlage neuer Ableitungsregeln in der Standardableitungsstrategie erfolgt über Button "Anzeigen <-> Ändern". Damit werden weitere Symbole aktiviert. Klicken auf Button "Schritt anlegen". "Ableitungsregel" markieren. Enter. In der Maske *Merkmalsableitung: Regeldefinition ändern* sind ein Name für die neue Ableitungsregel, Quellfelder und Zielfelder einzutragen sowie ggf. die Option Gültigkeitsdatum zu aktivieren.

Ableitungsregel/ Schritttext	Quellfeld Name	Zielfeld Name
OP1	ARTNR	WWSOP
OP2	WWSOP	PAPH1

Die Ableitungsregel „OP1" dient der Zusammenfassung von Artikeln zu Artikelgruppen, die Regel „OP2" der Zusammenfassung von Artikelgruppen zur Produkthierarchie 1.

A.3.6   Kalkulationsauswahl anlegen

Pfad: SAP Customizing Einführungsleitfaden/Controlling/Ergebnis- und Marktseg-mentrechnung/Stammdaten/Bewertung/Bewertung mit Materialkalkulation einrichten:

    Zugriff auf Plankalkulation definieren

Im Übersichtsbild sehen wir bereits angelegte Kalkulationsauswahlen. Über "Neue Einträge" geben wir die neue Kalkulationsauswahl „OP1" mit der Bezeichnung „Kalk. Beispielfirma" ein. Weitere Daten: Kalkulationsvariante: „OP1", Version: „1" und Periodenkennzeichen: „laufende Plankalkulation laut Eintrag im Material-stamm". Enter. Sichern.

Pfad: SAP Customizing Einführungsleitfaden/Controlling/Ergebnis- und Marktseg-mentrechnung/Stammdaten/Bewertung/Bewertung mit Materialkalkulation einrichten:

    Wertfelder zuordnen

Durch Eingabe des Ergebnisbereichs „IDEA" und des Elementeschemas „OP" ge-langt man schließlich in die Tabelle, wo unsere verwendeten Kalkulationselemente den teils vor- und teils selbstdefinierten Feldnamen/Wertfeldern zugeordnet sind oder über „Neue Einträge" zugeordnet werden können.

BZ	Element	Bezeichnung Element	FVKZ	Feldname 1
01	10	Materialkosten	2	VV150
01	30	Löhne Fräserei	2	VV180
01	50	Löhne Brennerei	2	VV180

Enter. Sichern.

A.3.7   Anlage von eigenen benutzerdefinierten Formularen

Zweck: Nachdem wir nun die meisten Customizing-Einstellungen gepflegt haben, geht es jetzt darum, in welcher Form oder welchem Layout unsere Auswertungser-gebnisse präsentiert werden sollen. Hier können wir uns individuelle (Berichts)For-mulare einrichten.

Formular für mehrstufige Deckungsbeitragsrechnung

Pfad: SAP Menü/Rechnungswesen/Controlling/Ergebnis- und Marktsegmentrech-nung/Infosystem/Laufende Einstellungen/Formulare für Ergebnisberichte definie-ren:

Transaktionscode: KE34

Im Einstiegsbild gibt man einen frei wählbaren Formularnamen mit Bezeichnung (z. B. „DB BKXX" mit der Bezeichnung „DBR BKXX") an.

Hinweis: Dieses Formular wird im Rahmen der Fallstudie zur Anlage eines formularbasierten Berichtes als Kopiervorlage verwendet (Vgl. 5.3.1.1). Um darauf zurückgreifen zu können, sollte die hier festgelegte Bezeichnung des Formulars notiert werden. In der Fallstudie wird von der Bezeichnung „DB BK01" ausgegangen.

Struktur des Formulars: Zwei Koordinaten (Matrix). Klicken auf „Anlegen" führt in den Editier-Modus. Die Frage nach der Ergebnisbereichswährung ist zu bestätigen. Nun können die Vorlagespalten und -zeilen beliebig angepasst werden. Als Spaltenköpfe sind die Artikel „A01", „B01" und „C01", „Artikelgruppe A+C" sowie „Gesamt" einzugeben. Dies erreicht man durch Markieren z. B. von "Spalte 1" und Drücken der rechten Maustaste. Man wählt „Element einfügen .." oder F2 (Merkmalübersicht. Enter) und sieht dann in der rechten Tabelle die verfügbaren Merkmale. Die Zeile „Artikel" markieren und über den schwarzen Pfeil nach links in die Tabelle „ausgewählte Merkmale" hinzufügen. In der linken Tabelle muss nun in die Felder „Von" und „Bis" jeweils der Eintrag „A01" vorgenommen werden. Ebenso sind über den Button „Kurz-, Mittel- und Langtexte ändern" die Namen der Spalten entsprechend untenstehender Tabelle anzupassen.

Folgenden Eintragungen sind in den Spaltenköpfen vorzunehmen:

Spaltenbezeichnung (Kurz-, Mittel- und Langtext)	ausgewähltes Merkmal	Eingabe in die Felder „Von" und „Bis"
A01	Artikel	A01
B01	Artikel	B01
C01	Artikel	C01
Art. A+C	Produktgruppe für SOP	OP A+C
Gesamt	Produkthierarchie1	00100

Ebenso können die Zeilennamen, deren Feldinhalte und Formate modifiziert werden. Bei den Zeilen „variable Kosten", „DB I", „DB II", „DB III" und „Unternehmenserfolg" sind Formeln einzugeben, die übrigen Zeilen sind durch die Auswahl „Wertfeld mit Merkmalen" anzupassen.

Folgenden Eintragungen sind in den Zeilenköpfen vorzunehmen:

Zeilenbezeichnung (Kurz-, Mittel- und Langtext)	Wertfeld / Formel	Merkmalsauswahl	Eingabe in das Feld „Von"
Erlös	Erlöse	Plan-/Istkennz.	0
Mat.Eins. bzw. Material-einsatz	Materialeinsatz	Plan-/Istkennz.	0
FK var. bzw. Fertigungs-kosten var	Fertigungskosten var	Plan-/Istkennz.	0
Variable Kosten	Y002 + Y003		
DB I	Y001 - Y002 - Y003		
Produktfixe Kosten	Produktfixe Kos-ten	Plan-/Istkennz.	0
DB II	Y005 - Y006		
Fixkosten A+C	Fixkosten AXX + CXX	Plan-/Istkennz.	0
DB III	Y007 - Y008		
Unternehmensfixkosten	Unternehmens-fix-koste	Plan-/Istkennz.	0
Unternehmenserfolg	Y009 - Y010		

A.3.8   Sachkontenzuordnung in SD

Zweck: Bevor wir nun zu den Erlösbuchungen kommen, müssen noch Sachkonten-zuordnungen für das Vertriebsmodul vorgenommen werden. Dadurch wird sicher-gestellt, dass fakturierte Erlöse in gewünschte Sachkonten (hier: „800000 = Umsatz-erlöse") eingesteuert werden.

Pfad: SAP Customizing Einführungsleitfaden/Vertrieb/Grundfunktionen/Kontie-rung/Kalkulation/Erlöskontenfindung:

    Sachkonten zuordnen

Tabelle „4 = allgemein" doppelklicken.

Im Übersichtsbild sind über "Neue Einträge" die folgenden, pro Verkaufsorganisa-tion notwendigen, Datenzeilen (Datensätze) in die Tabelle einzupflegen:

Apl	K.Art.	KtPl	VkOrg	Sachkonto
V (= Vertrieb)	KOFI	INT	BKXX	800000
V	KOFK	INT	BKXX	800000

Hinweis: Im IDES-Mandanten ist die Sachkontenzuordnung unter Umständen be-reits entsprechend eingestellt.

A.4 Administrative Tätigkeiten

A.4.1 Verschiebung der Buchungsperiode

Zu Beginn eines neuen Monats muss die aktuelle Periode verschoben werden, um Buchungen zu ermöglichen.

Pfad: SAP-Menü/Logistik/Materialwirtschaft/Materialstamm/Sonstige/

Periode verschieben

Transaktionscode: MMPV

Eingabe der zu verschiebenden Buchungskreise BKXX in die Felder „Ab Buchungskreis" und „Bis Buchungskreis" sowie Eingabe der Periode und des Geschäftsjahres, in welche die Buchungskreise verschoben werden sollen. Klick auf Ausführen, Enter, Sichern.

Hinweis: Periodenverschiebungen können manchmal nur von Monat zu Monat vorgenommen werden.

Hinweis: Durch die Eingabe „/nomsy" in das Eingabefeld der Menüleiste ist in der dritten und vierten Spalte der Tabelle zu erkennen, bis zu welcher Periode die Verschiebung der Buchungskreise bereits durchgeführt wurde. Darüber hinaus kann der Befehl dazu genutzt werden, um die Periode aller Buchungskreise gleichzeitig in eine beliebige Periode zu verschieben.

A.4.2 Öffnung der Buchungsperiode nach Jahreswechsel

Die Buchungskreise, mit denen gearbeitet wird, sollten alle der Variante „1000" zugeordnet sein. Dies ist unter

Pfad: SAP Customizing Einführungsleitfaden/Finanzwesen/Grundeinstellungen Finanzwesen/Beleg/Buchungsperioden:

 Buchungskreis Varianten zuordnen

ersichtlich und kann dort auch geändert werden.

Pfad: SAP Customizing Einführungsleitfaden/Finanzwesen/Grundeinstellungen Finanzwesen/Beleg/Buchungsperioden:

 Buchungsperioden öffnen und schließen

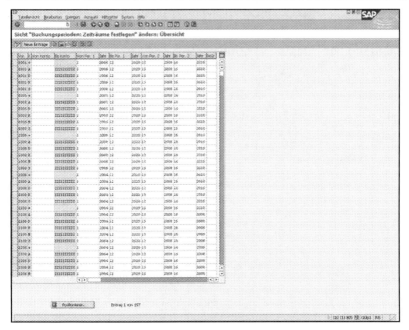

Abbildung A-1:   Öffnung der Buchungsperiode nach Jahreswechsel

Hier sind die Buchungsperioden für die einzelnen Varianten zu pflegen (in Abb. A-1 sind die Buchungsperioden bis einschließlich 2020 geöffnet).

A.4.3   Definition von Nummernkreisintervallen

Pfad: SAP Customizing Einführungsleitfaden/Finanzwesen/
Grundeinstellungen Finanzwesen/Beleg/Belegnummernkreise:

    Belegnummernkreise definieren

In der Maske *Nummernkreise für den Buchhaltungsbeleg* ist der jeweilige Buchungs-kreis BKXX einzugeben. Button "Intervalle ändern" anklicken.

In der Maske *Nummernkreisintervalle pflegen* den Button "Intervall einfügen" ankli-cken. „xx" steht dabei für die jeweilige Nummer des Nummernkreises.

Eingaben für den Nummernkreis 01:

- Nr.: 01
- Jahr: Jahr, für welches das Nummernkreisintervall gepflegt werden soll
- Von Nummer: xx00000000
- Bis Nummer: xx99999999

Button "Einfügen" anklicken.

Dieser Vorgang ist für sämtliche Nummerkreise (02, 03, 04, 10, 12, 13, 14, 15, 16, 17, 18, 19, 20, 48, 49, 50, 51, 90) durchzuführen. Die xx sind entsprechend anzupassen.

Sichern.

Hinweis: Im IDES-Mandanten sind die entsprechenden Nummernkreisintervalle möglicherweise bereits angelegt.

Für weitere Buchungskreise kann man die Belegnummernkreise folgendermaßen kopieren:

Pfad: SAP Customizing Einführungsleitfaden/Finanzwesen/ Grundeinstellungen Finanzwesen/Beleg/Belegnummernkreise:

 Kopieren nach Buchungskreis

In der Maske *Belegnummernkreise: Kopieren nach Buchungskreis* sind folgende Eingaben vorzunehmen:

- Nummernkreisnummer „01" bis „90"
- Von Geschäftsjahr bis Geschäftsjahr (unter Umständen ist nur diese Eingabe erforderlich)
- Quellbuchungskreis: Buchungskreis, in dem die Nummernkreisintervalle im vorhergehenden Schritt gepflegt wurden, i.d.R. „BK01"
- Zielbuchungskreis: „BK02" bis „BKXX", je nachdem, wie viele Buchungskreise benötigt werden

Warnhinweis mit Enter bestätigen.

A.4.4 Nachbewertung der innerbetrieblichen Leistungen mit Isttarif aktivieren

Zweck: Damit die innerbetrieblichen Leistungen zunächst mit Plantarifen verrechnet und zusätzlich am Ende des Abrechnungszeitraumes mit Isttarifen nachbewertet werden können, muss die Nachbewertung mit Isttarifen vorab im Customizing für das jeweilige Geschäftsjahr und für jeden Buchungskreis aktiviert werden.

Pfad: SAP Customizing Einführungsleitfaden/Controlling/Controlling Allgemein/Organisation:

 Versionen pflegen

Zeile der Version 0 markieren

„Einstellungen pro Geschäftsjahr" wählen und doppelklicken.

Kostenrechnungskreis „BKXX" und Version „0" eingeben .

Zeile mit dem aktuellen Geschäftsjahr markieren, rechte Maustaste klicken und Detail (F2) auswählen.

Registerkarte: *Planung*

„Kopieren erlaubt" aktivieren

Erforderliche Eingaben:

- Kurstyp: „P" (Standardumrechnung für die Kostenplanung)

- Wertstellung: „01.01.20XX"
- Bew. Version iLV: „0"

Registerkarte: *Tarifermittlung*

- Plan Verfahren: „Periodentarif"
- Ist Verfahren: „Periodentarif"
- Ist Nachbewertung: „eigener Vorgang"

Evtl. Warnhinweise bestätigen. Enter, Sichern.

A.4.5   Nummernvergabe für Buchhaltungsbelege

Zweck: Die Nummernvergabe für Buchhaltungsbelege ist in unserer Fallstudie in Rahmen der Bestandsführung erforderlich, um Bestände von Fertigprodukten einzubuchen, die anschließend verkauft, geliefert und fakturiert werden können.

Pfad: SAP Customizing Einführungsleitfaden/Materialwirtschaft/
Bestandsführung und Inventur/Nummernvergabe:

        Nummernvergabe für Material- und Inventurbelege festlegen

Eine beliebige Zeile mit der linken Maustaste auswählen, dann rechte Maustaste und aus dem Menü „Jahr einfügen" (F6) auswählen. Intervalle „490000000" bis „499999999" für Geschäftsjahr „20XX" einpflegen.

Enter, Sichern.

A.4.6   Vergabe von Kennungen für den Kurs

Pfad: SAP Menü/Werkzeuge/Administration/Benutzerpflege/Benutzer

Transaktionscode: ZUSR

Bestehenden Nutzer eingeben und auf Button "Kopieren" klicken. Den anzulegenden Nutzer im Feld „Kopieren nach" mit gewünschtem Namen benennen, aus der Auswahlliste alle Felder markieren. Auf Button "Kopieren" klicken. Initialpasswort vergeben. Sichern.

Es empfiehlt sich, für jeden Kursteilnehmer bzw. jede Gruppe von Kursteilnehmern eine Seite mit sämtlichen von ihm bzw. ihr im Laufe des Kurses verwendeten Bezeichnungen zu erstellen:

Namenskonvention könnte man auch voreinstellen, z. B. Ides-All.

Namenskonventionen

(XX steht als Platzhalter für die jeweilige Gruppennummer, also 01, 02, 03, 10, 11, 12 …)

Mandant:

Buchungskreis: BKXX
Kostenrechnungskreis: BKXX

Kostenstellenhierarchie:	SHXX
Kostenstellenknoten:	VORXX, PRODXX, VWVTXX
Kostenstellen:	
Vorkostenstellen	H_ALLGXX, H_ENERXX,
Produktionsstellen	P_BRENXX, P_FRÄSXX, P_MATXX,
Verwaltung/Vertrieb	VWXX
Leistungsarten:	ASTDXX, ENERXX, BRENXX, FRÄSXX
Werk:	BKXX
Verkaufsorganisation:	BKXX
Material (Rohstoff 1):	HXX Holz
Material (Rohstoff 2):	TXX Ton
Material (Fertigprod. A):	AXX Zierbrunnen Adelheid
Material (Fertigprod. B):	BXX Zierbrunnen Berta
Material (Fertigprod. C):	CXX Zierbrunnen Cilli
Kunde 1:	1000 Becker Berlin
Kunde 2:	2000 Carbor GmbH

A.4.7   Kopie des Mandanten

Wichtiger Hinweis: Nach Abschluss der vorbereitenden Tätigkeiten unbedingt eine Kopie des Mandanten erstellen, um den vorbereiteten Mandanten für spätere Kurse wieder verwenden zu können! Es empfiehlt sich, in einem Buchungskreis des kopierten Mandanten die Fallstudie vor dem Kurs durchzuspielen, um ggf. noch notwendige Änderungen im Customizing vornehmen zu können.

A.5   Fehleranalyse in Berichten

Bei Verwendung früherer SAP ERP Versionen können unterschiedliche Fehler auftreten. Zwei bekannte Fehler sind im Folgenden benannt und deren Beseitigung beschrieben:

Pfad: SAP Menü/Rechnungswesen/Controlling/Ergebnis- und Marktsegmentrechnung/Infosystem/Bericht ausführen:

Mögliche Fehler und Wege zu ihrer Beseitigung:

1. Sollten die Erlöse doppelt so hoch wie erwartet sein, dann darf innerhalb des Formular-Layouts bei der Definition der Erlöszeile nur die Vorgangsart „F" zugeordnet werden.
2. Sollten die produktgruppenspezifischen Kosten (in unserem Beispiel die Maschinenmietkosten über 30.000,- €) nicht in die nächste Spalte (= für Gesamtunternehmen) summarisch weitergereicht werden, ist per Umlage zusätzlich dieses Merkmal „Produkthierarchie = 0001" zu bebuchen.

Literaturverzeichnis

Baumeister, Alexander (1999), Controlling-Aufgaben beim Customizing des Systems SAP R/3, Arbeitsbericht 1999/1 des Lehrstuhls Controlling am Institut für Betriebswirtschaftslehre der Universität Hohenheim.

Brehm, Lars/Heinzl, Armin/Markus, M. Lynne (2001), Tailoring ERP Systems: A Spectrum of Choices and their Implications, Proceedings of the 34th Annual Hawaii International Conference on System Sciences,

CDI (Hrsg.) (2001), SAP R/3 GemeinkostenControlling, München.

Ewert, Ralf/Wagenhofer, Alfred (2014), Interne Unternehmensrechnung, 8. Aufl., Berlin u.a.

Friedl, Gunther/Hofmann, Christian/Pedell, Burkhard (2017), Kostenrechnung, 3. Aufl., München.

Gadatsch, Andreas (2001), IT-gestütztes Controlling-Konzept, in: Controller Magazin, 26 Jg., 2001 (4), S. 402-410.

Grob, Heinz Lothar/Bensberg, Frank (2005), Kosten- und Leistungsrechnung. Theorie und SAP-Praxis, München.

Günther, Thomas (1997), Unternehmenswertorientiertes Controlling, München.

Hoitsch, Hans-Jörg/Lingnau, Volker (2007), Kosten- und Erlösrechnung, Eine controllingorientierte Einführung, 6. Aufl., Berlin u.a.

Inmon, William H. (2005), Building the Data Warehouse, 4. Aufl., New York.

Kagermann, Henning/Reinhart, Jan C. (1999), Strategic Enterprise Management (SEM) – Eine Antwort auf neue Herausforderungen an das Rechnungswesen, in: Altenburger, Otto A./Seicht, Gerhard (Hrsg.), Fortschritte im Rechnungswesen. Vorschläge für Weiterentwicklungen im Dienste der Unternehmens- und Konzernsteuerung durch Unternehmensorgane und Eigentümer, Festschrift zum 60. Geburtstag von Gerhard Seicht, 1999, Wiesbaden.

Kaplan, Robert S./Norton, David P. (1996), The Balanced Scorecard: Translating Strategy into Action, Boston.

Kaplan, Robert S./Norton, David P. (1997), Balanced Scorecard: Strategien erfolgreich umsetzen, Stuttgart.

Kemper, Hans-Georg/Baars, Henning/Mehanna, Walid (2010), Business Intelligence – Grundlagen und praktische Anwendungen, 3. Aufl., Wiesbaden.

Kemper, Hans-Georg/Lasi, Heiner/Zahn, Erich (2011), Informationstechnologie und Informationsmanagement, in: Bea, Franz X./Schweitzer, Marcell

© Springer Fachmedien Wiesbaden GmbH, ein Teil von Springer Nature 2020
G. Friedl und B. Pedell, *Controlling mit SAP®*, https://doi.org/10.1007/978-3-658-27719-2

(Hrsg.), Allgemeine Betriebswirtschaftslehre Bd. 2: Führung, 10. Auflage, 2011, Konstanz/München, S. 414-454.

Kilger, Wolfgang/Pampel, Jochen/Vikas, Kurt (2012), Flexible Plankostenrechnung und Deckungsbeitragsrechnung, 13. Aufl., Wiesbaden.

Schildbach, Thomas/Homburg, Carsten (2009), Kosten- und Leistungsrechnung, 10. Aufl., Stuttgart.

Krcmar, Helmut (2010), Informationsmanagement, 5. Aufl., Berlin u.a.

Küpper, Hans-Ulrich/Friedl, Gunther/Hofmann, Christian/Hofmann, Yvette/Pedell, Burkhard (2013), Controlling. Konzeption, Aufgaben und Instrumente, 6. Aufl., Stuttgart.

Küpper, Hans-Ulrich/Weber, Jürgen/Zünd, André (1990), Zum Verständnis des Controlling – Thesen zur Konsensbildung, in: Zeitschrift für Betriebswirtschaft, 60. Jg., 1990 (3), S. 281-293.

Lodh, Sudhir C./Gaffikin, Michael J. R. (2003), Implementation of an Integrated Accounting and Cost Management System using the SAP System: A Field Study, in: European Accounting Review, Vol. 12, 2003 (1), S. 85-121.

Mertens, Peter (2009), Integrierte Informationsverarbeitung 1, Operative Systeme in der Industrie, 17. Aufl., Wiesbaden.

Mertens, Peter/Bodendorf, Freimut/König, Wolfgang/Picot, Arnold/Schumann Matthias Thomas (1996), Grundzüge der Wirtschaftsinformatik, 4. Aufl., Berlin/Heidelberg.

Mertens, Peter/Bodendorf, Freimut/König, Wolfgang/Picot, Arnold/Schumann Matthias/Hess, Thomas (2012), Grundzüge der Wirtschaftsinformatik, 11. Aufl., Berlin/Heidelberg.

Pedell, Burkhard/ Sautter, Joachim/Alexander, Svatopluk/Fahn, Sven/Schäfer, Marisa (2017), SAP® S/4HANA Finance – Implementierungsstatus, Ziele, Erwartungen und Einführungsstrategien, in: Controlling, 29. Jg., 2017 (3), S. 54-61.

Pedell, Burkhard/Schwihel, André (2002), Balanced Scorecard als strategisches Führungsinstrument in der Energiewirtschaft, in: Controlling, 14. Jg., 2002 (1), S. 43-51.

Prassol Pascal (2015), SAP HANA als Anwendungsplattform für Real-Time Business, in: HMD Praxis der Wirtschaftsinformatik, Vol 52, 2015 (3), S. 358-372.

Raps, Andreas (2000), Strategisches Controlling mit Software-Unterstützung, in: Controlling, 12. Jg., 2000 (12), S. 607-614.

Raps, Andreas (2001), Wissensbasiertes Strategisches Management: Neue Wege durch den Einsatz von Software, in: Controlling 13. Jg., 2001 (10), S. 515-523.

SAP AG (2002), mySAP PLM, Walldorf.

SAP AG (2003a), mySAP Customer Relationship Management, Walldorf.

SAP AG (2003b), mySAP Supplier Relationship Management, Walldorf.

SAP AG (2003c), mySAP Supply Chain Management, Walldorf.

SAP AG (2004), mySAP ERP, Walldorf.

SAP AG (2005), Effiziente Finanzplanung mit SAP Business Planning, Walldorf.

SAP AG (2009), SAP BusinessObjects Risk Management, Walldorf.

SAP AG (2010), SAP BusinessObjects-Lösungsportfolio, Walldorf.

SAP SE (2015), SAP stellt mit SAP S/4HANA eine neue Generation von Unternehmenssoftware vor, Pressemitteilung, 03. Februar 2015, Walldorf.

SAP SE (2016), Das neue Release SAP S/4HANA 1610, Pressemitteilung, 09. November 2016, Walldorf.

Scapens, Robert W./Jazayeri, Mostafa (2003), ERP Systems and Management Accounting Change: Opportunities or Impacts? A Research Note, in: European Accounting Review, Vol. 12, 2003 (1), S. 201-233.

Schumann, Matthias (2001), DV-Unterstützung des wertorientierten Controlling, in: Entwicklungsperspektiven des Controlling, Kostenrechnungspraxis-Sonderheft, 2001 (3), S. 106-107.

Schweitzer, Marcell/Küpper, Hans-Ulrich/Friedl, Gunther/Hofmann, Christian/Pedell, Burkhard (2016), Systeme der Kosten- und Erlösrechnung, 11. Aufl., München.

Sinzig, Werner (2000), Strategische Unternehmensführung mit SAP SEM, in: Wirtschaftsinformatik, 42. Jg., 2000 (2), S. 147-155.

Sinzig, Werner (2001), Moderne DV-Unterstützung für das Ergebnis- und Vertriebscontrolling, in: Entwicklungsperspektiven des Controlling, Kostenrechnungspraxis-Sonderheft, 2001 (3), S. 108-110.

Stahlknecht, Peter/Hasenkamp, Ulrich (2005), Einführung in die Wirtschaftsinformatik, 11. Aufl., Berlin u.a..

Twardy, Peter (1997), Electronic Commerce und SAP R/3, in: Thome, Rainer (Hrsg.), Electronic commerce: Anwendungsbereiche und Potentiale der digitalen Geschäftsabwicklung, München, S. 69-87.

Wefers, Marcus (2000), Strategische Unternehmensführung und Performance Management mit SEM-CPM, SAP SEM Konferenz 2000.

Wenzel, Paul (Hrsg.) (1997), SAP R/3 – Anwendungen in der Praxis: Anwendung und Steuerung betriebswirtschaftlich-integrierter Geschäftsprozesse mit ausgewählten R/3-Modulen, Braunschweig u.a.

Sachwortverzeichnis

© Springer Fachmedien Wiesbaden GmbH, ein Teil von Springer Nature 2020
G. Friedl und B. Pedell, *Controlling mit SAP®*, https://doi.org/10.1007/978-3-658-27719-2